上海圖書館藏

張元濟古籍題跋真跡

上海圖書館◎編
高洪興　李卉卉◎整理

國家圖書館出版社

圖書在版編目（CIP）數據

上海圖書館藏張元濟古籍題跋真跡 / 上海圖書館編；高洪興，李卉卉整理．-- 北京：國家圖書館出版社，2018.1

ISBN 978-7-5013-6284-4

Ⅰ．①上…　Ⅱ．①上… ②高… ③李…　Ⅲ．①古籍—題跋—彙編—中國　Ⅳ．① G256.4

中國版本圖書館 CIP 數據核字（2017）第 254655 號

書　　名　上海圖書館藏張元濟古籍題跋真跡
著　　者　上海圖書館　編　高洪興　李卉卉　整理
責任編輯　于　浩　王亞宏
封面設計　程　言

出　　版　國家圖書館出版社（100034　北京市西城區文津街 7 號）
（原書目文獻出版社　北京圖書館出版社）
發　　行　010-66114536　66126153　66151313　66175620
66121706（傳真）　66126156（門市部）
E-mail　nlcpress@nlc.cn（郵購）
Website　www.nlcpress.com →投稿中心
經　　銷　新華書店
印　　裝　河北三河弘翰印務有限公司
版　　次　2018 年 1 月第 1 版　2018 年 1 月第 1 次印刷

開　　本　889 × 1194（毫米）　1/16
字　　數　130 千字
印　　張　13.5

書　　號　ISBN 978-7-5013-6284-4
定　　價　260.00 圓

上海圖書館藏張元濟文獻編纂委員會

前言

張元濟先生是近代著名的出版家，古籍版本、目録、校勘學家，在其一生收藏古籍、興辦圖書館和編輯出版古籍的活動中，留下許多親筆書寫的題跋批校，上海圖書館保存著其中的一部分。

上海圖書館能有幸收藏張元濟先生手寫的題跋批校，不能不歸因於合衆圖書館，進而又不能不説到海鹽張氏涉園藏書。張元濟先生出生於海鹽藏書世家。其十世祖張奇齡在海鹽南門外居所設『大白居』作讀書之處。九世祖張惟赤將『大白居』拓建，改名『涉園』，開始藏書。延綿數代，藏書日富。『涉園』成爲烜赫一時的以藏書、刻書、讀書著稱的一邑之勝，名播江浙。但『自更洪楊之亂，名園廢圮，圖籍亦散佚罄盡，而先世所刻書，更無片板存焉』（張元濟《排印〈海鹽張氏涉園叢刻〉跋》，《張元濟全集》第十卷，商務印書館，二〇一〇年，九十四頁）。張元濟以繼承先世遺業爲志，常自稱『涉園主人』，多方收集圖書，尤以原涉園藏書、刻書及鄉邦文獻爲收集重點，其藏書冠名『海鹽張氏涉園』。一九三九年四月張元濟與葉景葵、陳陶遺在上海發起籌組合衆圖書館。合衆圖書館成立伊始，張元濟先生即將所藏涉園圖書寄放館中供公衆閱讀，後又改爲永久捐贈。一九五三年六月十八日合衆圖書館將全部資産捐獻給上海市人民政府，張元濟先生涉園藏書也成爲上海圖書館館藏之一部分。

張元濟先生手寫題跋批校主要就見於張元濟先生苦心搜集的涉園藏書及其他各種古籍。除了述及版本源流外，題跋主要記述了張元濟先生在搜集古籍的過程中，不辭辛勞、不惜重金以及得到諸多好友相助的經過，從中也可以窺見當時古籍市場的一些情況。搜集古籍、收藏古籍是張元濟先生一生從事的重要事業之一，題跋是研究張元濟先生生平的重要資料。張元濟先生涉園藏書，初衷是恢復其先祖原涉園藏書，因而所收之書頗具特點，這在其題跋中也多有反映。對於古籍版本和中國藏書史的研究者而言，通過張元濟先生題跋及其藏書，可以瞭解毀於太平天國戰亂、在中國藏書史上具有相當地位的張元濟先生祖上的原涉園藏書的情况。

上海圖書館所藏張元濟先生手寫題跋，除了大部分見於張元濟先生捐贈的涉園藏書上，也有部分題跋見於非張元濟先生捐贈的藏書上，如清光緒二十九年稿本《沈氏（曾植）門簿》、明抄本《夷白齋稿》、明抄本《愧郯録》等。

明抄本《愧郯録》附張元濟致周越然手札、民國二十八年排印本《校史隨筆》附張元濟致顔樂真手札，手札内容與其所附的圖書密切相關，故一併收入。

題跋之外，另有上海圖書館收藏的張元濟先生批校數條。張元濟先生是校勘名家，相信其批校對於相關古籍所載内容的運用必定大有裨益。

張元濟先生題跋，長期以來受到學界關注。一九五七年七月上海古典文學出版社出版顧廷龍編《涉園序跋集録》。二〇〇三年九月商務印書館出版張人鳳編《張元濟古籍書目序跋彙編》。二〇一〇年十月商務印書館出版《張元濟全集》，其中第九卷收録了張元濟先生的大量題跋。二〇一三年十一月上海辭書出版社出版上海圖書館編《上海圖書館藏善本題跋真跡》，其中也有不少張元濟先生的題跋。上述出版物中，《上海圖書館藏善本題跋真跡》爲原件影印，其餘各書都是釋文。此次編印《上海圖書館藏張元濟古籍題跋真跡》，以原件影印配以釋文，更便於研究者參考。編輯過程中，參考了上述出版物，在此謹向相關編輯者、出版者表示感謝。因整理者水平有限，文中古今體字雖有統一、改正，恐有遺漏，凡有釋文、標點不當之處，敬請讀者指正。

編　者

二〇一七年十月

凡例

一、本書所收，皆爲上海圖書館所藏張元濟手書題跋。
二、各書依次著録其書名、卷數、作者、版本信息及館藏索書號。
三、出於鑒定版本之需，各書題跋書影之前冠以原書卷端或其他重要書葉的書影。
四、題跋全部釋文、標點並配相應書影。
五、非位於卷前或卷末的題跋識語，釋文後均以【】加注所在位置。
六、爲便於讀者查找，各書按照書名拼音順序排列，書名中凡有朝代年號者等，以［］標出，並依原題名排序。
七、爲便於閲讀，原文中的簡體字、通假字、異體字等皆改爲現在常用的繁體字。

目録

北窗炙輠録二卷

（宋）施德操撰　清抄本　綫善T12833

北窓炙輠録卷上

施彦執編

新法之變議者紛然伯淳見介甫介甫聞伯淳至盛怒以待之伯淳既見和氣藹然見眉宇間即笑謂介甫曰今日諸公所爭皆非私寔天下事爾相公少霽威色且容大家商量管子云下令如流水之源令順民心也管子猶知尔況乃相公高明乎何苦作逆人事介甫為伯淳所薰不覺心醉即謂伯淳曰業已如此奈何伯淳曰尚可改也介甫遂有

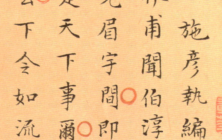

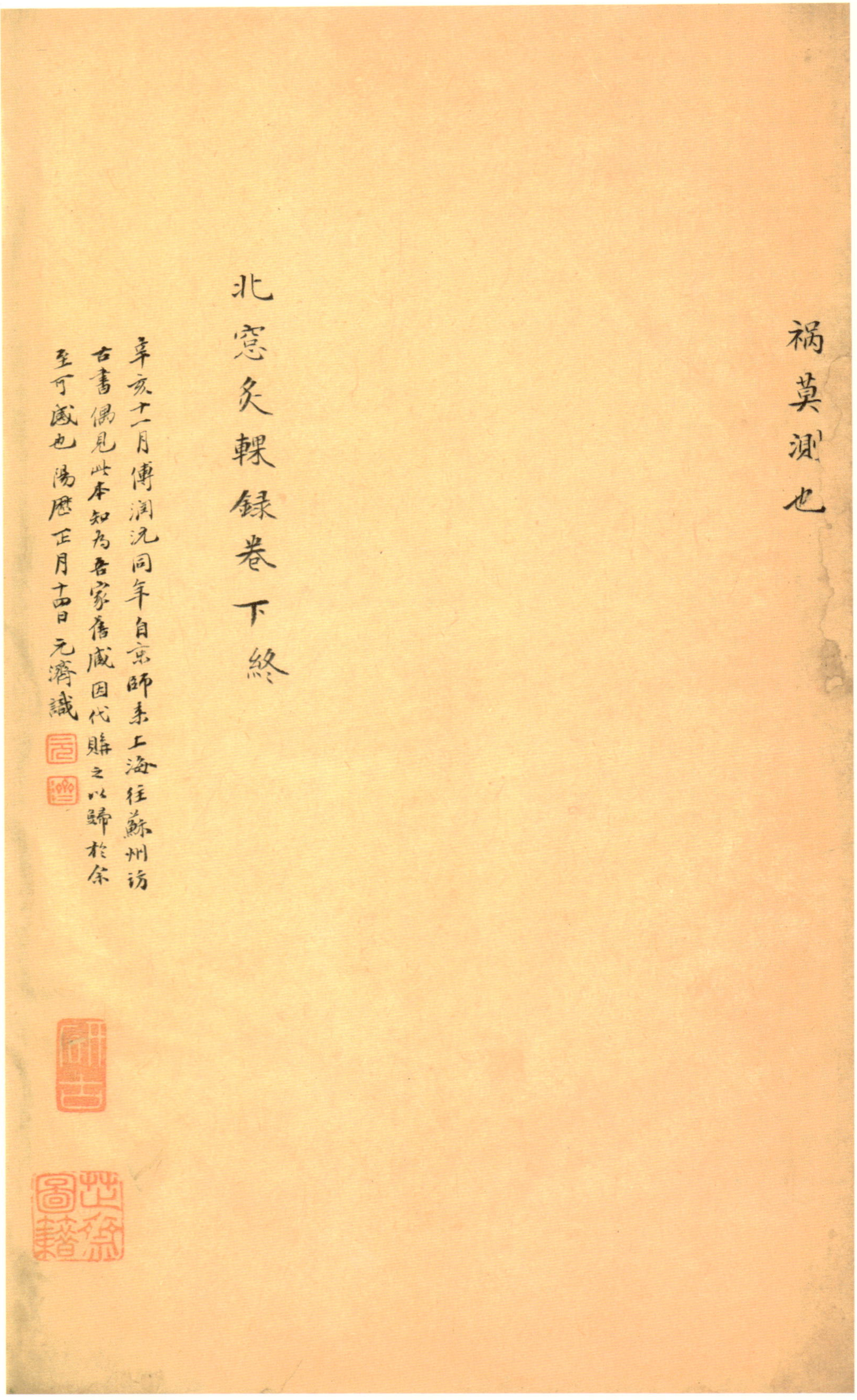
禍莫測也

北窓炙輠録卷下終

辛亥十一月傅潤沅同年自京師來上海往蘇州訪古書偶見此本知為吾家舊藏因代購之以歸於余至可感也陽歷正月十四日元濟識

辛亥十一月，傅潤沅同年自京師來上海，往蘇州訪古書，偶見此本，知爲吾家舊藏，因代購之，以歸於余，至可感也。陽曆正月十四日，元濟識。

補梅居士詩選四卷

（清）張謙撰 民國十三年張元濟抄本 綫善 T11989

補梅居士詩選卷一

海鹽張 謙地山

讀畫

讀畫如參禪要語我所記禪機若悟透如登法雲地或作風雨狂或作園林霧或作平遠景或作渾茫勢緬想郭河陽四時論山氣我獨愛寒山不愧高人致梅花庚暗香破夢幽無際劉褒北風圖洵與此同意欲求生面開先將窠臼棄臨去轉秋波法門傳不二逃禪病未能學畫請從事

暮過淨慈寺

卷一

第一葉

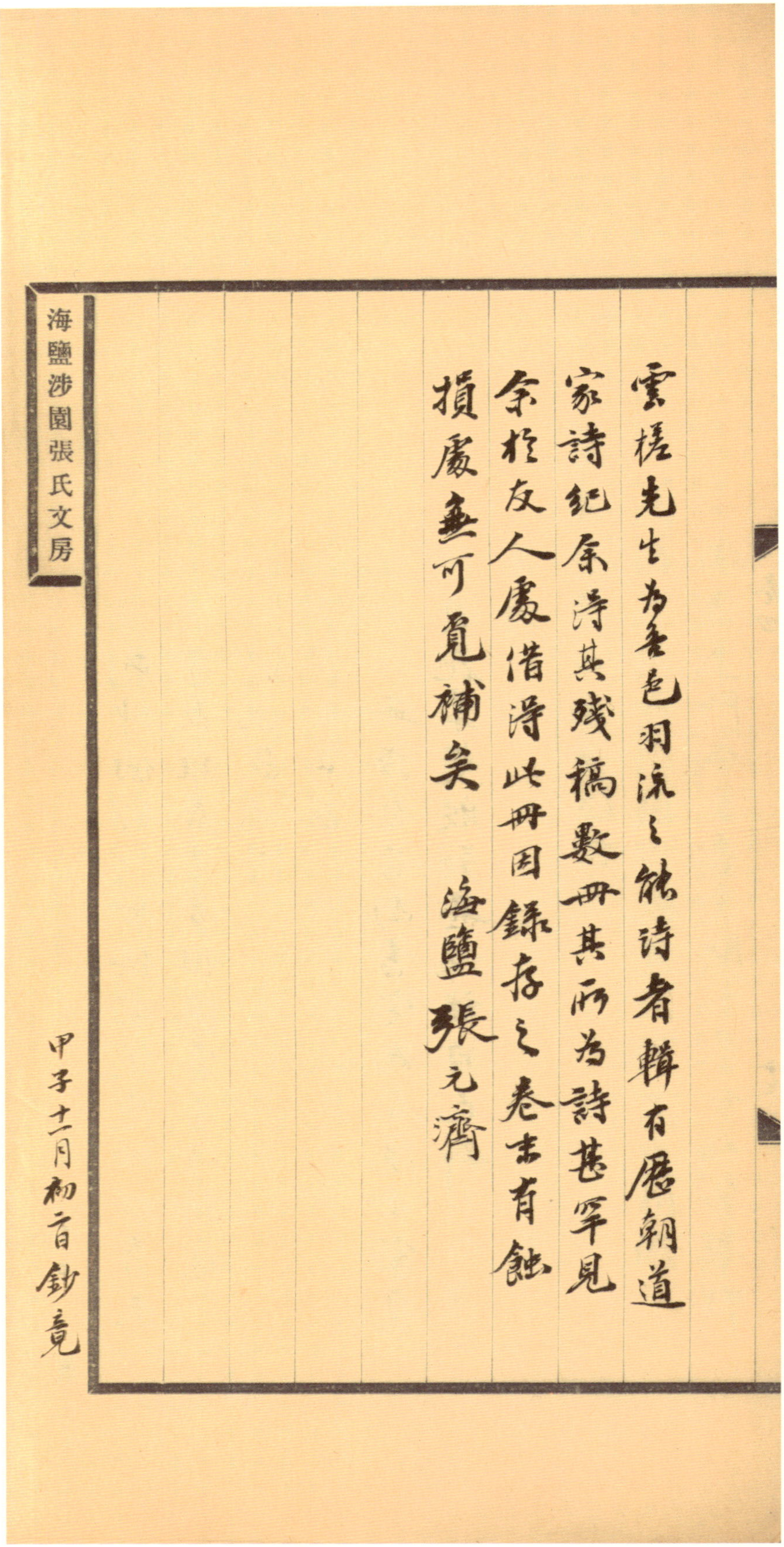

雲槎先生為吾邑羽流之能詩者輯有歷朝道家詩紀余得其殘稿數册其所為詩甚罕見余於友人處借得此册因録存之卷末有蝕損處無可覓補矣　海鹽張元濟

甲子十一月初二日鈔竟

海鹽涉園張氏文房

雲槎先生爲吾邑羽流之能詩者，輯有《歷朝道家詩紀》，余得其殘稿數册，其所爲詩，甚罕見。余於友人處借得此册，因録存之。卷末有蝕損處，無可覓補矣。海鹽張元濟。甲子十一月初二日鈔竟。

滄浪先生吟卷二卷

（宋）嚴羽撰　明嘉靖十五年尹嗣忠刻本　綫善T12777-78

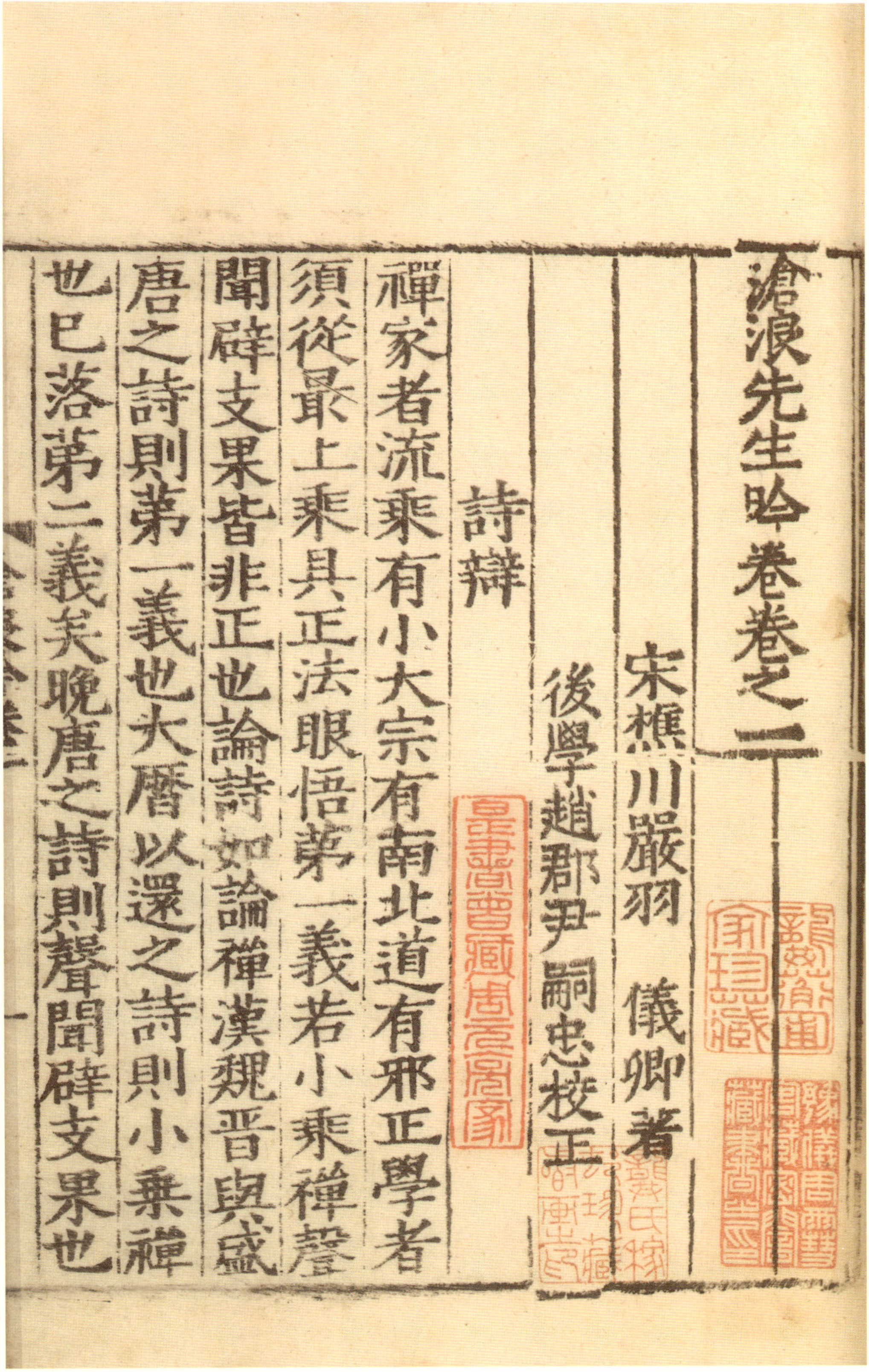
滄浪先生吟卷卷之一
宋樵川嚴羽　儀卿著
後學趙郡尹嗣忠校正
詩辯
禪家者流乘有小大宗有南北道有邪正學者須從最上乘具正法眼悟第一義若小乘禪聲聞辟支果皆非正也論詩如論禪漢魏晉與盛唐之詩則第一義也大曆以還之詩則小乘禪也已落第二義矣晚唐之詩則聲聞辟支果也

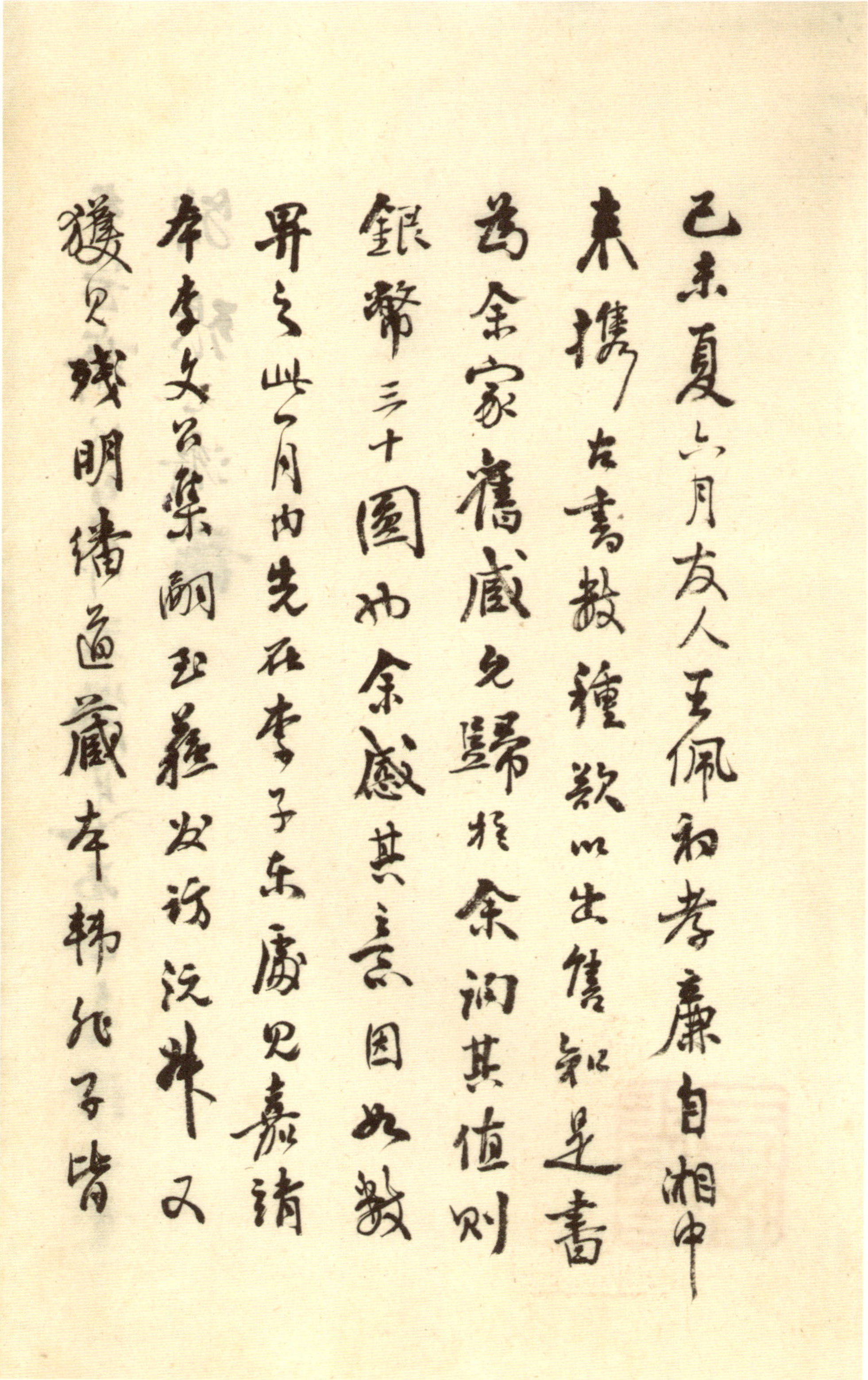
己未夏六月友人王佩初孝廉自湘中
來携古書數種欲以出售知是書
爲余家舊藏允歸於余詢其值則
銀幣三十圓於余感其意因如數
畀之此一月内先在李子东處見嘉靖
本李文公集嗣至蘇訪沅叔又
獲見殘明繙道藏本韓非子皆

己未夏六月，友人王佩初孝廉自湘中來，携古書數種欲以出售。知是書爲余家舊藏，允歸於余。詢其值，則銀幣三十圓也。余感其意，因如數畀之。此一月内，先在李子東處，見嘉靖本《李文公集》；嗣至蘇州訪沅叔，又獲見殘明繙《道藏》本《韓非子》，皆有芷齋公之印記，併是而三矣。詎不幸歟！張元濟識。

有芸齋以乙卯所得是而三矣詎不幸
歟　張元濟識

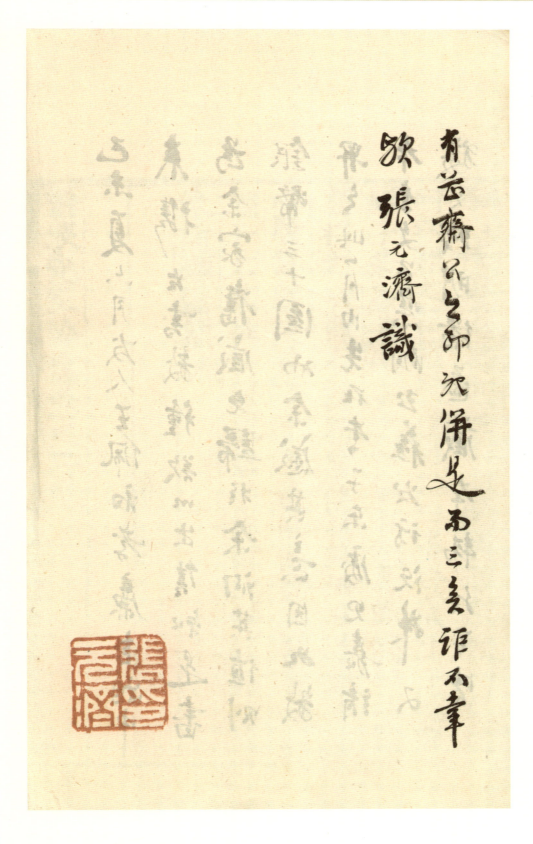

春星草堂詩稿八卷

（清）吴熙撰　清乾隆海鹽張慎寫刻本　

春星草堂詩稿卷一

海鹽　吴　熙　太沖

咏懷

膠膠天雞鳴日出扶桑東精氣相激蕩萬象光熊熊吾心無一慮清虛與之同散髮千仞崗長嘯萬里風齷齪小悲歡不生壯士胸直下視城郭群動何濛濛蒼蒼松柏質灼灼桃李容誰能超跡象翱翔於太空高懷追無始遠慮策有終

四海復四海九州更九州混混元氣中廻薄無時休人生若蚯蚓局蹙困一邱隨地一未為白日忽我遒撫膺坐長歎一息懷千秋仰觀浮雲翔俯察江漢流菁華長

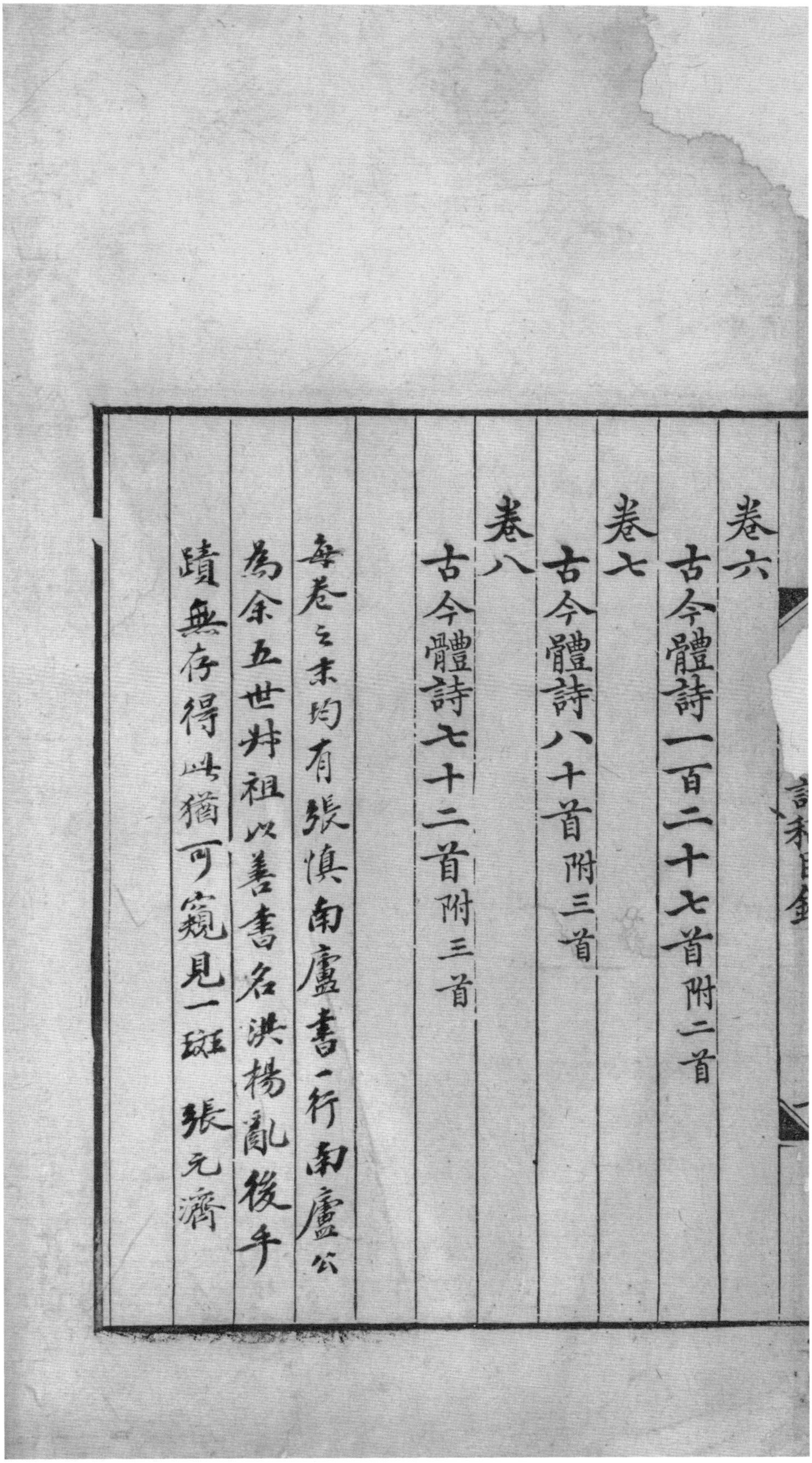

卷六
古今體詩一百二十七首附二首
卷七
古今體詩八十首附三首
卷八
古今體詩七十二首附三首

每卷之末均有張慎南盧書一行南盧公
爲余五世叔祖以善書名洪楊亂後手
蹟無存得此猶可窺見一斑　張元濟

每卷之末均有『張慎南盧書』一行。南盧公爲余五世叔祖，以善書名。洪楊亂後，手跡無存。得此猶可窺見一斑。張元濟。

詞林紀事卷一 唐

海鹽 張宗橚 緝

元宗皇帝

帝諱隆基睿宗第三子初封臨淄王舉兵討韋氏進封平王旋立爲太子以壬子受禪立乙未安祿山反丙申幸蜀太子卽位靈武尊爲上皇後還長安壬寅崩在位四十四年改元三先天開元天寶

古今詞話教坊記曰開元十一年初製聖壽樂以歌舞之所司先進曲名以墨點者舞舞有曲教坊惟得舞伊州五天重來疊不離此兩曲餘悉讓內家也內家舞曲有二垂手羅𢌞波樂蘭陵王春鶯囀半社渠借席烏夜啼之屬謂之軟舞阿遼曲柘枝黃麞拂林大渭州達摩之屬謂之健舞此崔令欽所編曲名三百餘調始此

詞林紀事二十二卷（清）張宗橚撰 **樂府指迷一卷**（宋）張炎撰 **詞旨一卷**（宋）陸韶撰 **詞韵考略一卷**（清）許昂霄撰 清乾隆四十年海鹽張氏涉園刻本 綫善T12567-72

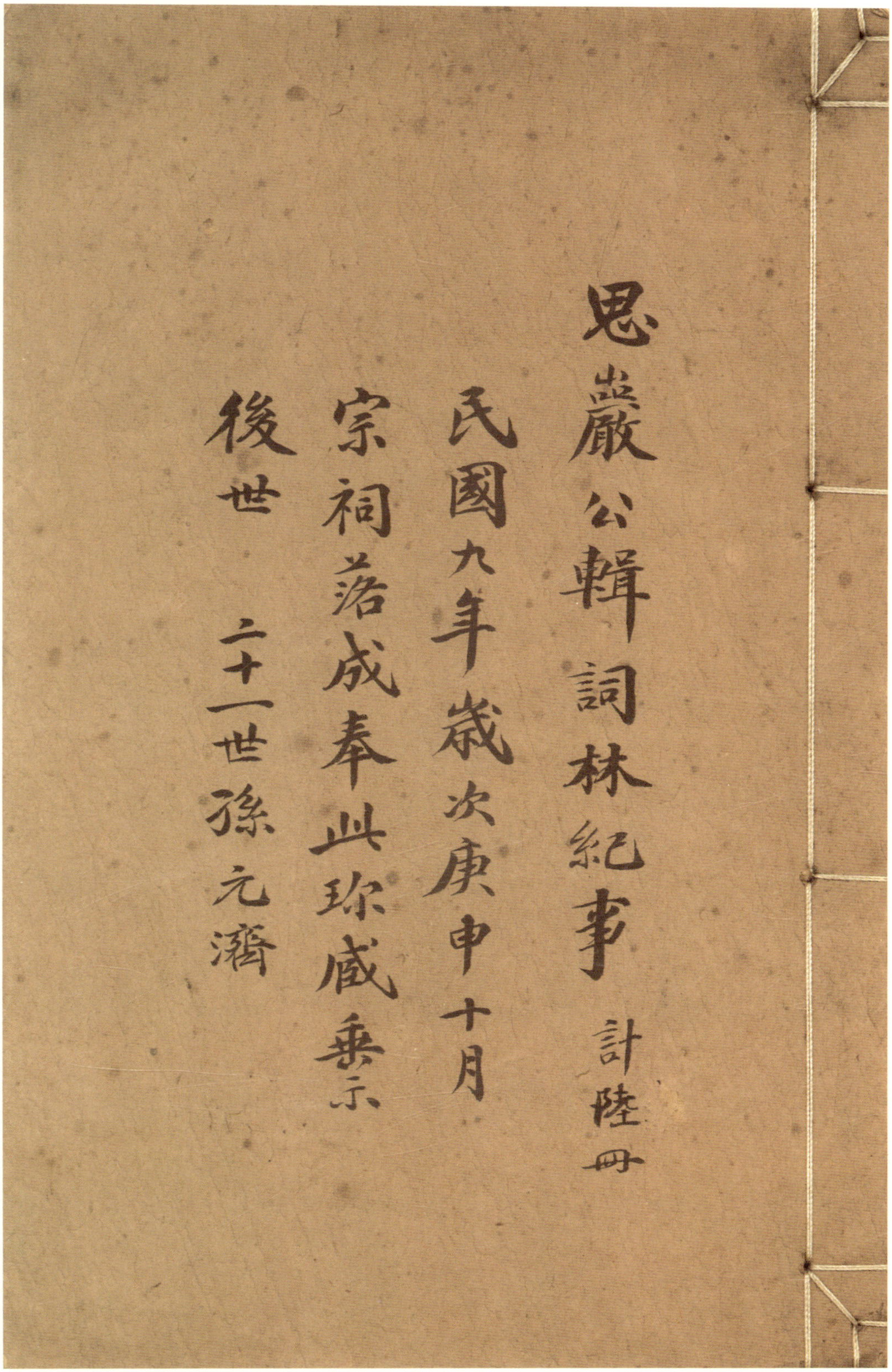
思巖公輯詞林紀事 計陸冊
民國九年歲次庚申十月
宗祠落成奉此珍藏垂示
後世 二十一世孫元濟

思岩公輯《詞林紀事》，計陸冊。民國九年歲次庚申十月，宗祠落成，奉此珍藏，垂示後世。二十一世孫元濟。

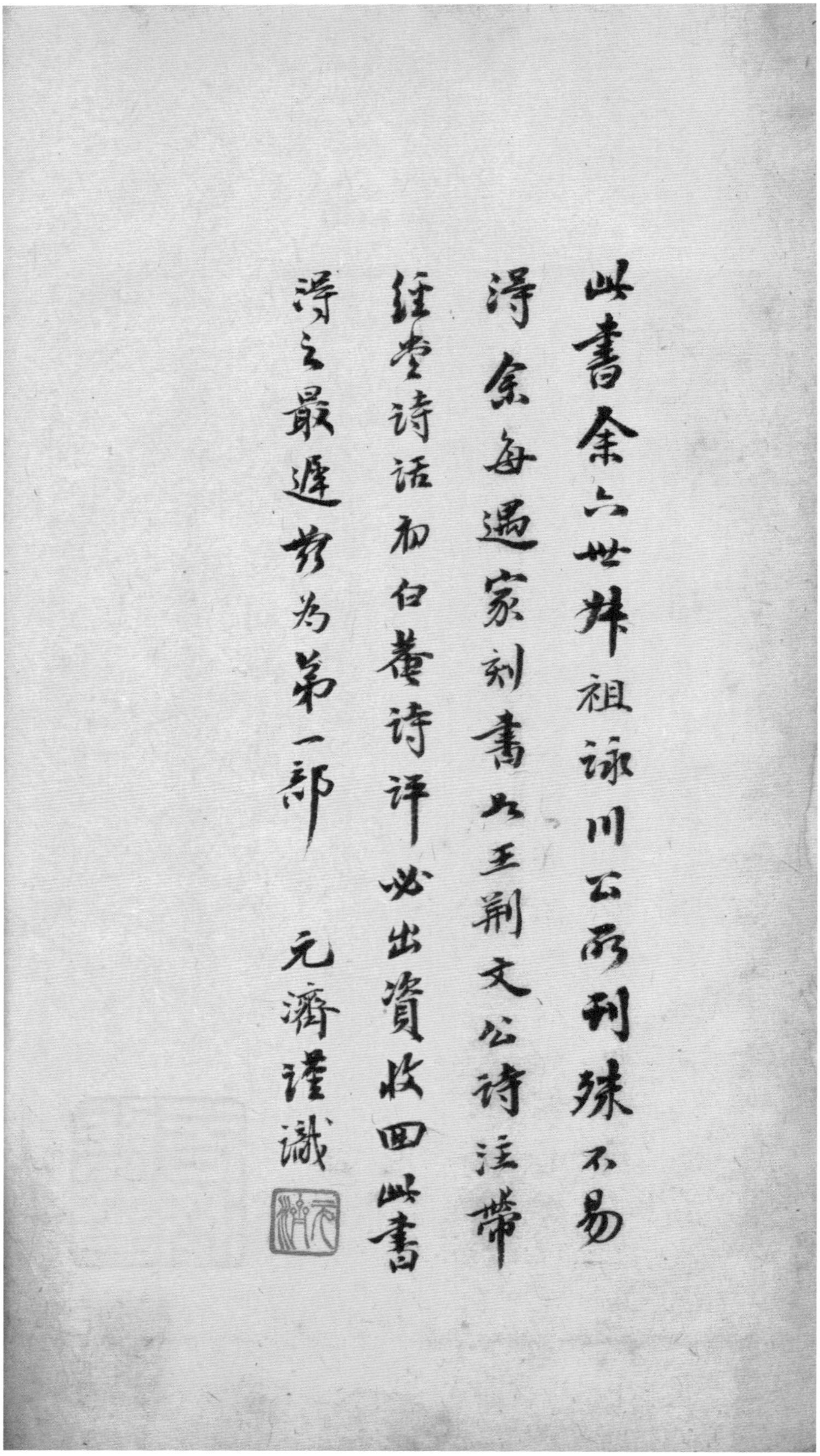
此書余六世叔祖詠川公所刊殊不易
得余每遇家刻書如王荆文公詩注帶
經堂詩話初白菴詩評必出資收回此書
得之最遲茲爲第一部
元濟謹識

此書余六世叔祖詠川公所刊，殊不易得。余每遇家刻書，如《王荆文公詩注》《帶經堂詩話》《初白庵詩評》，必出資收回。此書得之最遲，兹爲第一部。元濟謹識。

澹慮堂遺稿四卷補遺一卷

（清）汪棟撰　清乾隆八年刻本　綫善 T12374-75

澹慮堂遺稿卷一

休寧汪　棟峻堂

賦

賦二首

林屋洞賦

東南巨浸天目流脉淵瀠淼漫厥名震澤涵三萬六千之波湧七十二峰之碧中有包山實爲仙宅其山則嶒峵停峙𥗍碒多石奇松根蟠瑤草叢積體巖崿而中空路幽迴而逼窄爰有洞天載傳典籍溯夏后之治水憫洪流之奔逸緬帝夢之憑依獻丹書於石室慶玄圭之告成返神函於斯穴轉

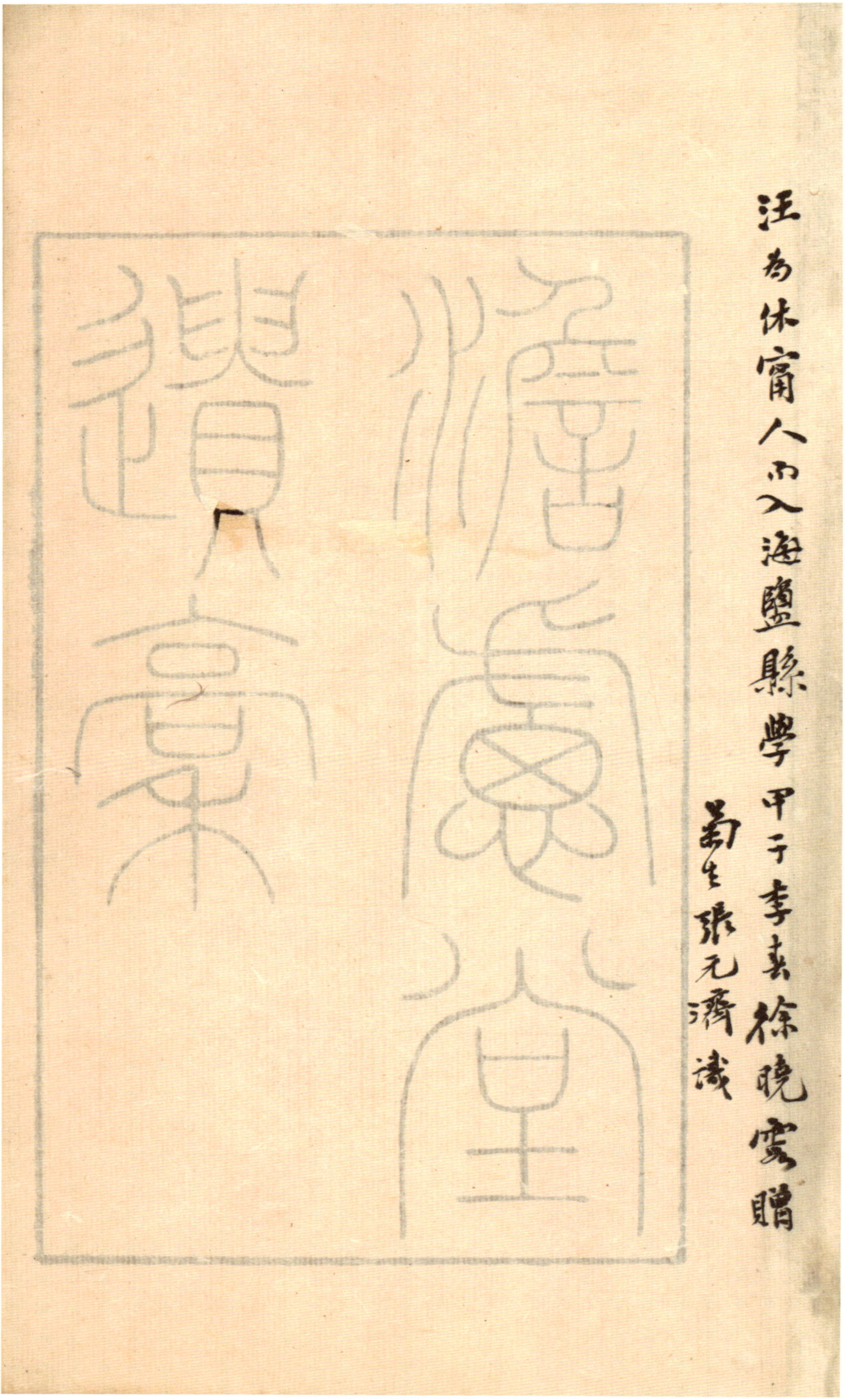

澹慮堂遺稿

汪爲休寧人而入海鹽縣學 甲子季春徐曉霞贈
菊生張元濟識

汪爲休寧人而入海鹽縣學。甲子季春，徐曉霞贈。菊生張元濟識。

東齋詩刪一卷

（清）魏允札撰 清抄本 綫善T11621

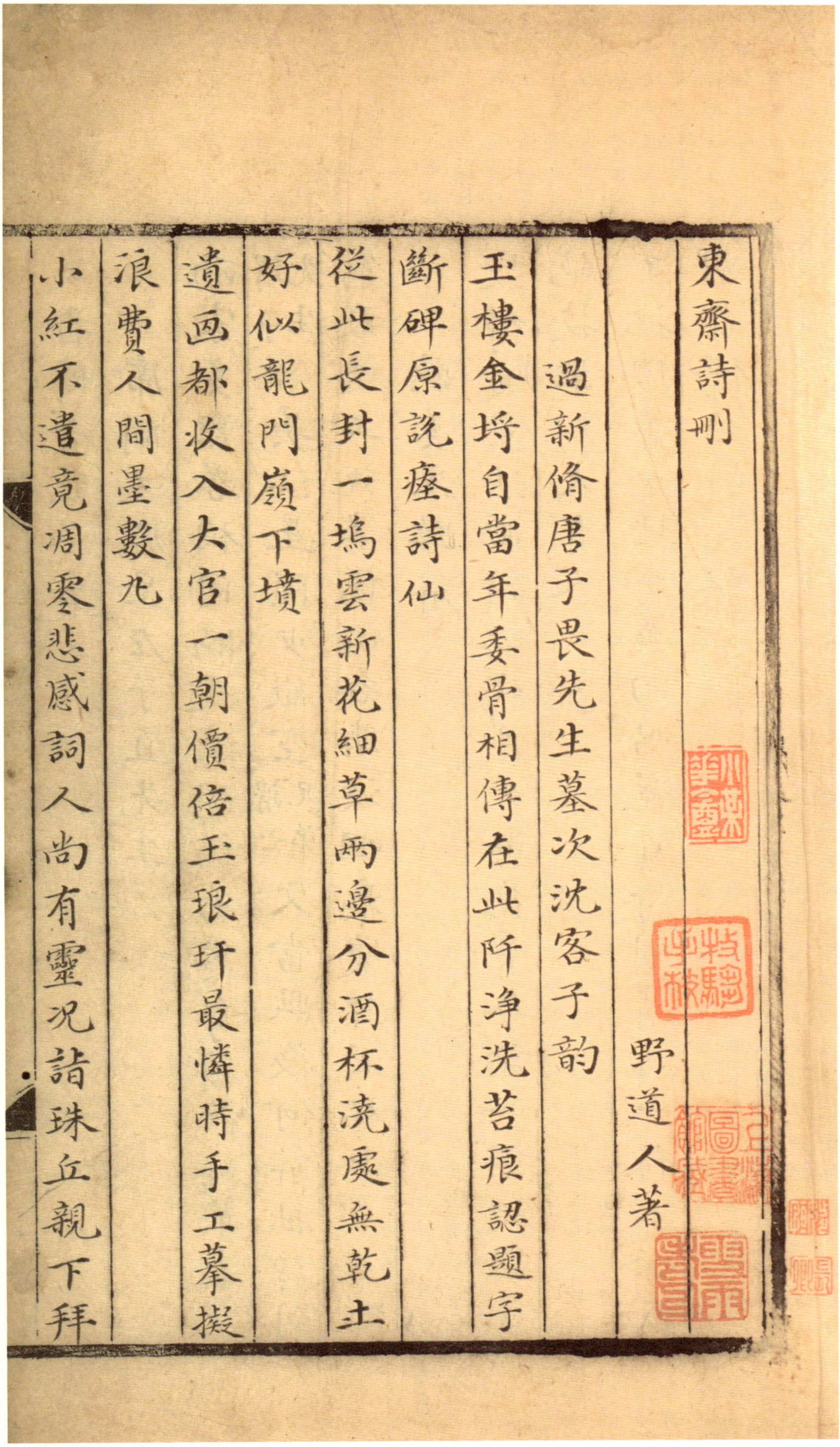

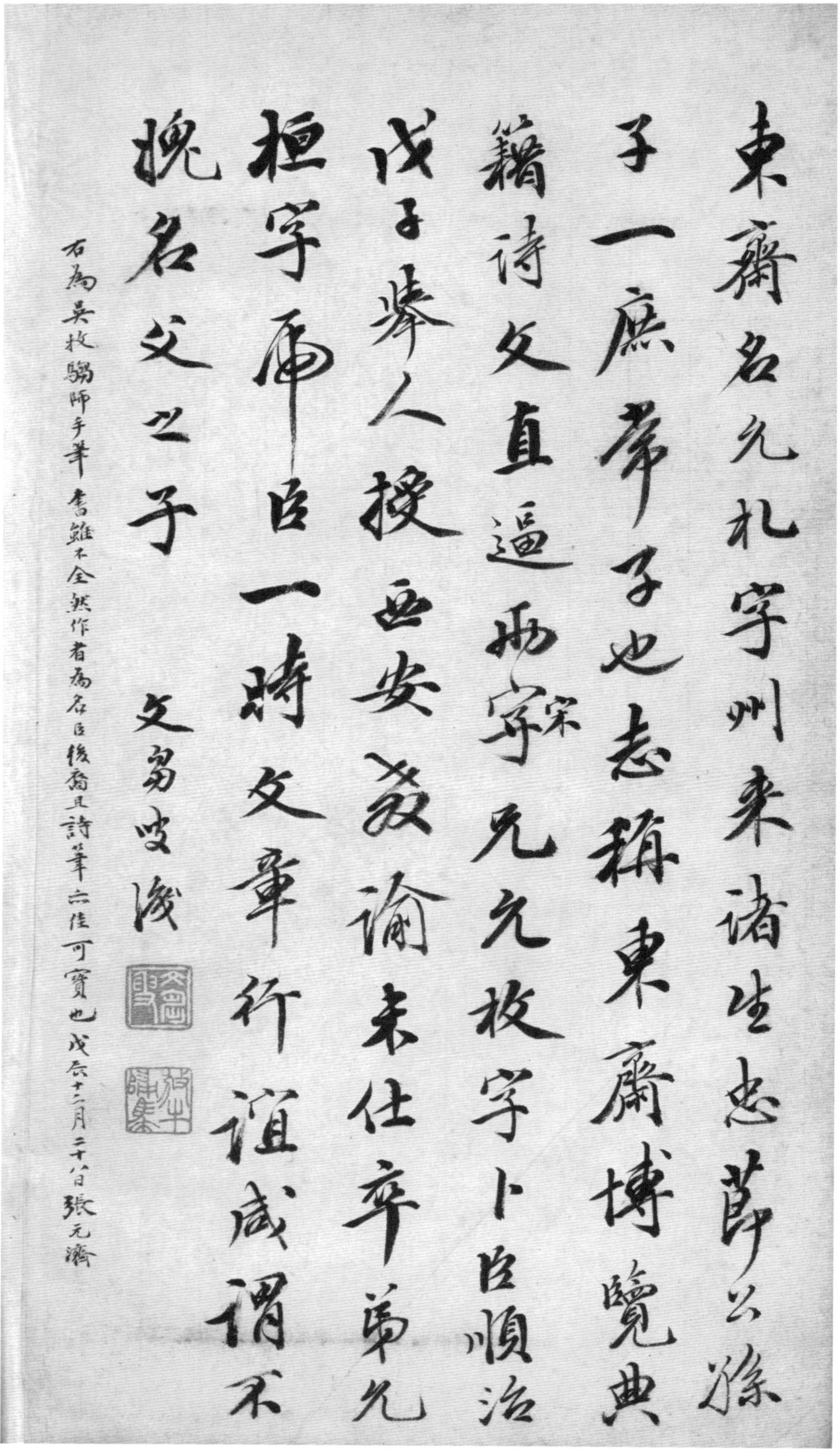

東齋名允札字州來諸生也薛公孫子一庶常子也志稱東齋博覽典籍詩文直逼兩宋允元字卜臣順治戊子舉人授西安教諭未仕卒弟允桓字甫臣一時文章行誼咸謂不愧名父之子

右爲吴牧騶師手筆。書雖不全，然作者爲名臣後裔，且詩筆亦佳，可寶也。戊辰十二月二十八日，張元濟。

杜工部集二十卷年譜一卷諸家詩話一卷唱酬題詠附録一卷

（唐）杜甫撰；（清）錢謙益箋注 清康熙六年季氏静思堂刻本

綫善T12982-87

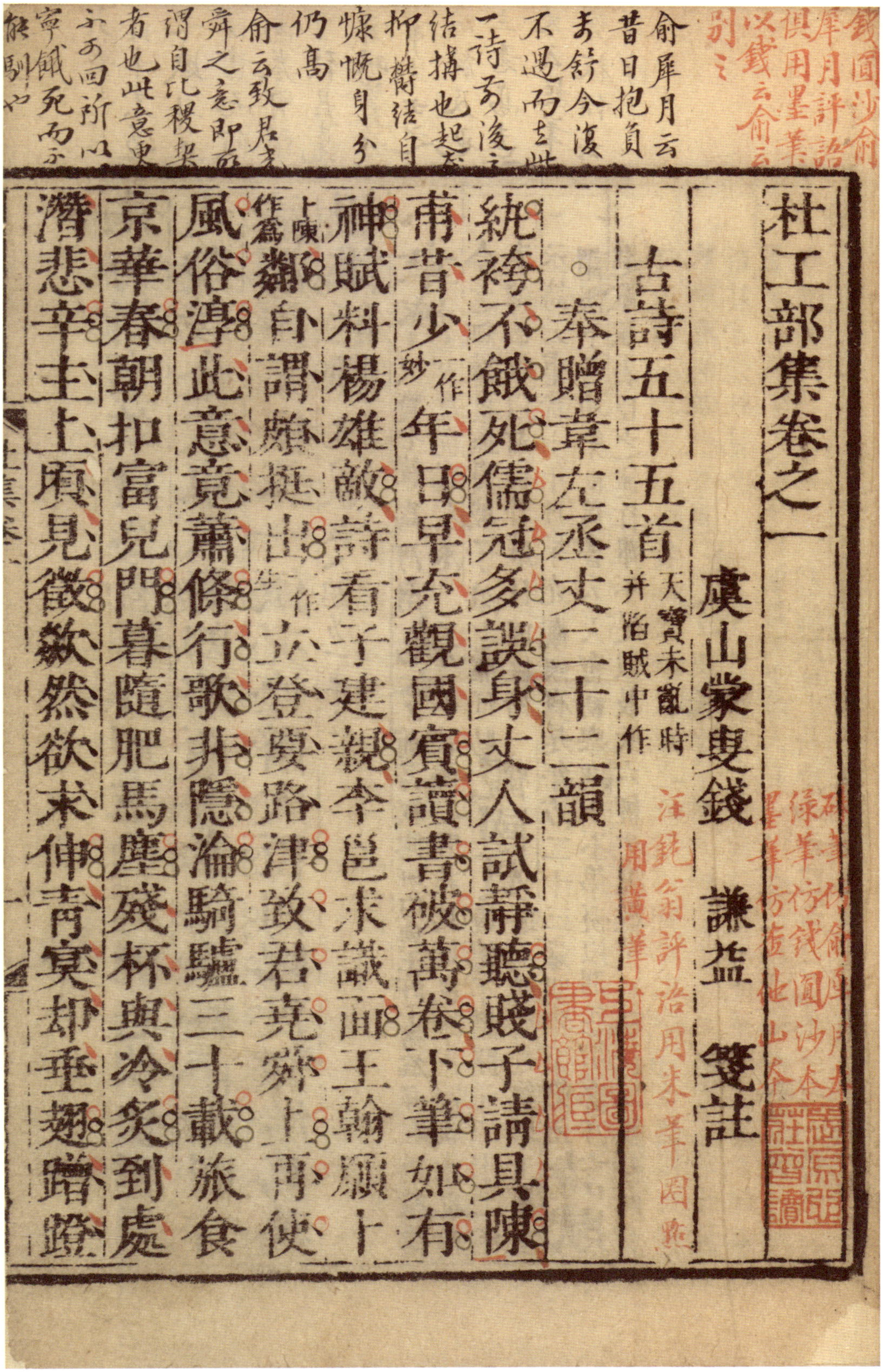

杜工部集卷之一

虞山蒙叟錢謙益箋註

古詩五十五首 天寶未亂時并陷賊中作

奉贈韋左丞丈二十二韻

紈袴不餓死儒冠多誤身丈人試靜聽賤子請具陳甫昔少（一作妙）年日早充觀國賓讀書破萬卷下筆如有神賦料楊雄敵詩看子建親李邕求識面王翰願卜鄰（上陳作爲）自謂頗挺出（一作生）立登要路津致君堯舜上再使風俗淳此意竟蕭條行歌非隱淪騎驢三十載旅食京華春朝扣富兒門暮隨肥馬塵殘杯與冷炙到處潛悲辛主上頃見徵欻然欲求伸青冥却垂翅蹭蹬

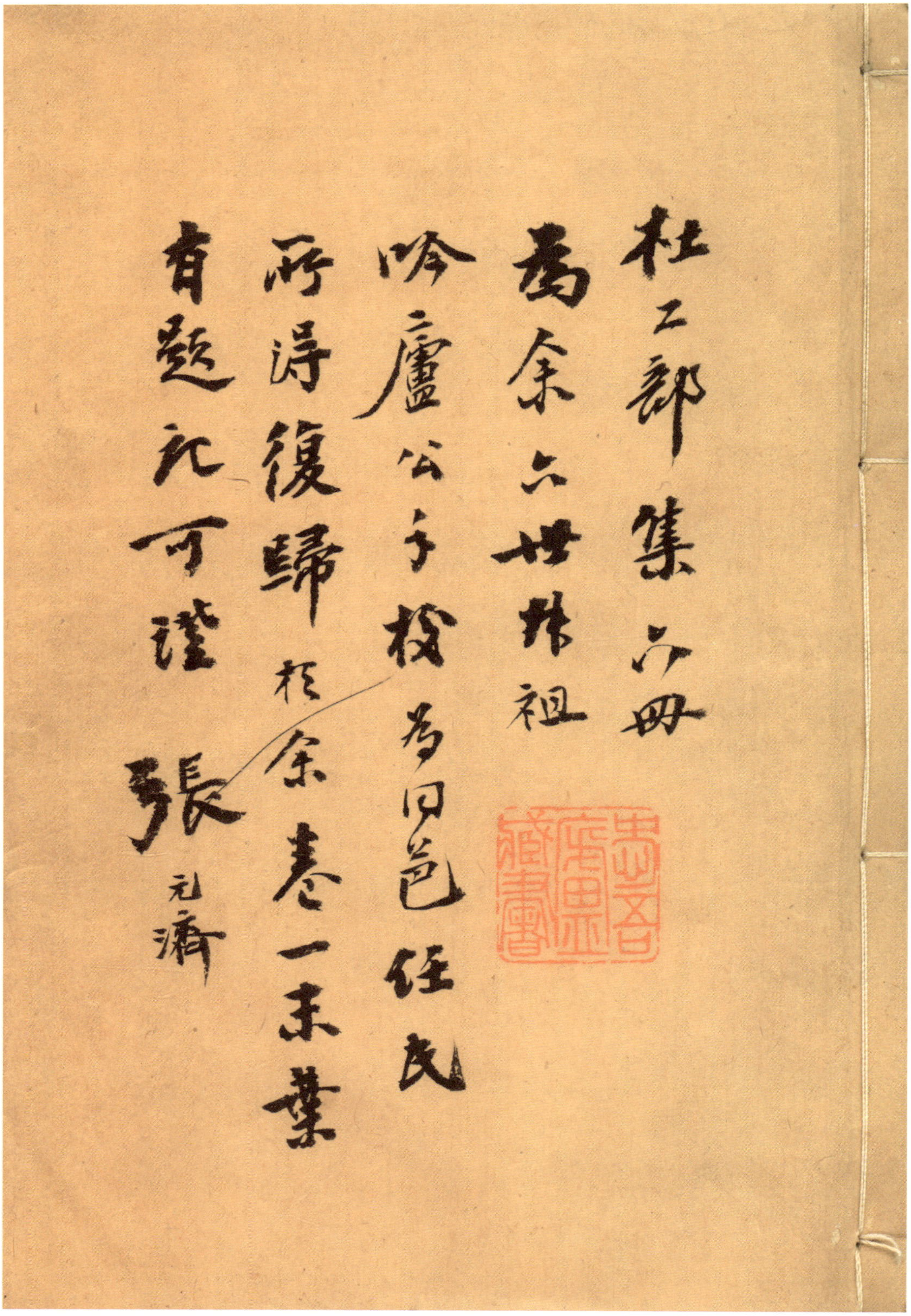
杜工部集六冊
爲余六世叔祖
吟盧公手校爲同邑任氏
所得復歸於余卷一末葉
有題記可證
張元濟

《杜工部集》六册，爲余六世叔祖吟盧公手校，爲同邑任氏所得，復歸於余。卷一末葉有題記可證。張元濟。

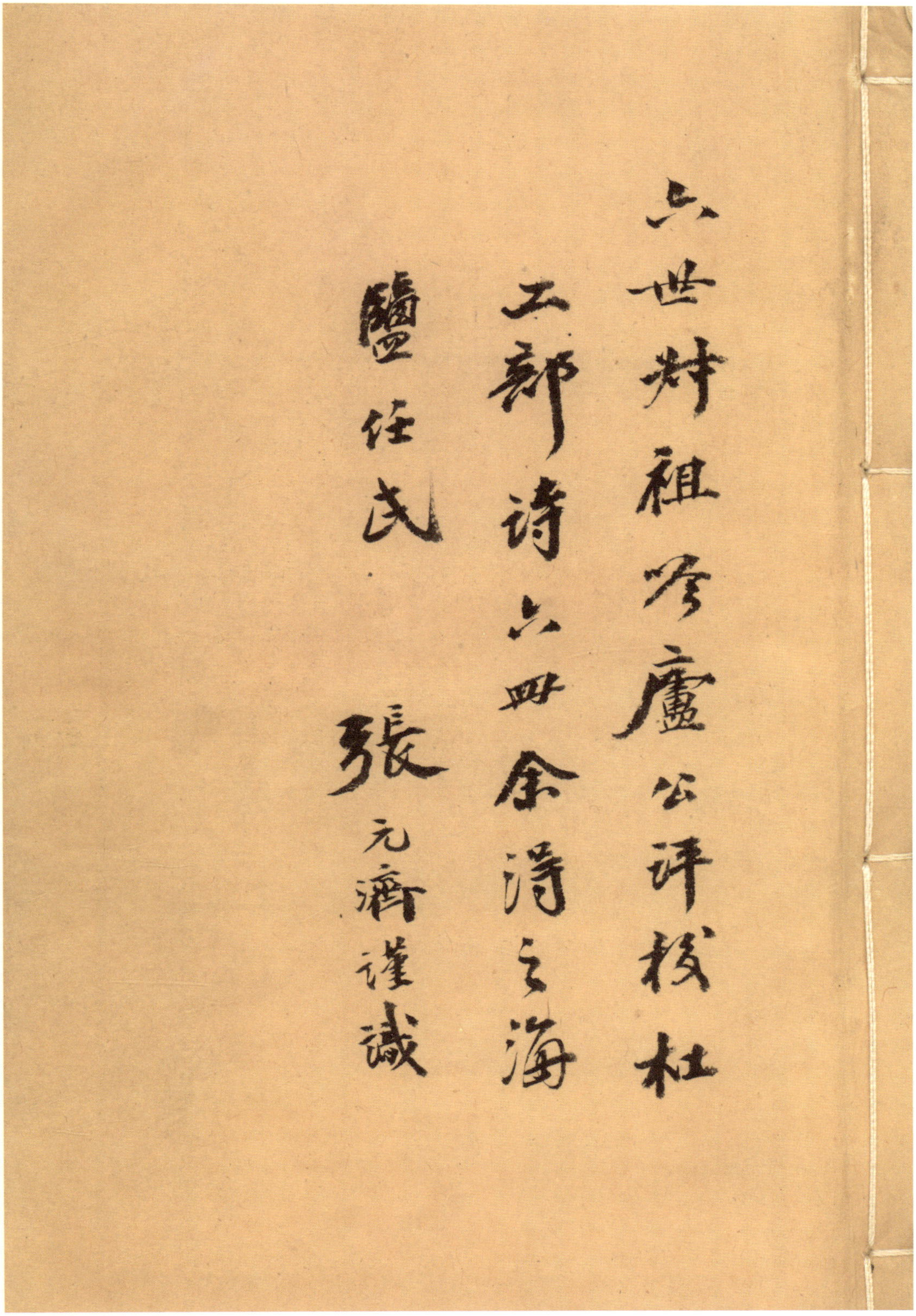
六世叔祖吟盧公評校杜工部詩六冊余得之海鹽任氏
張元濟謹識

六世叔祖吟盧公評校《杜工部詩》六册，余得之海鹽任氏。張元濟謹識。

讀杜隨筆四卷

（清）陳訏撰 清雍正松柏堂刻本 綫善 T11788-89

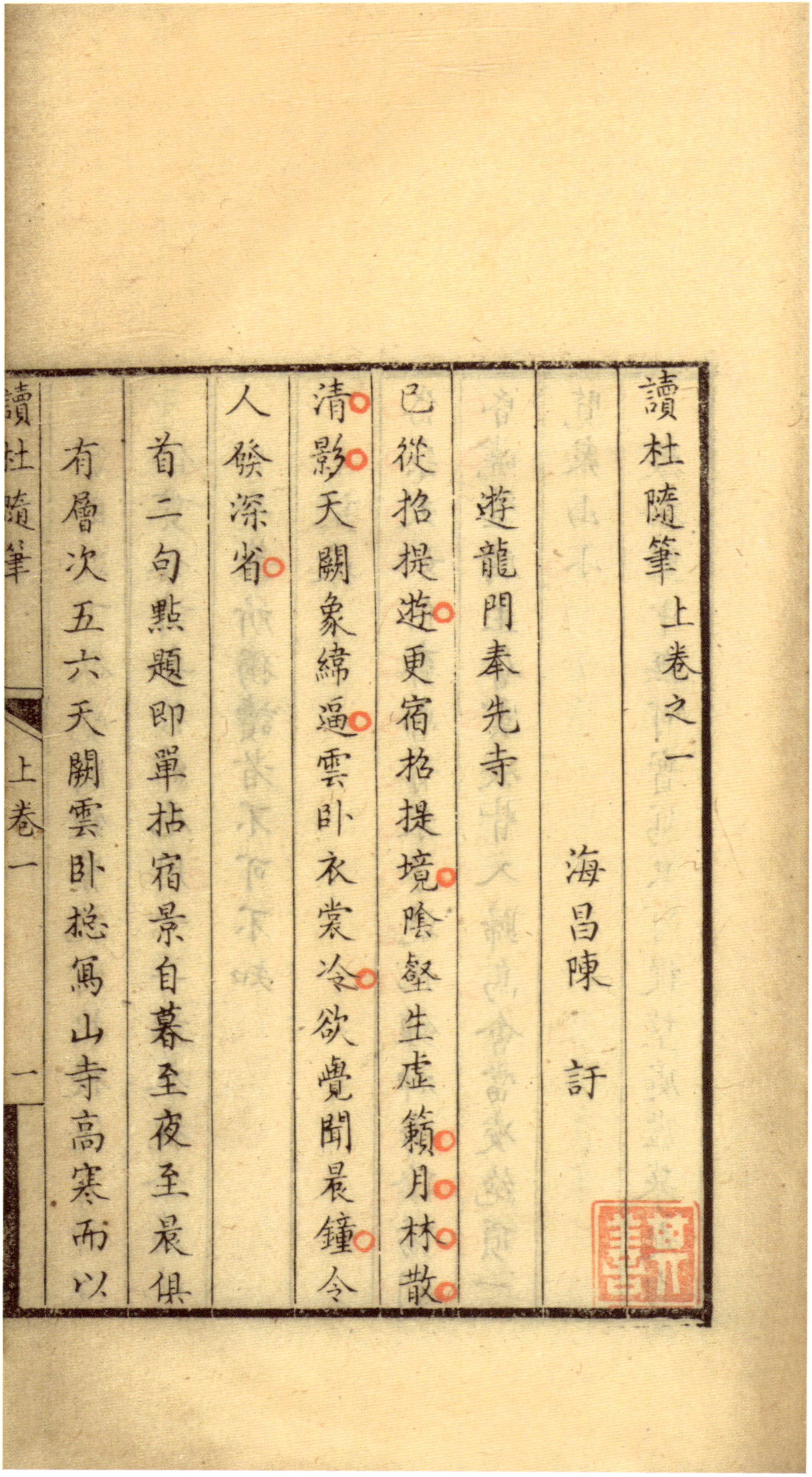

讀杜隨筆上卷之一

海昌陳訏

遊龍門奉先寺

已從招提遊更宿招提境陰壑生虛籟月林散清影天闕象緯逼雲卧衣裳冷欲覺聞晨鐘令人發深省

首二句點題即單拈宿景自暮至夜至晨俱有層次五六天闕雲卧總寫山寺高寒而以

讀杜隨筆 上卷一 一

余七世本生祖妣陳太淑人，爲宋齋先生之女。先生由海寧遷居海鹽，其宅址所謂松柏堂者，爲先大夫所得，即今之虎尾浜新居。是書《弁言》，有『御賜松柏堂』木印，是必刻於海鹽宅中。卷末有先生後裔兩跋，語重心長，惟恐隕墜。今竟散出，歸於余處。冥冥中若有呵護之者。故家喬木，遺澤猶存。余得此書，既仰外家世德之長，尤深鑿楹而藏之願已！癸亥仲冬月廿五日，張元濟謹識。

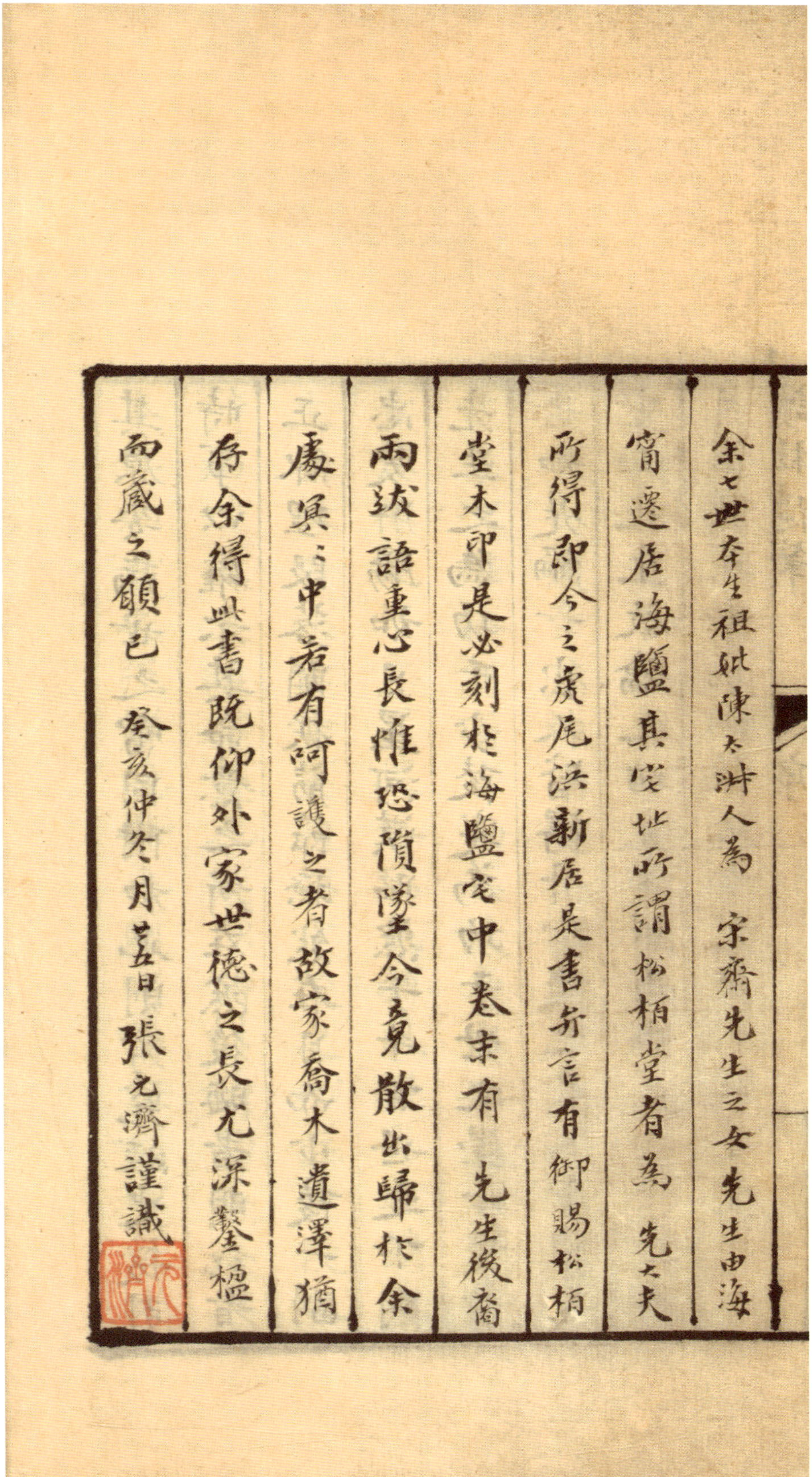
余七世本生祖妣陳太淑人爲宋齋先生之女先生由海甯遷居海鹽其宅址所謂松栢堂者爲先大夫所得即今之虎尾浜新居是書弁言有御賜松栢堂木印是必刻於海鹽宅中卷末有先生後裔兩跋語重心長惟恐隕墜今竟散出歸於余處冥冥中若有呵護之者故家喬木遺澤猶存余得此書既仰外家世德之長尤深鑿楹而藏之願已 癸亥仲冬月廿五日 張元濟謹識

杜詩詳注二十五卷首一卷附編二卷 （唐）杜甫撰；（清）仇兆鰲輯注 清康熙刻本 綫善T441982-95

杜詩詳註卷之一

翰林院編修臣仇兆鰲輯註

遊龍門奉先寺

〔黃鶴注〕此當是開元二十四年後遊東都時作。〔朱鶴齡注〕龍門卽伊闕〔元和郡縣志〕伊闕山在河南府伊闕縣北四十五里舊注誤引禹貢河東之龍門今削之〔兩京新記〕煬帝登北邙觀伊闕曰此龍門也自古何不建都於此〔一統志〕闕塞山在河南府城西南三十里〔左傳〕趙鞅使女寬守闕塞卽此一名伊闕俗名龍門山亦名闕口

已從招提遊更宿招提境陰壑生虛一作靈籟月林散清影天闕正異作闕姜氏作開象緯逼雲臥衣裳冷欲覺古效切聞晨鐘令平聲人發深省悉井切〇公遊奉先寺夜宿而作也中四寺中夜景末二宿寺之情。張綖注三四狀風

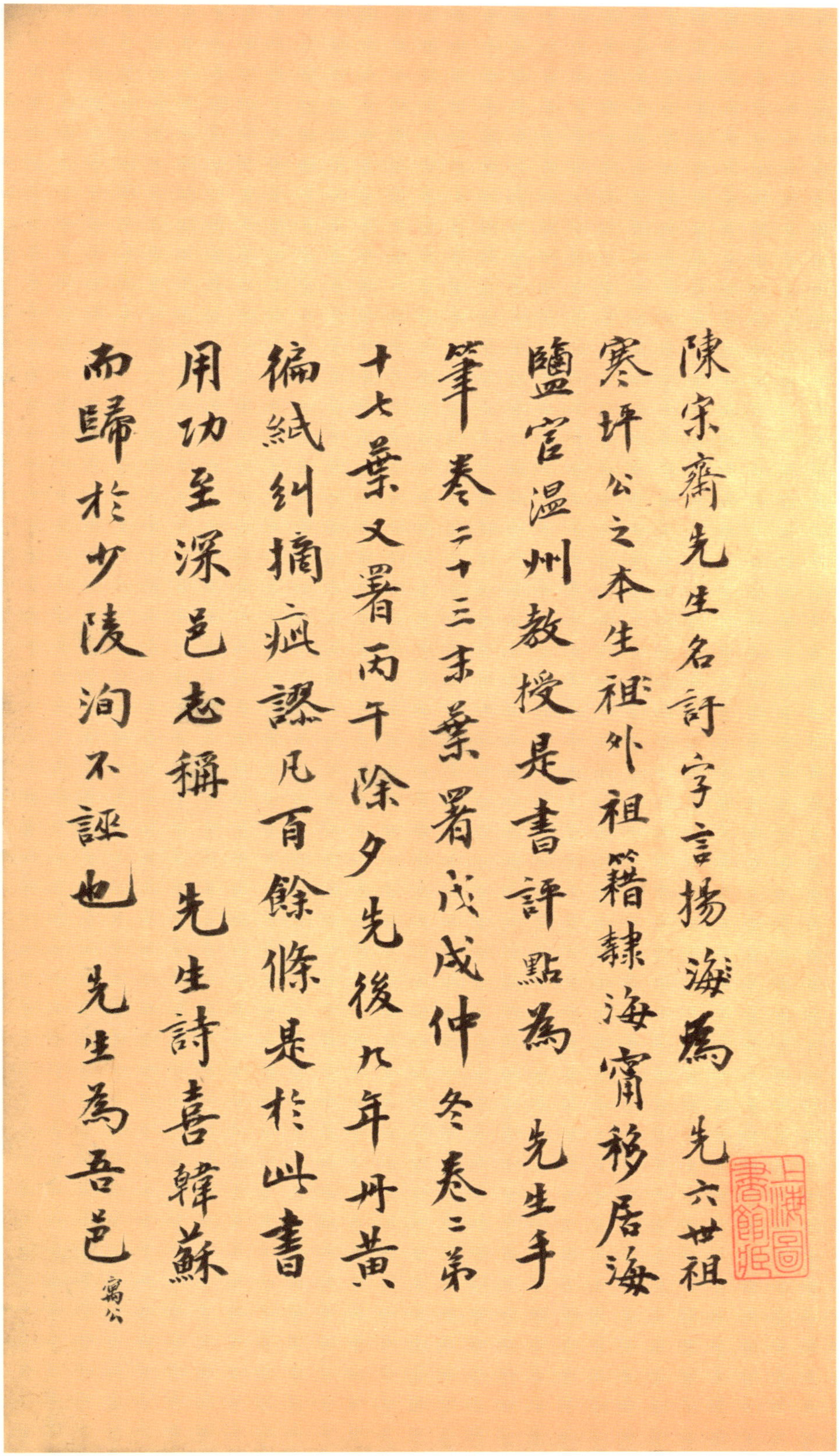

陳宋齋先生名訏字言揚海為 先六世祖
寒坪公之本生外祖籍隸海寧移居海
鹽官溫州教授是書評點為 先生手
筆卷二十三末葉署戊戌仲冬卷二第
十七葉又署丙午除夕先後九年丹黃
徧紙糾摘疵謬凡百餘條是於此書
用功至深邑志稱 先生詩喜韓蘇
而歸於少陵洵不誣也 先生為吾邑寓公

陳宋齋先生名訏，字言揚，爲先六世祖寒坪公之本生外祖，籍隸海寧，移居海鹽，官温州教授。是書評點爲先生手筆。卷二十三末葉署戊戌仲冬，卷二第十七葉又署丙午除夕，先後九年，丹黄遍紙，糾摘疵謬，凡百餘條。是於此書用功至深。邑志稱先生詩喜韓、蘇而歸於少陵，洵不誣也。先生爲吾邑寓公，又爲吾祖所自出，則是書之在吾家固當珍如拱璧矣。癸亥仲冬月二十五日，張元濟。

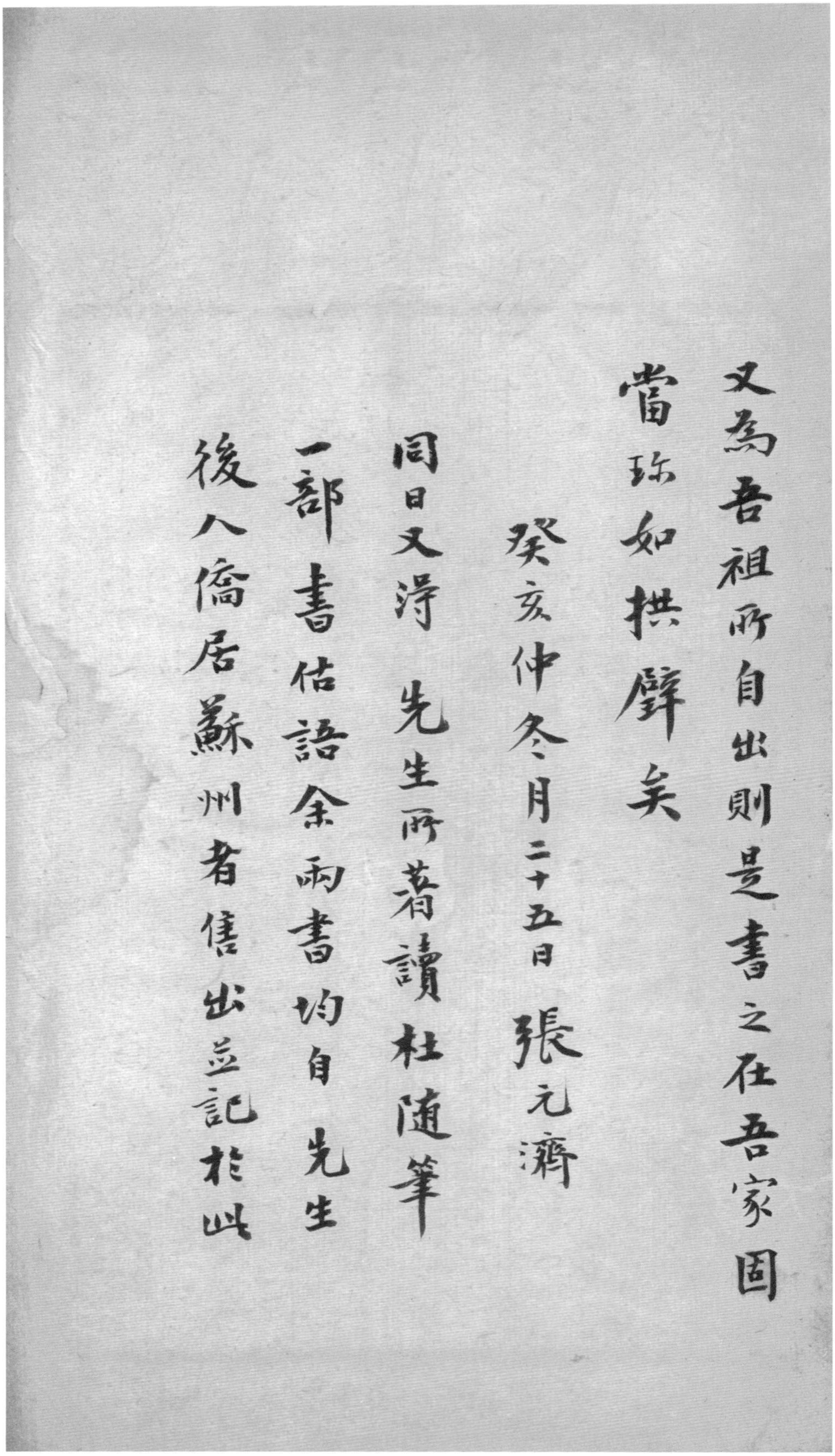

又爲吾祖所自出則是書之在吾家固
當珍如拱璧矣
癸亥仲冬月二十五日　張元濟
同日又得　先生所著讀杜隨筆
一部書估語余兩書均自　先生
後人僑居蘇州者售出並記於此

同日又得先生所著《讀杜隨筆》一部。書估語余，兩書均自先生後人僑居蘇州者售出。並記於此。

端簡鄭公文集十二卷　（明）鄭曉撰　明萬曆二十八年刻本　綫善 T11964-71

端簡鄭公文集卷一

海鹽鄭曉著　子履淳輯

說經

易說

伏羲作八卦非取於河圖也孔子傳易曰古者庖羲氏之王天下也仰則觀象於天俯則觀法於地觀鳥獸之文與地之宜近取諸身遠取諸物於是始作八卦以通神明之德以類萬物之情又曰天生神物聖人則之天地變化聖人效之天垂象見吉凶聖人象之河出圖洛出書聖人

端簡鄭公文集　卷一　一

三百〇九李承

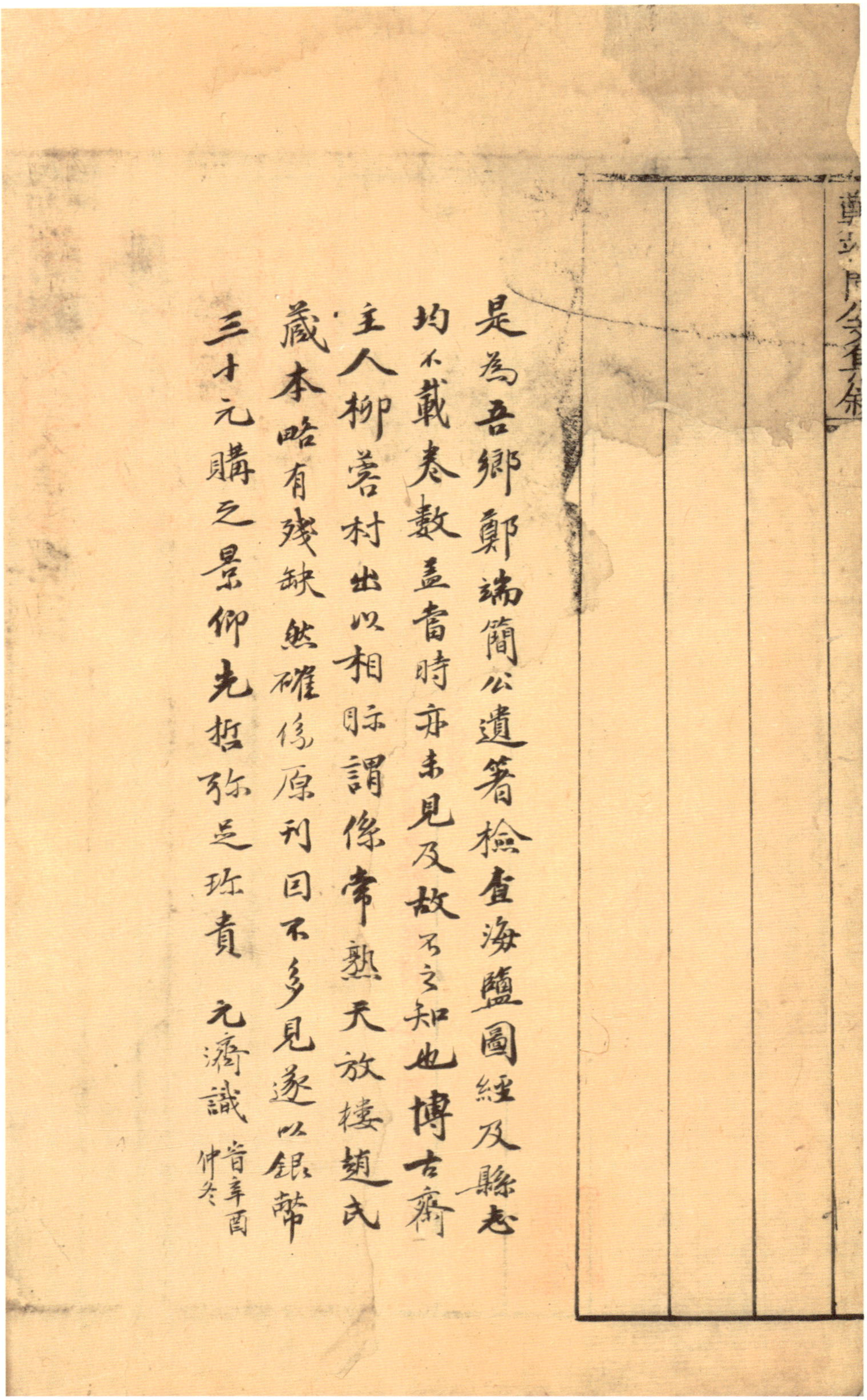
是為吾鄉鄭端簡公遺著檢查海鹽圖經及縣志均不載卷數蓋當時亦未見及故不之知也博古齋主人柳蓉村出以相眎謂係常熟天放樓趙氏藏本略有殘缺然確係原刊因不多見遂以銀幣三十元購之景仰先哲彌足珍貴　元濟識　時辛酉仲冬

是爲吾鄉鄭端簡公遺著。檢查《海鹽圖經》及《縣志》，均不載卷數，蓋當時亦未見及，故不之知也。博古齋主人柳蓉村出以相視，謂係常熟天放樓趙氏藏本，略有殘缺，然確係原刊。因不多見，遂以銀幣三十元購之。景仰先哲，彌足珍貴。元濟識。時辛酉仲冬。

飛帛録二卷續録一卷

（清）陸紹曾，張燕昌輯　清嘉慶九年擘荔軒刻本　綫善 T12050-51

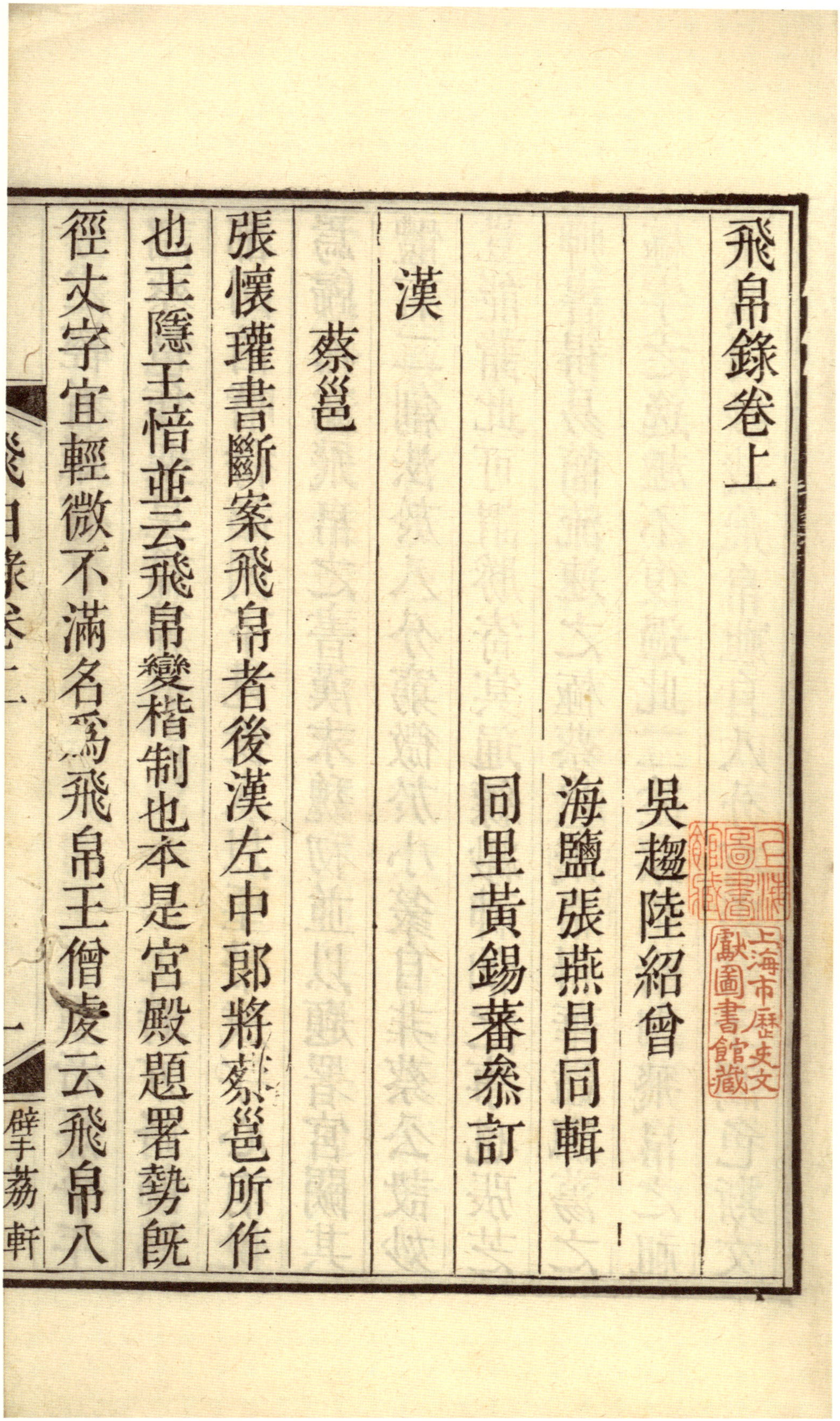

飛帛錄卷上

吳趨陸紹曾
海鹽張燕昌同輯
同里黃錫蕃叅訂

漢

蔡邕

張懷瓘書斷案飛帛者後漢左中郎將蔡邕所作也王隱王愔並云飛帛變楷制也本是宮殿題署勢既徑丈字宜輕微不滿名爲飛帛王僧虔云飛帛八

飛帛錄卷上　一　擘荔軒

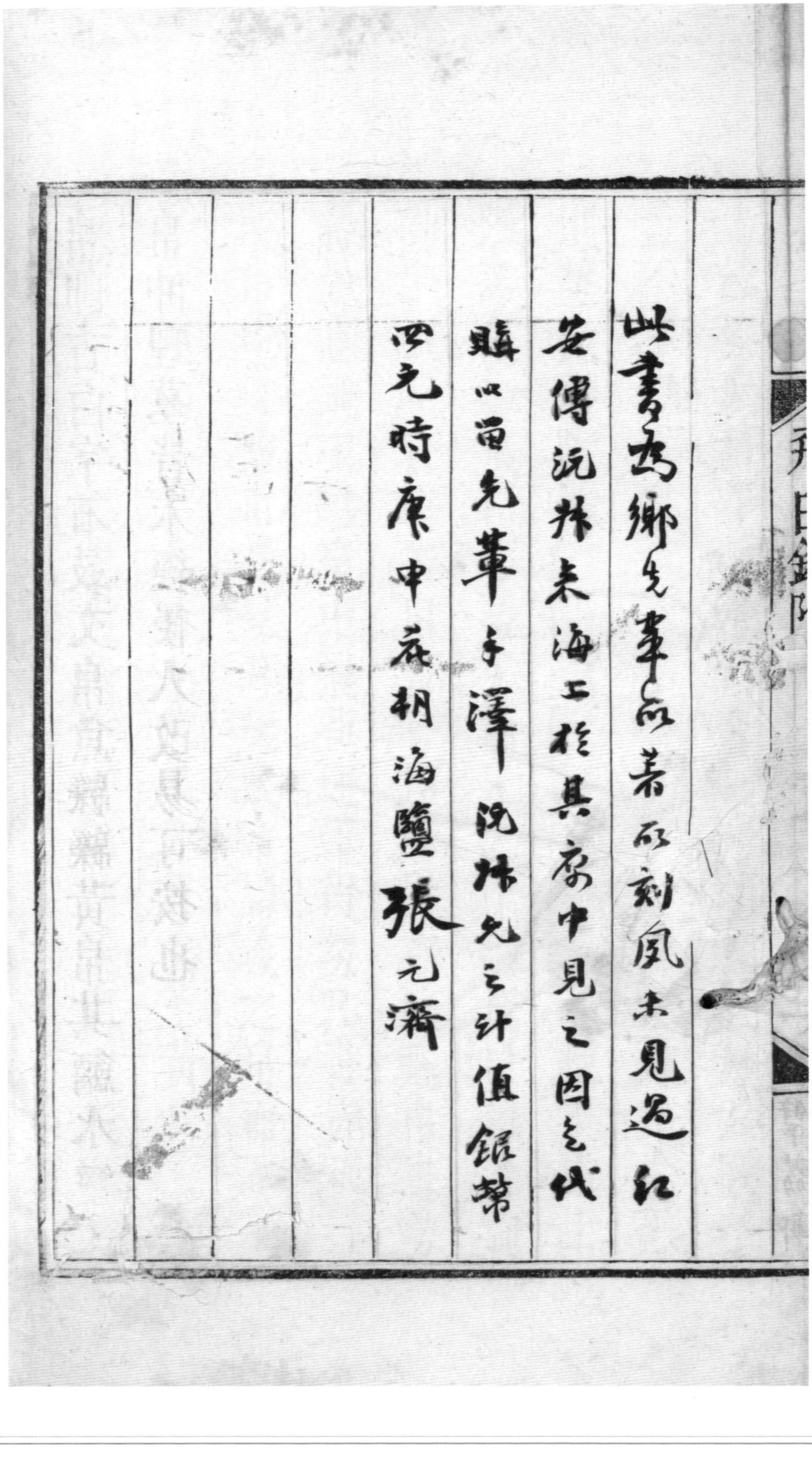

此書爲鄉先輩所著所刻，夙未見過。江安傅沅叔來海上，於其寓中見之，因乞代購，以留先輩手澤。沅叔允之，計值銀幣四元。

時庚申花朝，海鹽張元濟。

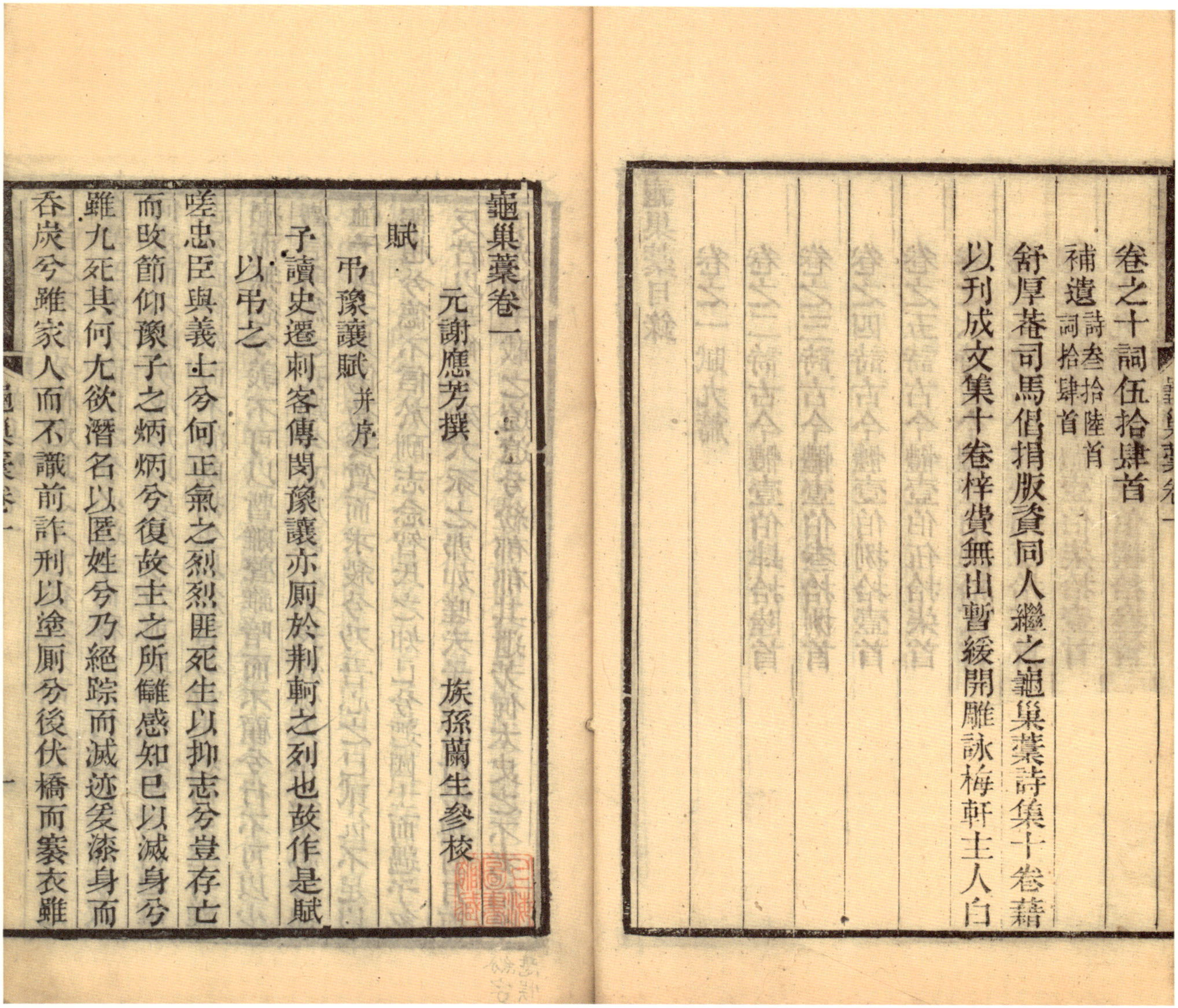

卷之十詞伍拾肆首
補遺詩叄拾陸首 詞拾肆首
舒厚菴司馬倡捐版資同人繼之龜巢藁詩集十卷藉
以刊成文集十卷梓費無出暫緩開雕詠梅軒主人白

龜巢藁卷一
元謝應芳撰　　族孫蘭生參校
賦
弔豫讓賦并序
予讀史遷刺客傳閔豫讓亦厠於荆軻之列也故作是賦
以弔之
嗟忠臣與義士兮何正氣之烈烈匪死生以抑志兮豈存亡
而改節仰豫子之炳炳兮復故主之所讎感知已以滅身兮
雖九死其何尤欲潛名以匿姓兮乃絕踪而滅迹爰漆身而
吞炭兮雖家人而不識前詐刑以塗厠兮後伏橋而褰衣雖

龜巢稿十卷補遺一卷（元）謝應芳撰　清道光二十五年謝蘭生刻本　綫善T12462-65

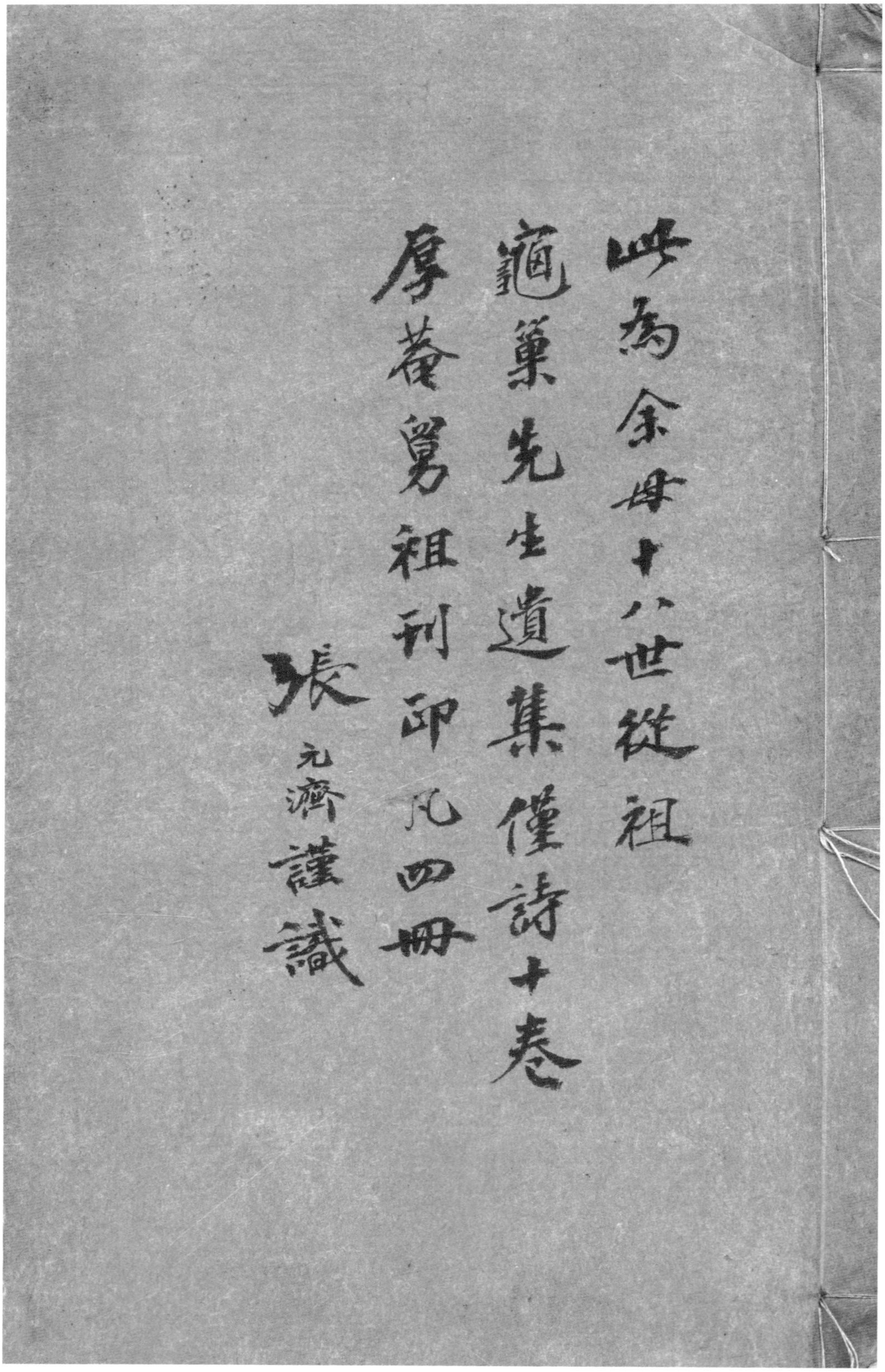
此為余母十八世從祖
龜巢先生遺集僅詩十卷
厚菴舅祖刊印凡四册
張元濟謹識

此爲余母十八世從祖龜巢先生遺集，僅詩十卷。厚庵舅祖刊印，凡四册。張元濟謹識。

歸潛記乙編一卷附一卷丙編一卷丁編三卷戊編一卷辛編一卷癸編一卷附一卷

錢恂撰　清宣統元年刻本　綫普長441634

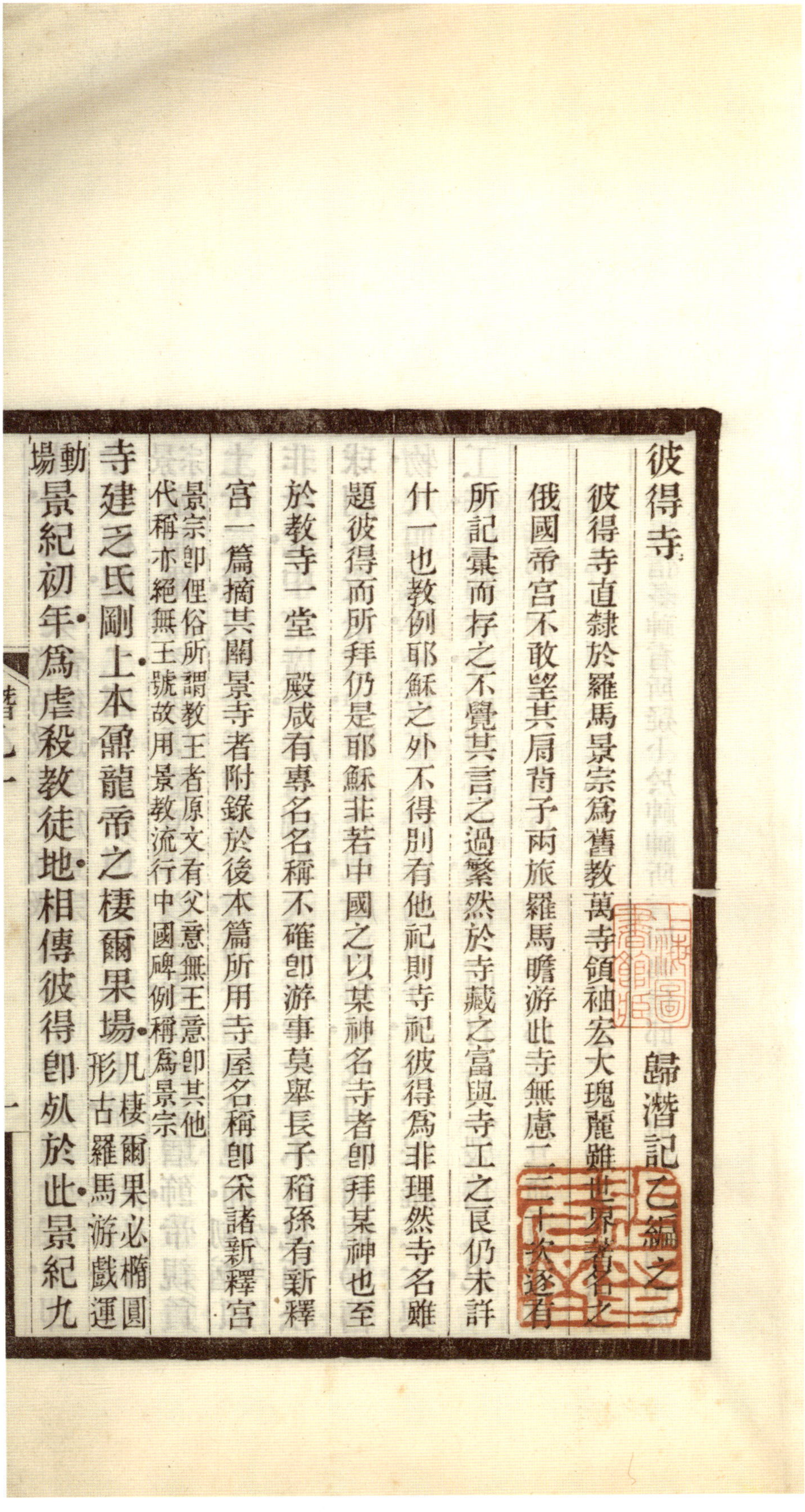

彼得寺　　歸潛記乙編之一

彼得寺直隸於羅馬景宗爲舊教萬寺領袖宏大瑰麗雖世界著名之俄國帝宮不敢望其肩背予兩旅羅馬瞻游此寺無慮二三十次遂有所記彙而存之不覺其言之過繁然於寺藏之富與寺工之艮仍未詳什一也教例耶穌之外不得別有他祀則寺祀彼得爲非理然寺名雖題彼得而所拜仍是耶穌非若中國之以某神名寺者卽拜某神也至於教寺一堂一殿咸有專名名稱不確卽游事莫舉長子稻孫有新釋宮一篇摘其關景寺者附錄於後本篇所用寺屋名稱卽采諸新釋宮景宗卽俚俗所謂教王者原文有父意無王意卽其他代稱亦絕無王號故用景教流行中國碑例稱爲景宗

寺建之氏剛上本爾龍帝之棲爾果場凡棲爾果必橢圓形古羅馬游戲運動場景紀初年爲虐殺教徒地相傳彼得卽死於此景紀九

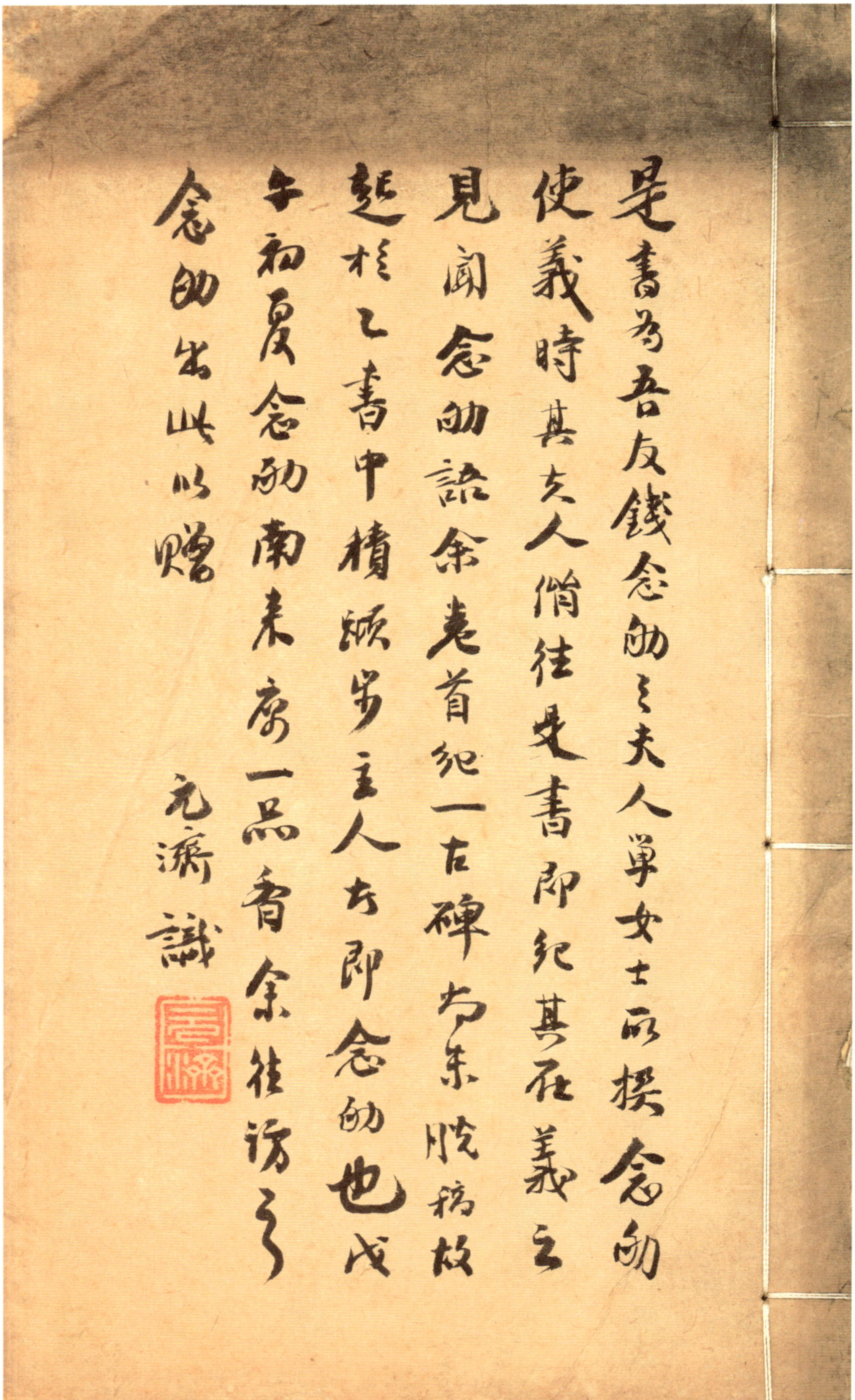
是書爲吾友錢念劬之夫人單女士所撰念劬使義時其夫人偕往是書即紀其在義之見聞念劬語余卷首紀一古碑尚未脫稿故起於乙書中積跬步主人者即念劬也戊午初夏念劬南來寓一品香余往訪之念劬出此以贈
元濟識

是書爲吾友錢念劬之夫人單女士所撰。念劬使義時，其夫人偕往。是書即紀其在義之見聞。念劬語余，卷首紀一古碑，尚未脫稿，故起於乙。書中積跬步主人者，即念劬也。戊午初夏，念劬南來，寓一品香，余往訪之，念劬出此以贈。元濟識。

海寧縣地理志卷之一

序曰志縣而首地理何也志以地理而有也今之縣志古之國史山林川澤原隰郊關都鄙畝巨見於傳紀多矣故穆陵無棣賜齊之履龜蒙鳧繹保魯之疆夫孰非地理者乎杭郡屬邑寧為最鉅物眾地大其來遠矣故必考其沿革驗其分野正其疆域審其形勢問其風俗觀其山川與夫鄉都市鎮土產路津而後人事可從而理也

沿革

會稽郡有海鹽縣漢吳王濞煮海為鹽兩漢志但有

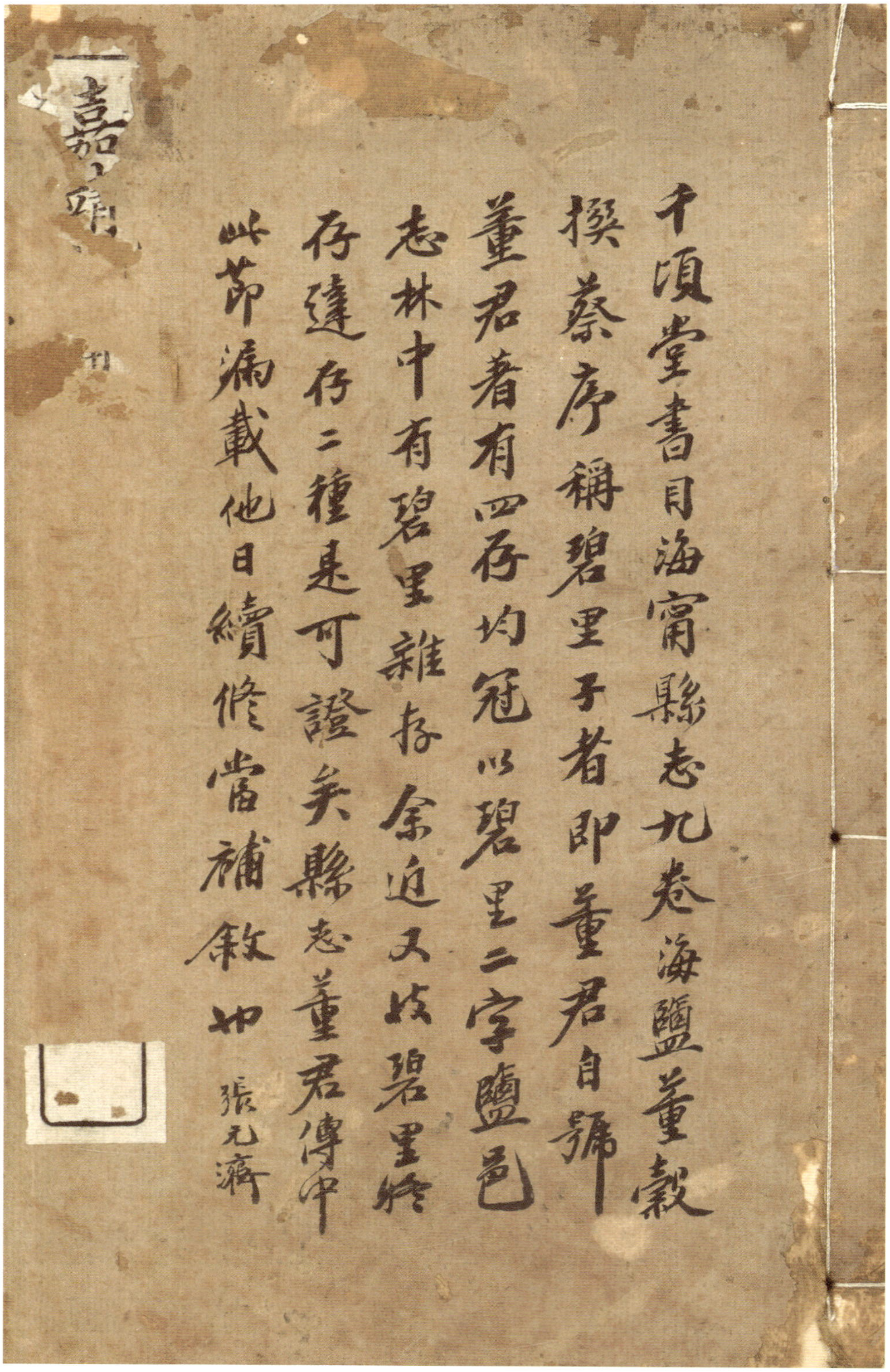

千頃堂書目海寧縣志九卷海鹽董穀撰蔡序稱碧里子者即董君自號董君著有四存均冠以碧里二字鹽邑志林中有碧里雜存余近又收碧里疑存達存二種是可證矣縣志董君傳中此節漏載他日續修當補敘也

張元濟

《千頃堂書目》：《海寧縣志》九卷，海鹽董穀撰。蔡序稱『碧里子』者即董君自號。董君著有《四存》，均冠以『碧里』二字。《鹽邑志林》中有《碧里雜存》，余近又收《碧里疑存》《達存》二種，是可證矣。《縣志》董君傳中，此節漏載。他日續修，當補敘也。

張元濟。

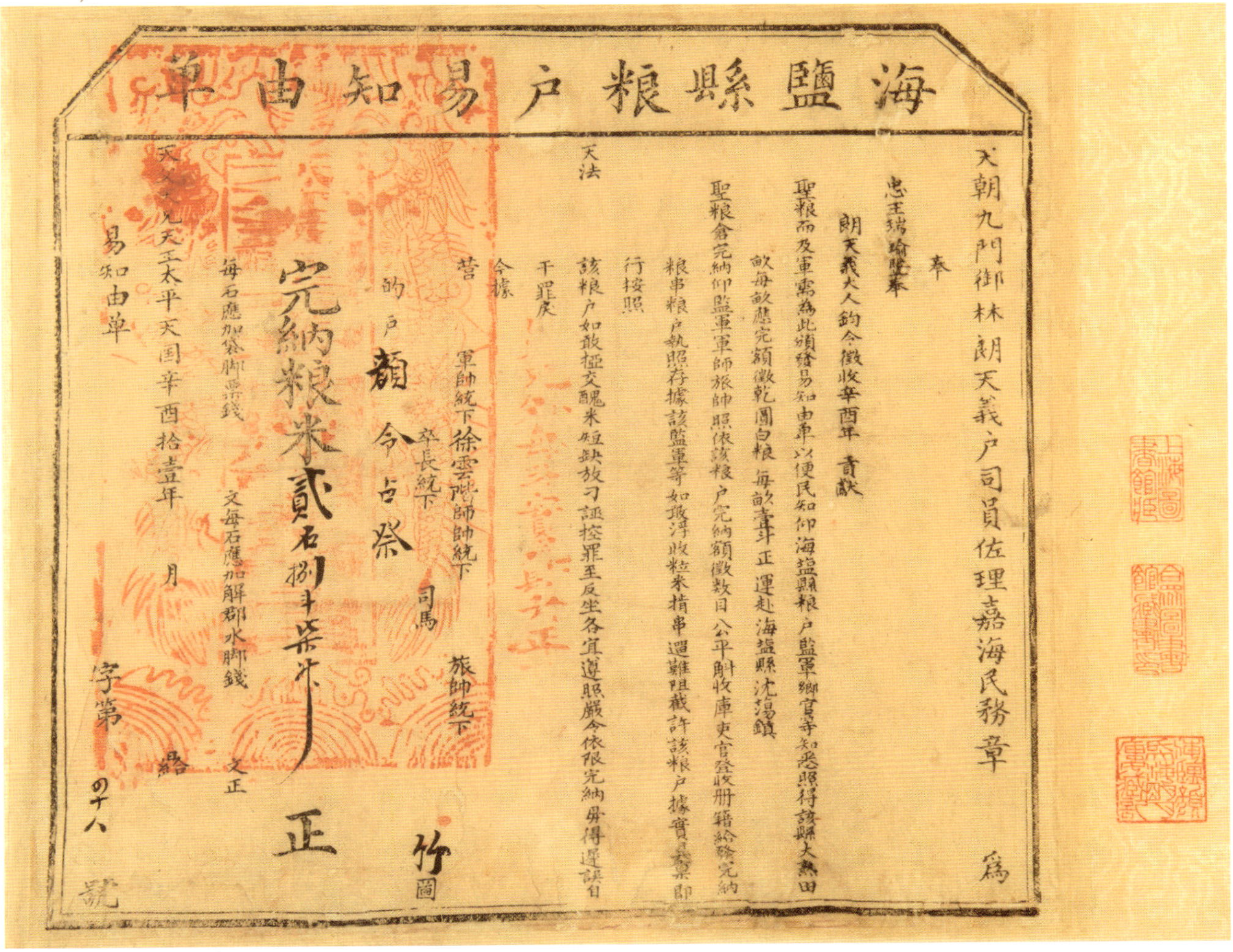

海鹽縣粮户易知由單

天朝九門御林朗天義户司員佐理嘉海民務章　爲
奉
忠王搭喻暨奉
朗天義大人鈞令徵收辛酉年　貢獻
聖粮而及軍需爲此頒發易知由單以便民知仰海塩縣粮户監軍鄉官等知悉照得該縣大熟田
畝每畝應完額徵乾圓白粮　每畝壹斗正運赴海塩縣沈蕩鎮
聖粮倉完納仰監軍軍師旅帥照依該粮户完納額徵數目公平斛收庫吏官登收冊籍給發完納
粮串粮户執照存據該監軍等如敢浮收粒米揹串遏難阻截許該粮户據實赴稟即
行按照
天法
干罪戾
該粮户如敢掗交醜米短缺放刁誣控罪至反坐各宜遵照嚴令依限完納毋得遲誤自
令據
營　軍帥統下徐雲階師帥統下　旅帥統下
卒長統下　司馬　竹圖
粮户　顏令占癸
完納粮米貳石捌斗柒升　正
每石應加簽脚票錢　文
每石應加解郵水脚錢　文正
天父天兄天王太平天国辛酉拾壹年　月　給
易知由單
字第四十八號

［太平天國］海鹽縣糧户易知由單（太平天國）章□□發　太平天國十一年（清咸豐十一年）刻本　綫善 T29274

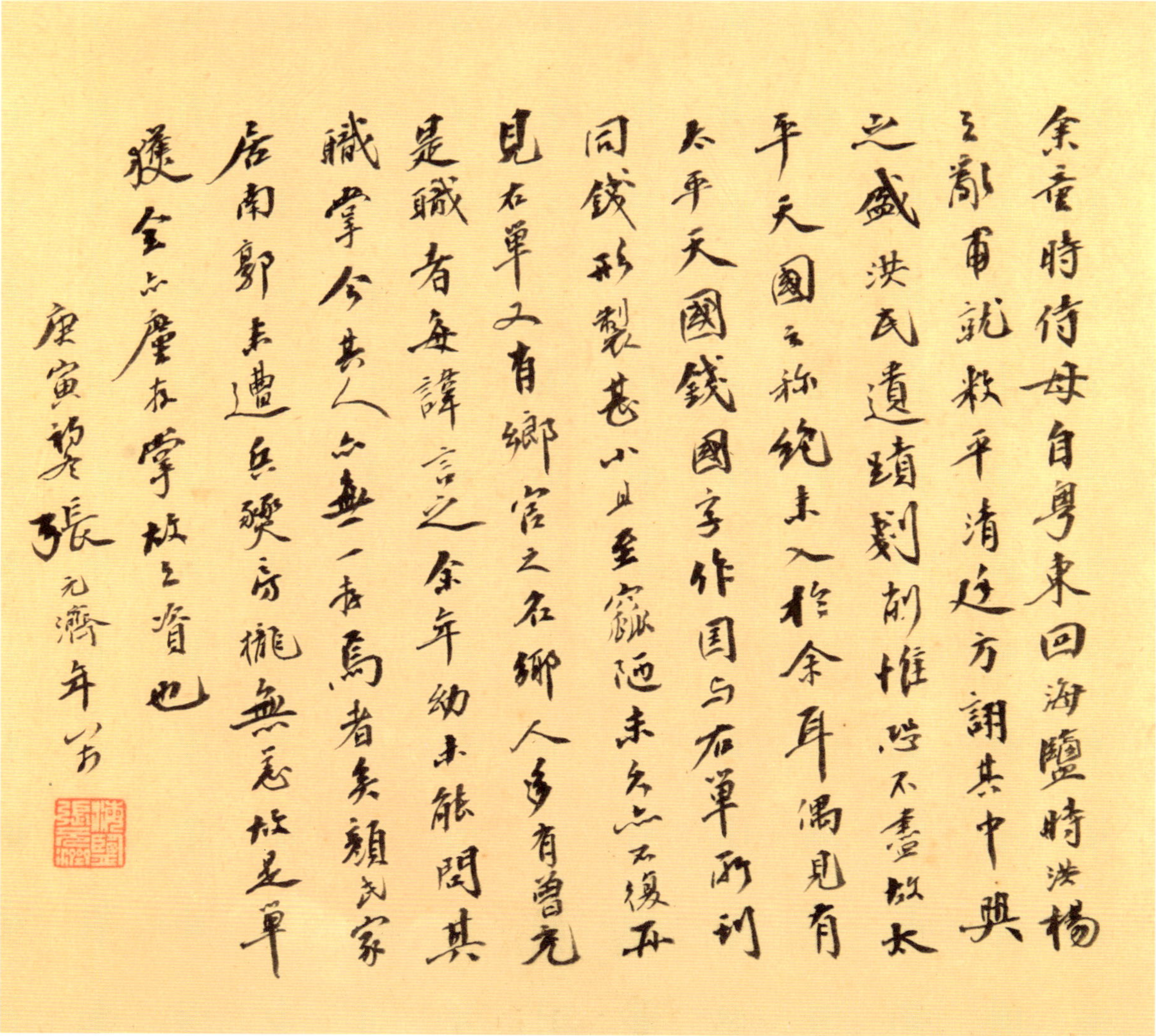

余童時侍母自粵東回海鹽，時洪楊之亂甫就敉平，清廷方詡其中興之盛。洪氏遺跡剗削惟恐不盡，故『太平天國』之稱，絶未入於余耳。偶見有太平天國錢，『國』字作『国』，與右單所刊同。錢形製甚小，且至窳陋，未久亦不復再見。右單又有鄉官之名，鄉人多有曾充是職者，每諱言之。余年幼未能問其職掌，今其人亦無一存焉者矣。顧氏家居南郭，未遭兵燹，房櫳無恙，故是單獲全，亦廑存掌故之資也。庚寅初冬，張元濟，年八十四。

（荆川先生批點精選）漢書六卷

（明）唐順之評選　明嘉靖刻本　綫善T12774-76

頭緒最多無如此傳者

荆川先生批點精選漢書卷之一

霍光

霍光字子孟票騎將軍去病弟也父中孺河東平陽人也以縣吏給事平陽侯家與侍者衛少兒私通而生去病中孺吏畢歸家娶婦生光因絕不相聞久之少兒女弟子夫得幸於武帝立爲皇后去病以皇后姊子貴幸旣壯大廼自知父爲霍中孺未及求問會爲票騎將軍擊匈奴道出河東河東太守郊迎負弩矢先驅至平陽傳舍遣吏迎霍中孺中孺趨入拜謁將軍迎拜因跪曰去病不早自知爲大人遺體也中孺扶服叩頭曰老臣得託命將軍此天力

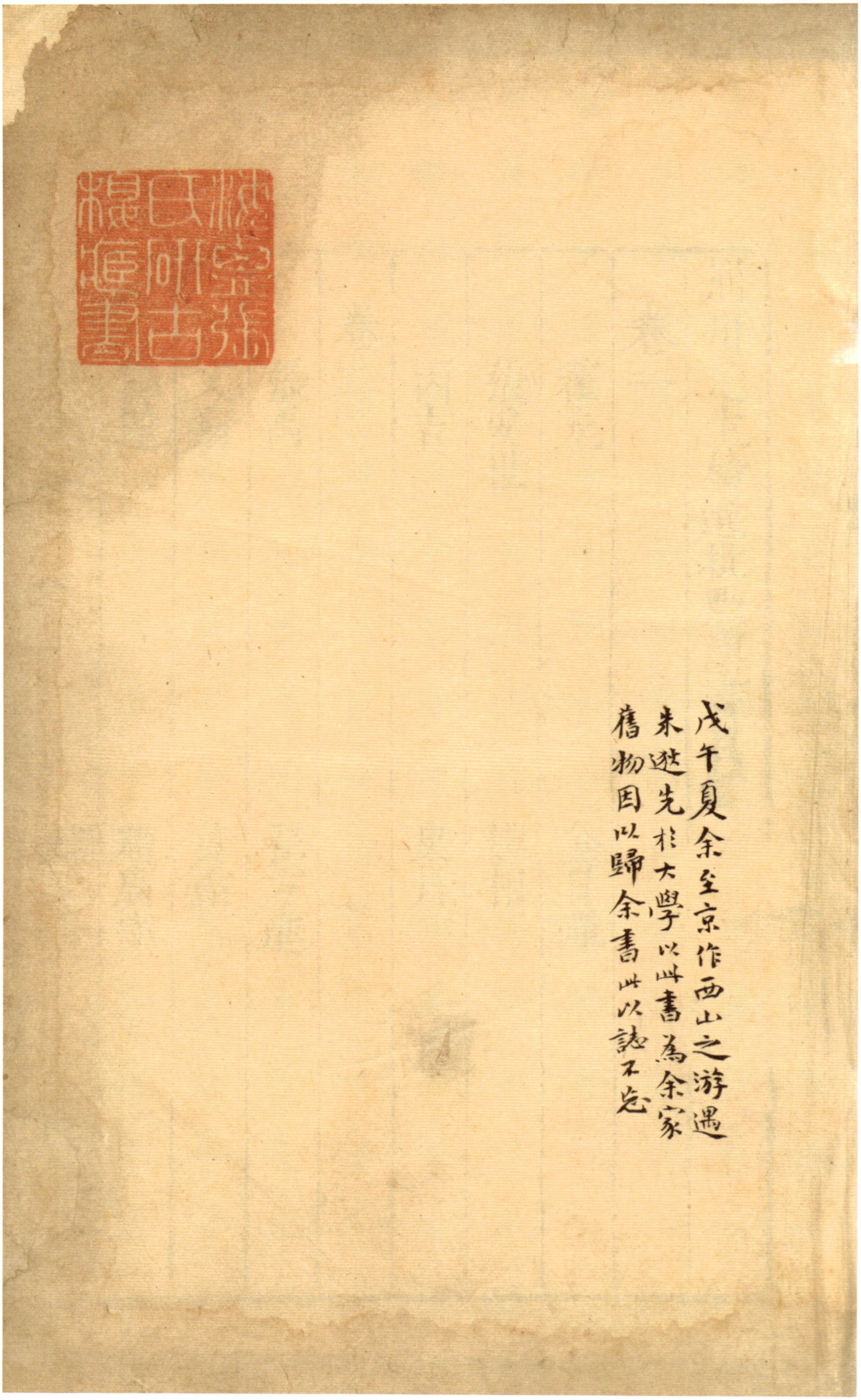
戊午夏余至京作西山之游遇
朱逖先於大學以此書爲余家
舊物因以歸余書此以誌不忘

戊午夏，余至京作西山之游，遇朱逖先於大學，以此書爲余家舊物，因以歸余。書此以志不忘。

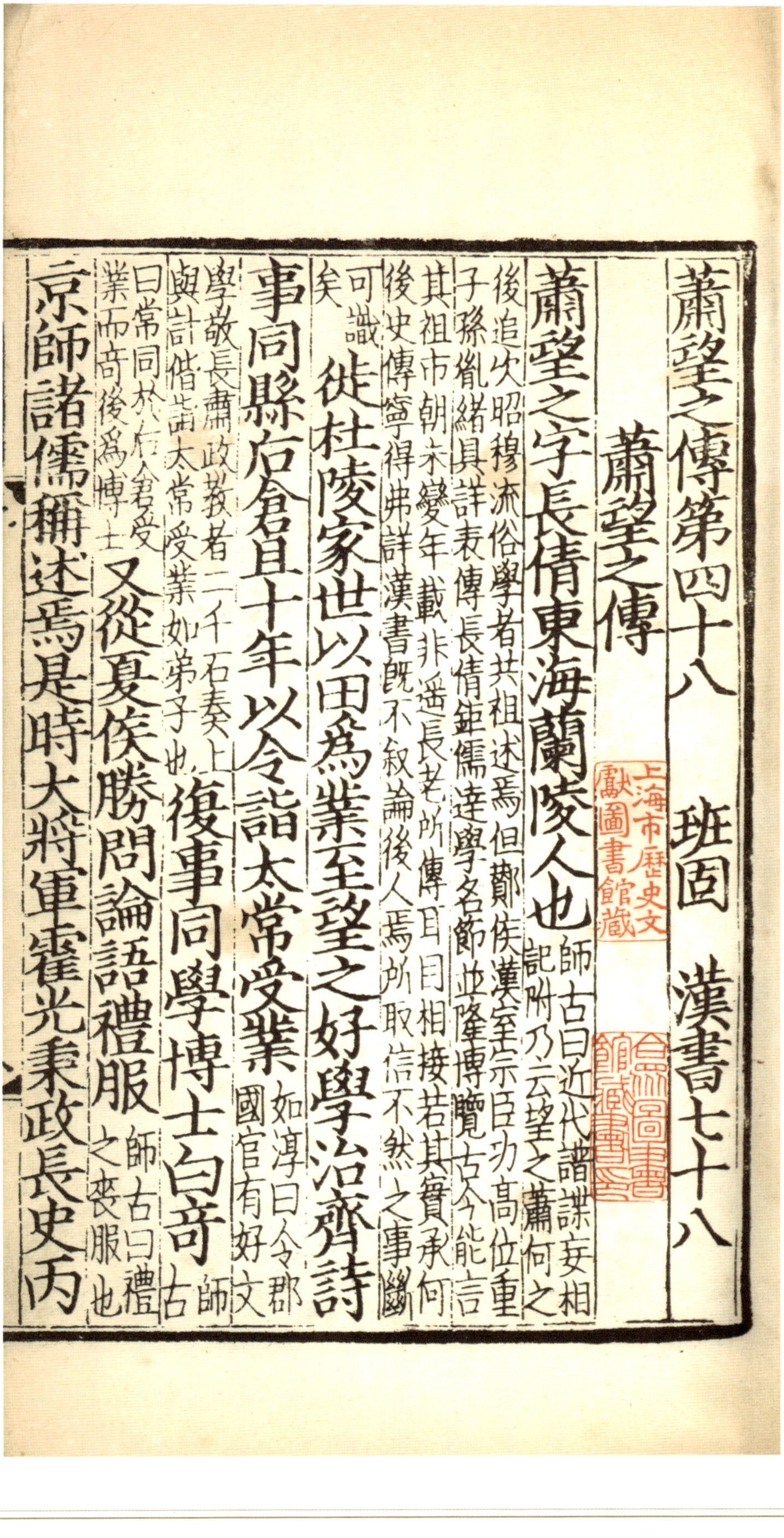

蕭望之傳第四十八

蕭望之傳　班固　漢書七十八

蕭望之字長倩東海蘭陵人也 師古曰近代譜諜妄相託附乃云望之蕭何之後追次昭穆流俗學者共祖述焉但酇侯漢室宗臣功高位重子孫胤緒具詳表傳長倩鉅儒達學名節並隆博覽古今能言其祖市朝未變年載非遥長老所傳耳目相接若其實承何後史傳寧得弗詳漢書既不敘論後人焉所取信不然之事斷可識矣 徙杜陵家世以田爲業至望之好學治齊詩事同縣后倉且十年以令詣太常受業 如淳曰令郡國官有好文學敬長肅政教者二千石奏上與計偕詣太常受業如弟子也 復事同學博士白奇 師古曰常同於后倉受業而奇後爲博士 又從夏侯勝問論語禮服 師古曰禮之喪服也 京師諸儒稱述焉是時大將軍霍光秉政長史丙

漢書一百卷（存卷七十八至八十一）（漢）班固撰　民國上海商務印書館據宋白鷺洲書院刻本影印本　綫普長41576

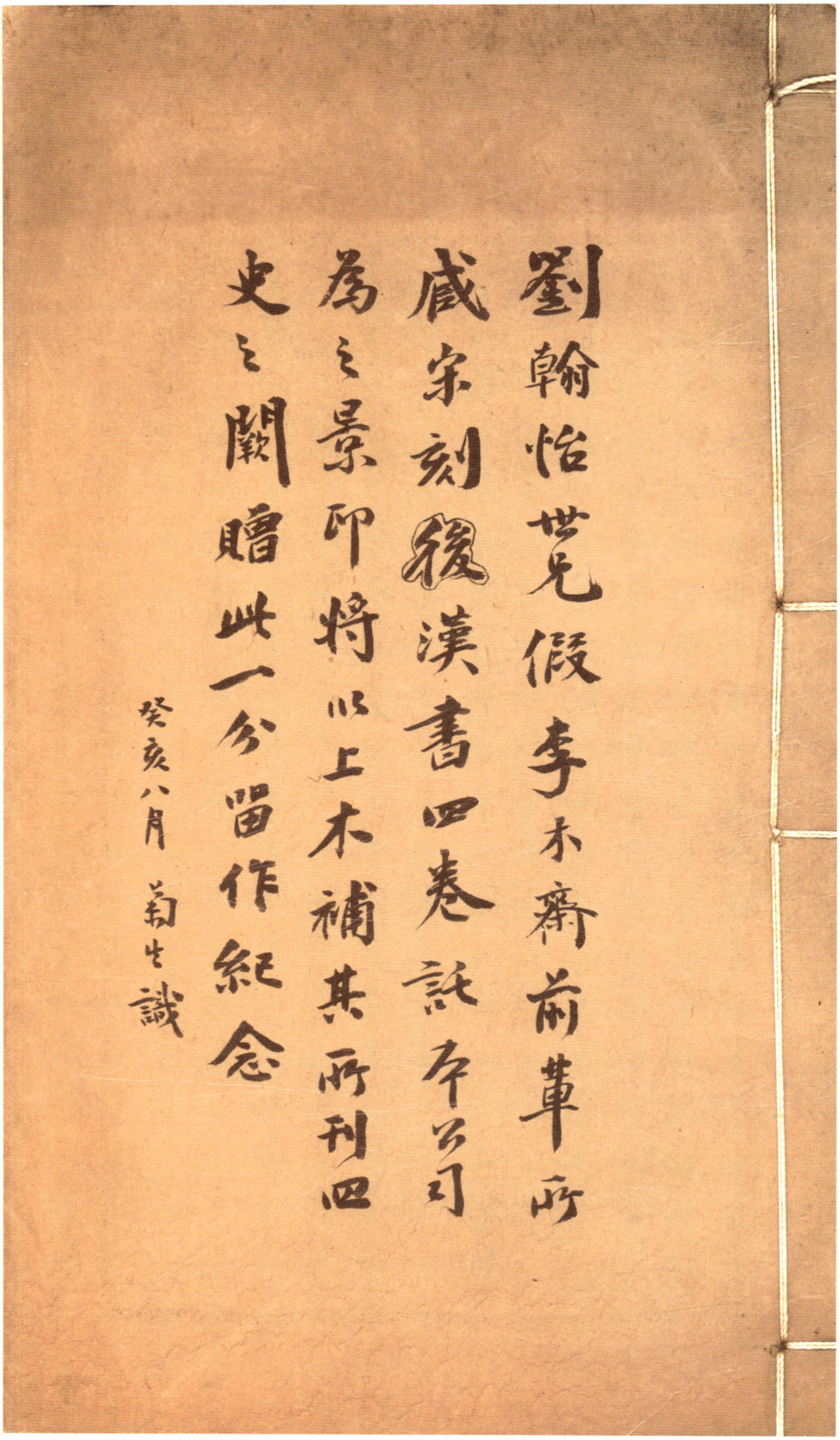

劉翰怡世兄假李木齋前輩所藏宋刻《漢書》四卷，托本公司爲之景印，將以上木，補其所刊四史之闕，贈此一分，留作紀念。

癸亥八月，菊生識。

漢書一百卷（存卷七十八至八十一）

（漢）班固撰　民國劉承幹據宋白鷺洲書院刻本影印本　綫普長434403

蕭望之傳第四十八　班固　漢書七十八

蕭望之傳

蕭望之字長倩東海蘭陵人也師古曰近代譜諜妄相託附乃云望之蕭何之後追次昭穆流俗學者共祖述焉但酇侯漢室宗臣功高位重子孫胤緒具詳表傳長倩鉅儒達學名節並隆博覽古今能言其祖市朝未變年載非遙長老所傳耳目相接若其實承何後史傳寧得弗詳漢書既不叙論後人焉所取信不然之事斷可識矣徙杜陵家世以田為業至望之好學治齊詩事同縣后倉且十年以令詔太常受業如淳曰令郡國官有好文學敬長肅政教者二千石奏上與計偕詣太常受業如弟子也復事同學博士白奇師古曰常同於后倉受業而奇後為博士又從夏侯勝問論語禮服師古曰禮之喪服也京師諸儒稱述焉是時大將軍霍光秉政長史丙

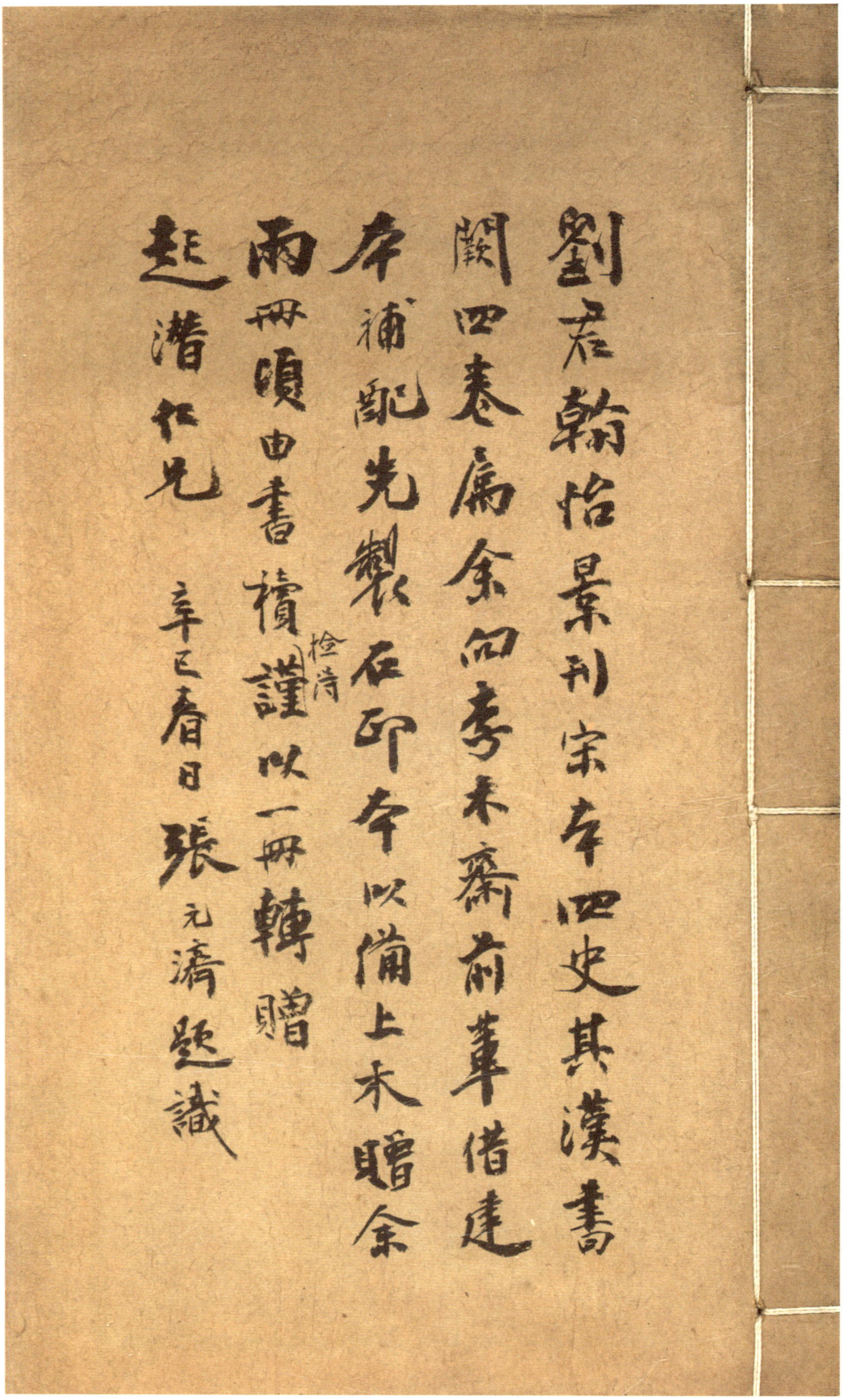

劉君翰怡景刊宋本四史其漢書闕四卷屬余向李木齋前輩借建本補配先製石印本以備上木贈余兩册頃由書櫝檢得謹以一册轉贈起潛仁兄

辛巳春日張元濟題識

劉君翰怡景刊宋本四史，其《漢書》闕四卷，屬余向李木齋前輩借建本補配，先製石印本，以備上木。贈余兩册。頃由書櫝檢得，謹以一册轉贈起潛仁兄。辛巳春日，張元濟題識。

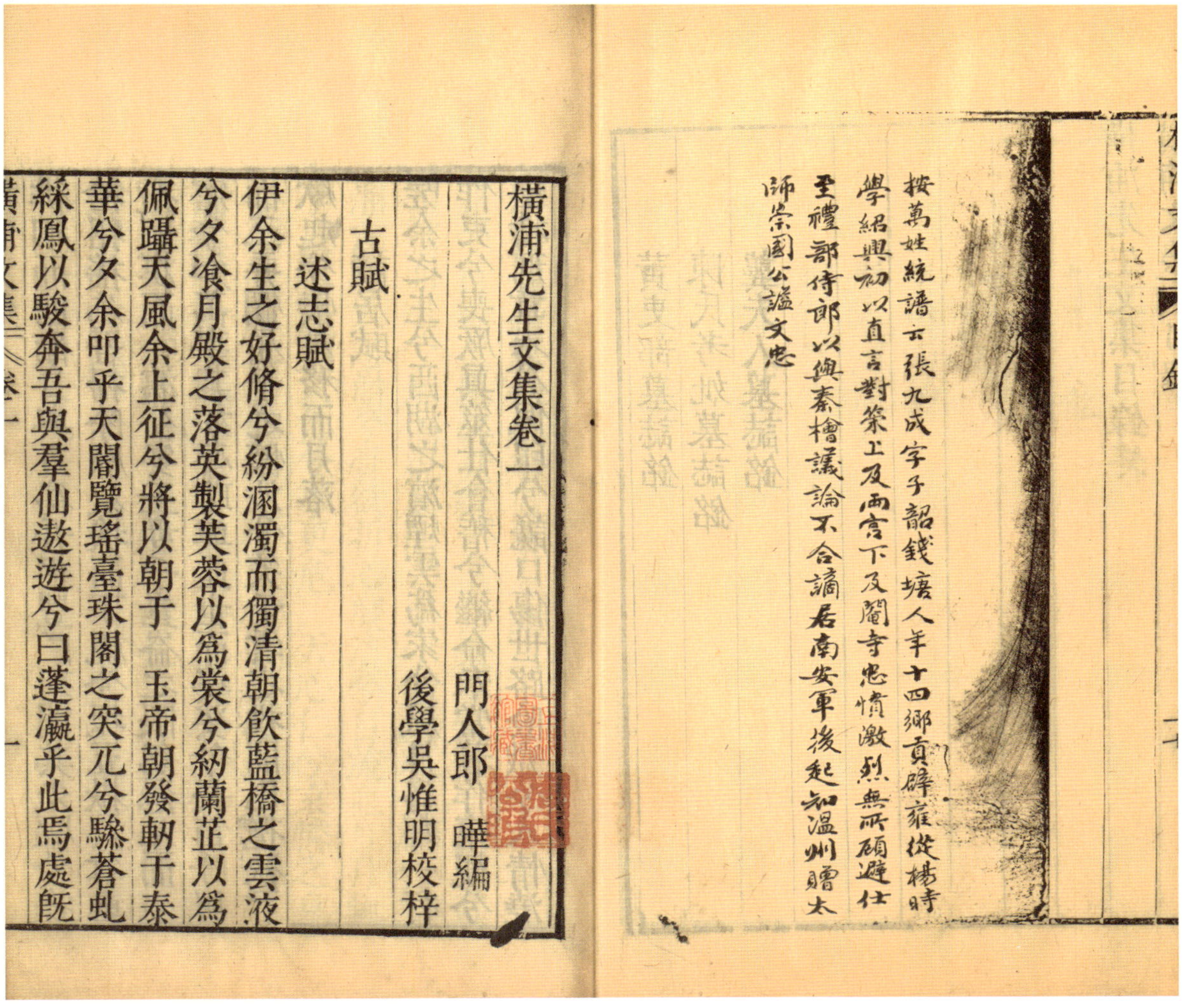
按萬姓統譜云張九成字子韶錢塘人年十四鄉貢辟雍從楊時學紹興初以直言對策上及兩宮下及閹寺忠憤激烈無所顧避仕至禮部侍郎以與秦檜議論不合謫居南安軍後起知溫州贈太師崇國公謚文忠

橫浦先生文集卷一
門人郎　曄編
後學吳惟明校梓
古賦
述志賦
伊余生之好脩兮紛溷濁而獨清朝飲藍橋之雲液兮夕飡月殿之落英製芙蓉以爲裳兮紉蘭芷以爲佩躡天風余上征兮將以朝于　玉帝朝發軔于泰華兮夕余叩乎天閽覽瑤臺珠閣之突兀兮驂蒼虬綵鳳以騤奔吾與羣仙遨遊兮曰蓬瀛乎此焉處旣
橫浦文集　卷一　一

橫浦先生文集二十卷（宋）張九成撰　**無垢橫浦心傳録三卷橫浦日新一卷**（宋）于恕編；傳增湘，張元濟校　**橫浦先生家傳一卷**（宋）張榕撰　**施先生孟子發題一卷**（宋）施德操撰　明萬曆四十二年吳惟明刻本　　綫善 T12484-88

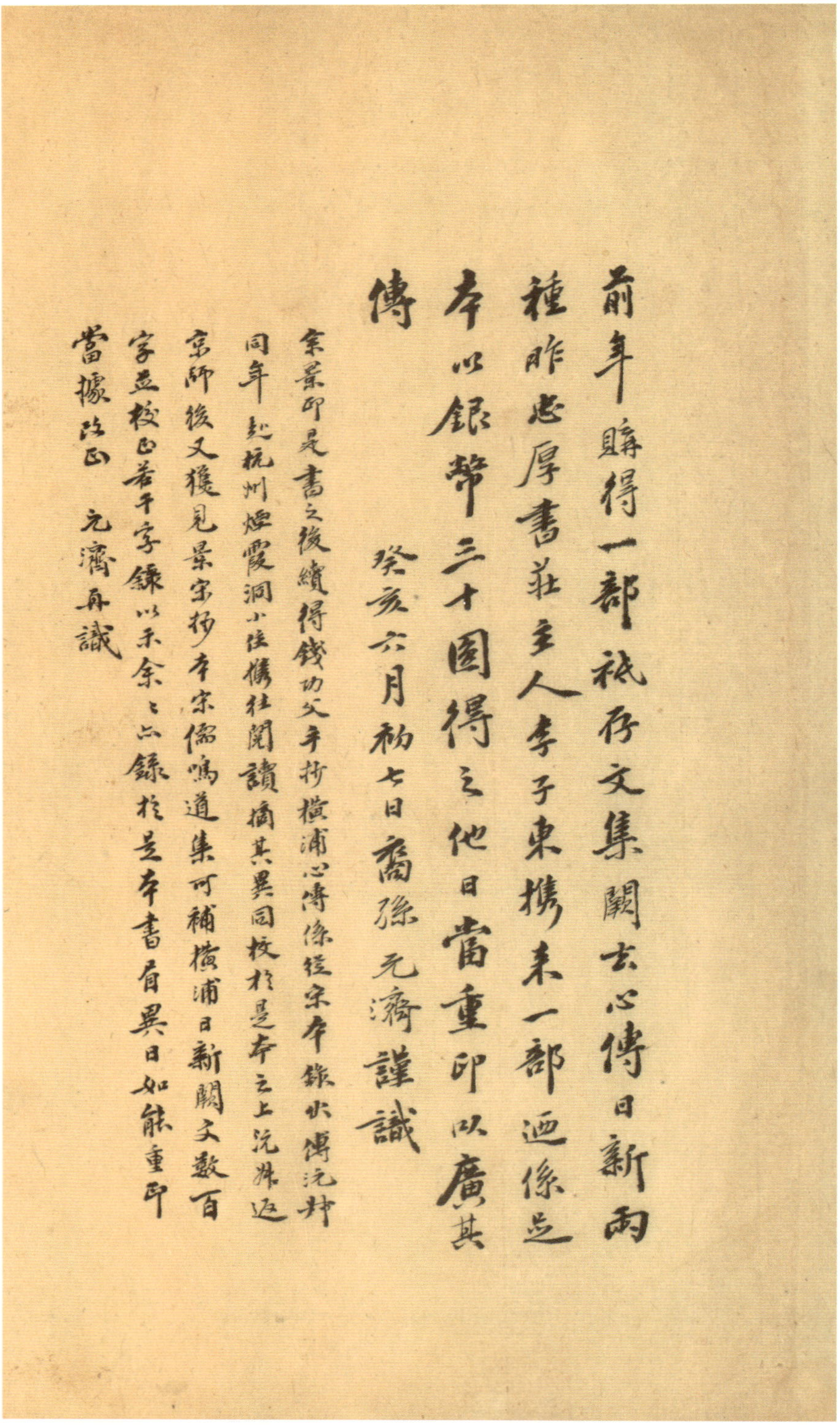

前年購得一部，衹存文集，闕去《心傳》《日新》兩種。昨忠厚書莊主人李子東携來一部，乃係足本，以銀幣三十圓得之。他日當重印，以廣其傳。癸亥六月初七日。裔孫元濟謹識。

余景印是書之後，續得錢功父手抄《橫浦心傳》，係從宋本録出。傳沅叔同年赴杭州煙霞洞小住，携往閱讀，摘其異同，校於是本之上。沅叔返京師後，又獲見景宋抄本宋儒《鳴道集》，可補《橫浦日新》闕文數百字，並校正若干字，録以示余。余亦録於是本書眉。異日如能重印，當據改正。元濟再識。

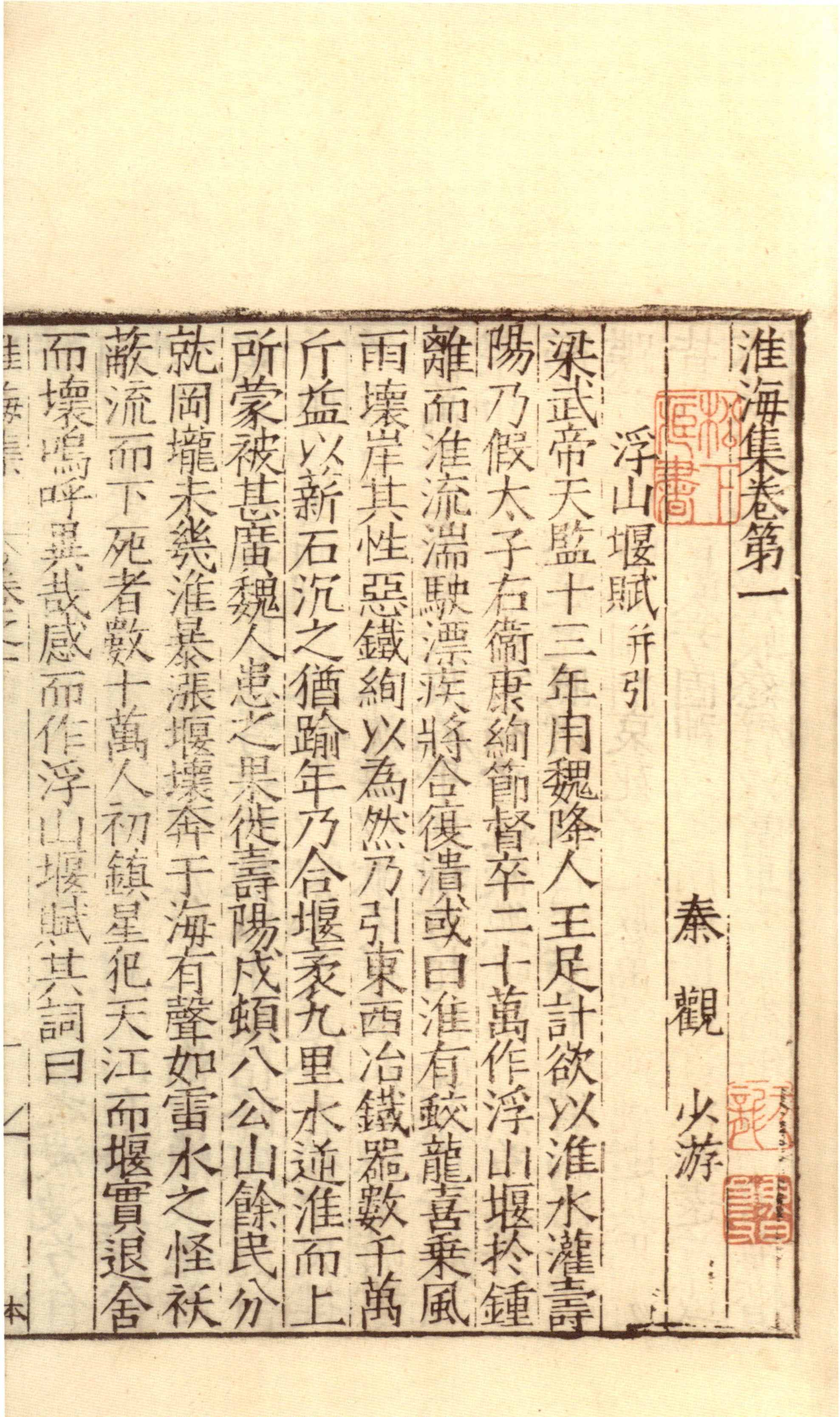
淮海集卷第一
秦觀　少游
浮山堰賦 并引
梁武帝天監十三年用魏降人王足計欲以淮水灌壽陽乃假太子右衛率康絢節督卒二十萬作浮山堰於鍾離而淮流湍駛漂疾將合復潰或曰淮有蛟龍喜乘風雨壞岸其性惡鐵絢以為然乃引東西冶鐵器數千萬斤益以新石沉之循踰年乃合堰袤九里水逆淮而上所蒙被甚廣魏人患之果徙壽陽戍頓八公山餘民分就岡壠未幾淮暴漲堰壞奔于海有聲如雷水之怪祅蔽流而下死者數十萬人初鎮星犯天江而堰實退舍而壞嗚呼異哉感而作浮山堰賦其詞曰

淮海集四十卷後集六卷長短句三卷

（宋）秦觀撰　明嘉靖十八年張綖刻本　綫善T12706-11

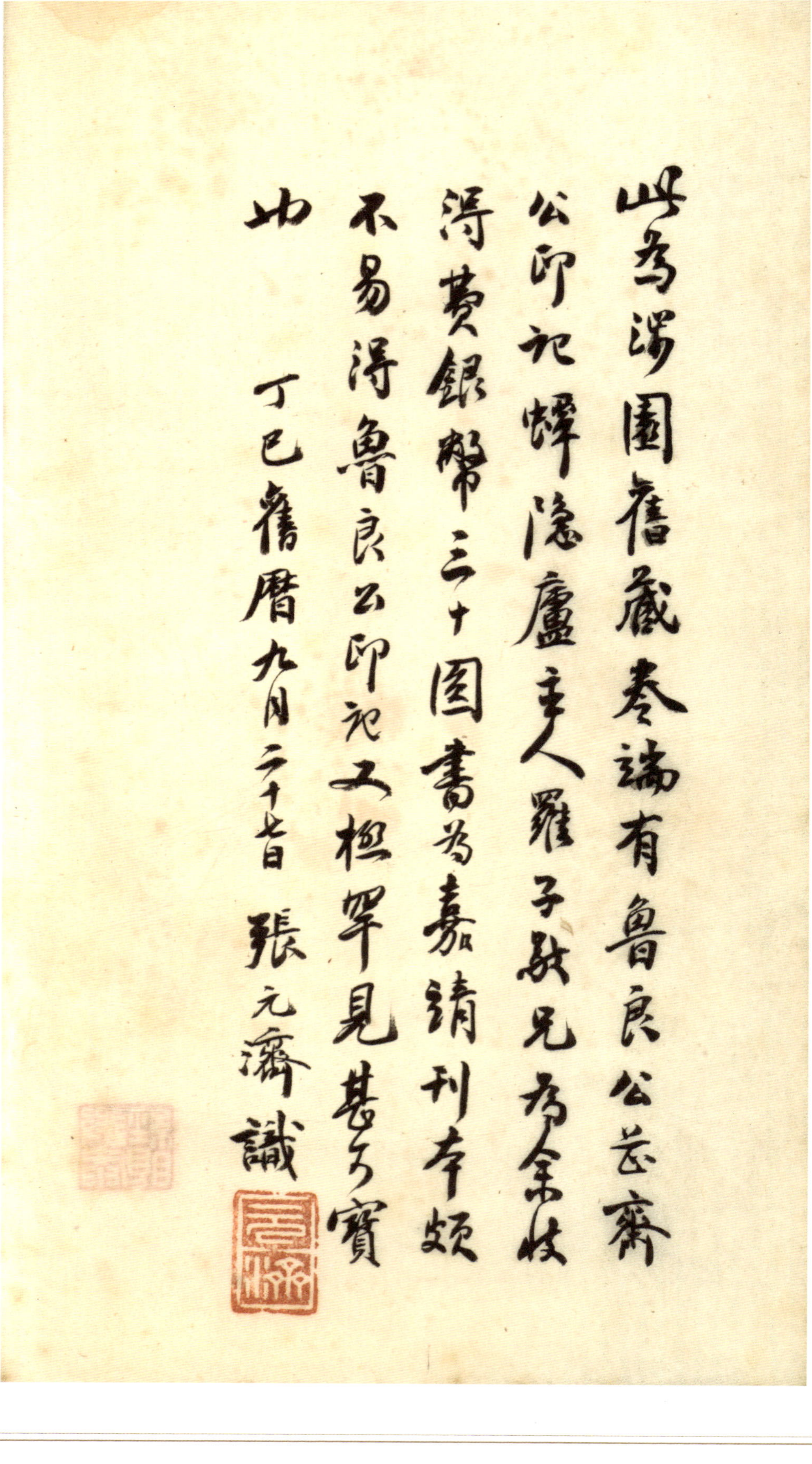
此爲涉園舊藏卷端有魯良公芷齋
公印記蟫隱廬主人羅子敬兄爲余收
得費銀幣三十圓書爲嘉靖刊本頗
不易得魯良公印記又極罕見甚可寶
也
丁巳舊曆九月二十七日　張元濟識

此爲涉園舊藏，卷端有魯良公、芷齋公印記。蟫隱廬主人羅子敬兄爲余收得，費銀幣三十圓。書爲嘉靖刊本，頗不易得。魯良公印記又極罕見，甚可寶也。丁巳舊曆九月二十七日，張元濟識。

徽縣志卷之一

疆域

徽縣古河池從來用武之地也襟要隴蜀形勝險阻百二疆場實有賴焉封內山川秀美若杜甫之美栗亭李白之賦青泥靈蹤勝跡膾炙人口舊志志山水祗十數其餘僅偹其名無方隅道里之可按前人有荒畧之嘆已今者不辭艱遠履層岩歷險隘山尋其脈水問其源一邱一壑有非目覩而

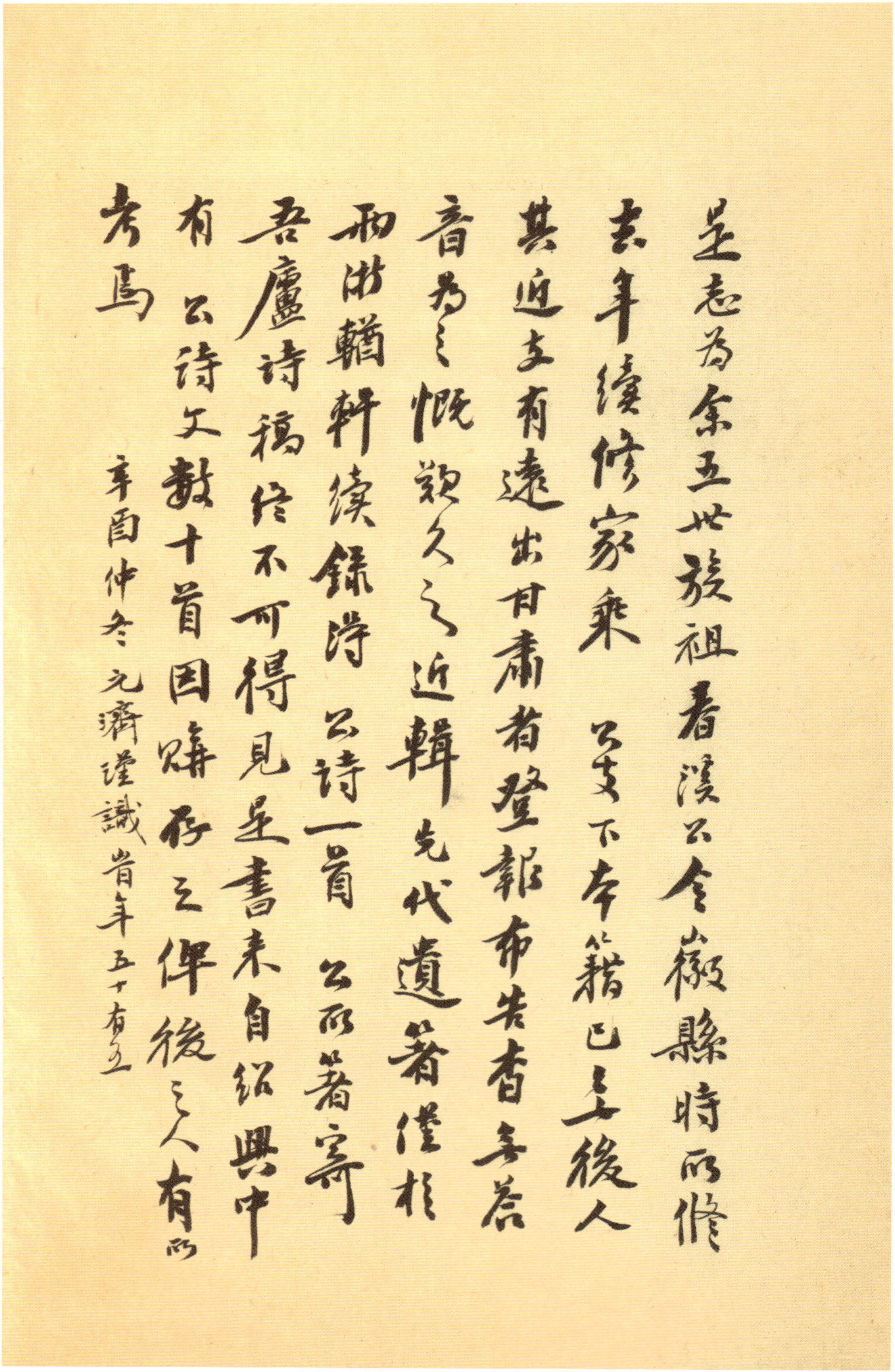

是志為余五世族祖春溪公令徽縣時所修
去年續修家乘　公支下本籍已無後人
其近支有遠出甘肅者登報布告杳無答
音為之慨歎久之近輯先代遺著僅於
兩浙輶軒續錄得　公詩一首　公所著寄
吾廬詩稿終不可得見是書來自紹興中
有　公詩文數十首因購存之俾後之人有所
考焉
辛酉仲冬元濟謹識時年五十有五

是志爲余五世族祖春溪公令徽縣時所修。去年續修家乘，公支下本籍已無後人，其近支有遠出甘肅者，登報布告，杳無答音，爲之慨歎久之。近輯先代遺著，僅於《兩浙輶軒續録》得公詩一首。公所著《寄吾廬詩稿》終不可得見。是書來自紹興，中有公詩文數十首，因購存之，俾後之人有所考焉。辛酉仲冬，元濟謹識，時年五十有五。

嘉靖二年會試録一卷

明嘉靖二年刻本　綫善 T11831

嘉靖二年會試
知貢舉官
資政大夫禮部尚書毛澄　憲清直隸太倉州人 癸丑進士
通議大夫禮部左侍郎賈詠　鳴和河南臨潁縣人 丙辰進士
考試官
光祿大夫柱國少傅兼太子太傅吏部尚書謹身殿大學士蔣冕　敬之廣西全州人 丁未進士
資善大夫禮部尚書兼翰林院學士石珤　邦彥直隸藁城縣人 丁未進士
同考試官
翰林院修撰儒林郎呂柟　仲木陝西高陵縣人 戊辰進士

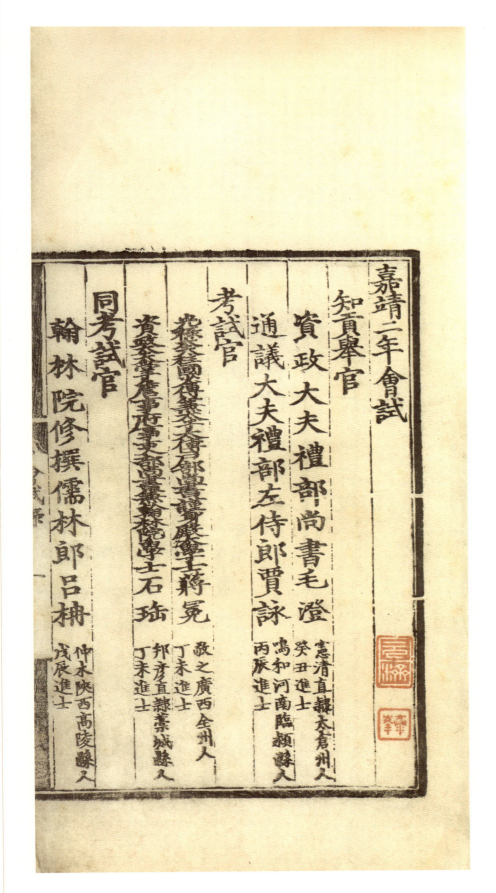

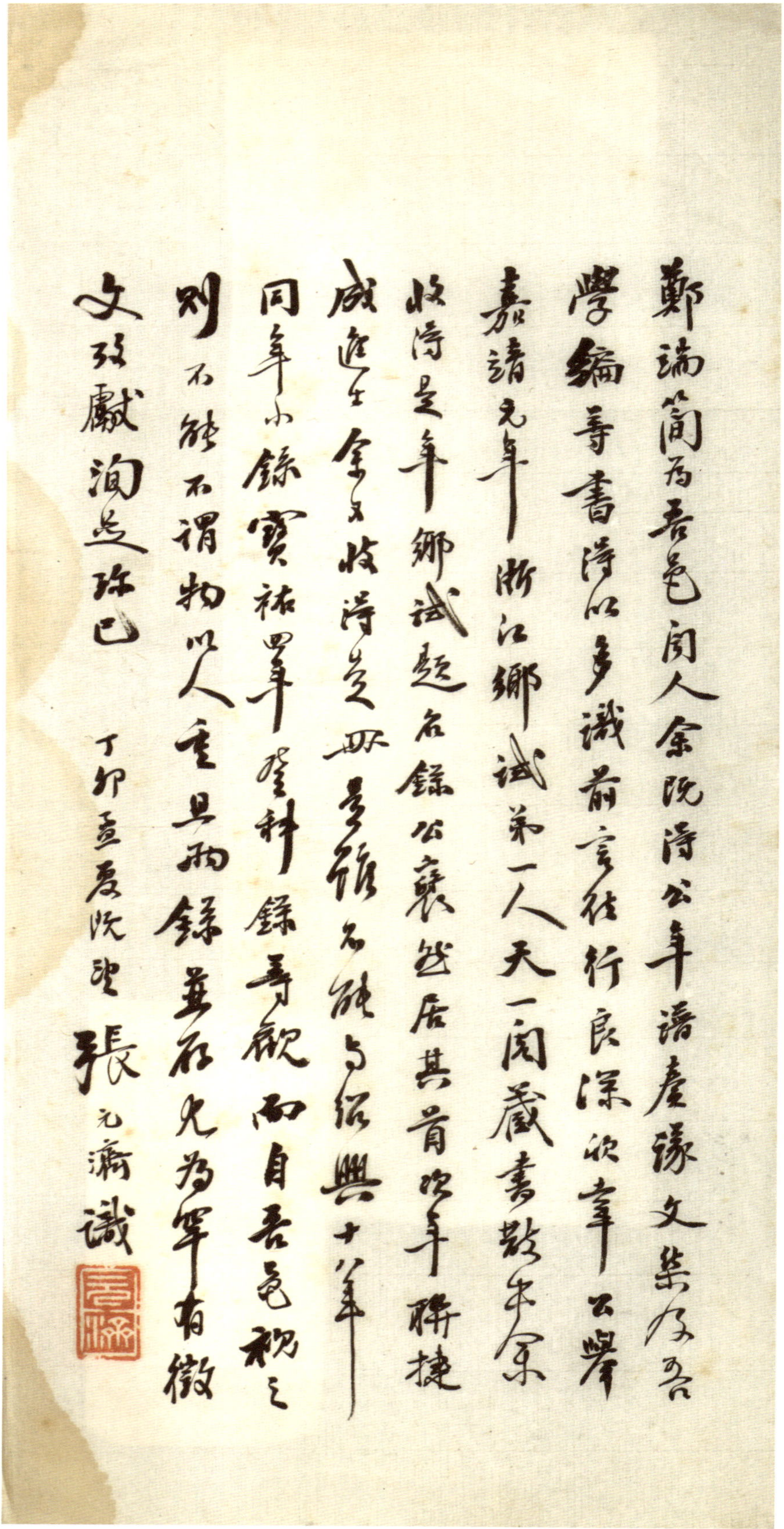
鄭端簡爲吾邑聞人余既得公年譜奏議文集及吾學編等書得以多識前言往行良深欣幸公舉嘉靖元年浙江鄉試第一人天一閣藏書散出余收得是年鄉試題名録公褎然居其首次年聯捷成進士余又收得是册是雖不能與紹興十八年同年小録寶祐四年登科録等觀而自吾邑視之則不能不謂物以人重且兩録並存尤爲罕有徵文考獻洵足珍已

丁卯孟夏既望 張元濟識

鄭端簡爲吾邑聞人。余既得公年譜、奏議、文集及《吾學編》等書，得以多識前言往行，良深欣幸。公舉嘉靖元年浙江鄉試第一人。天一閣藏書散出，余收得是年《鄉試題名録》，公褎然居其首，次年聯捷成進士。余又收得是册。是雖不能與《紹興十八年同年小録》《寶祐四年登科録》等觀，而自吾邑視之，則不能不謂物以人重，且兩録並存，尤爲罕有。徵文考獻，洵足珍已。丁卯孟夏既望，張元濟識。

嘉靖元年浙江鄉試

監臨官

巡按浙江監察御史何鉞　敷伯應天府溧水縣籍直隸吳江縣人辛未進士

提調官

浙江等處承宣布政使司左布政使張恩　元錫江西南城縣人己未進士

浙江等處承宣布政使司左參政顧璘　華玉應天府上元縣籍直隸吳縣人丙辰進士

監試官

浙江等處提刑按察司按察使唐澤　沛之直隸歙縣人己未進士

浙江等處提刑按察司副使于鏊　器之直隸徐州衛籍儀真縣人戊辰進士

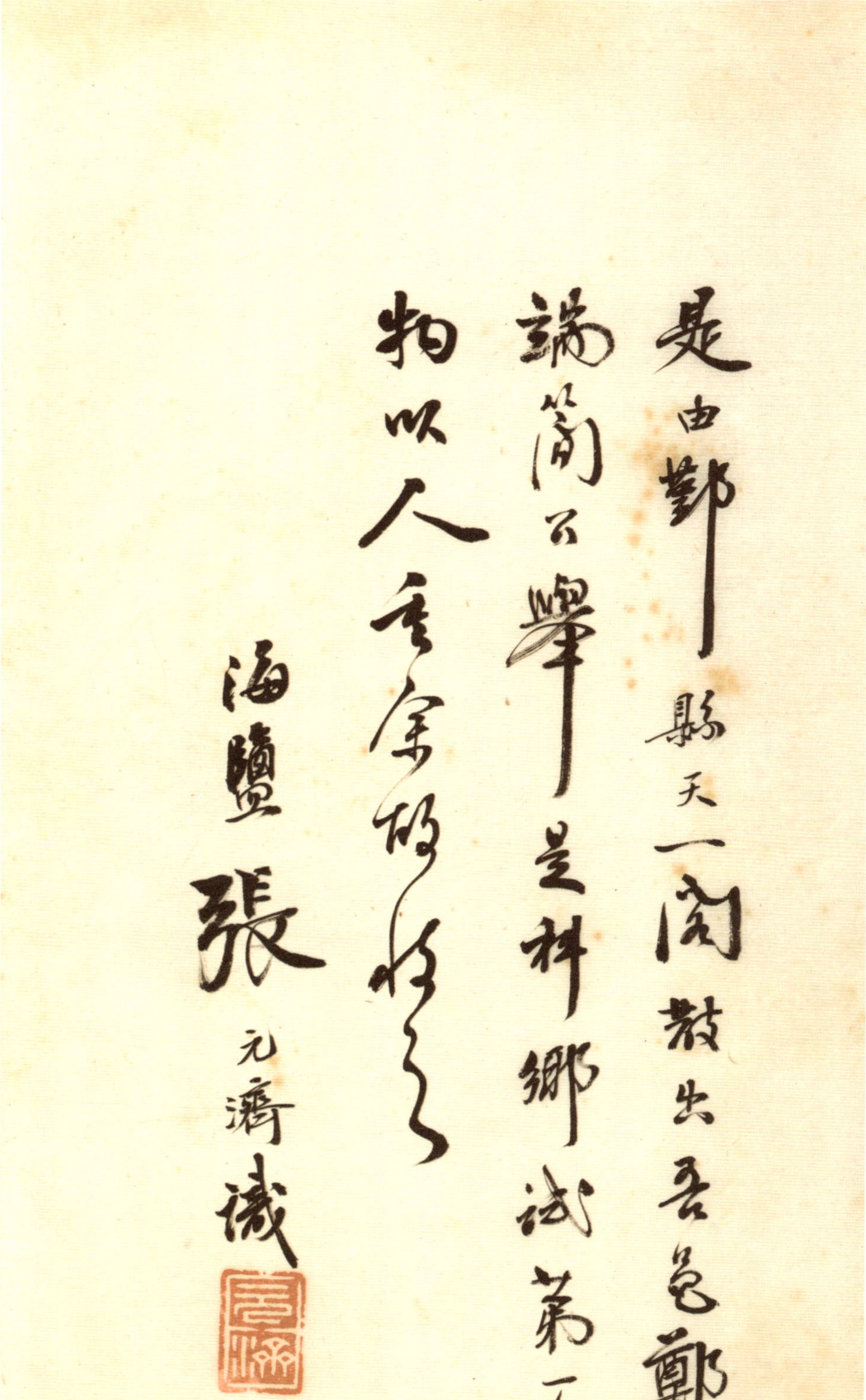

是由鄞縣天一閣散出。吾邑鄭端簡公舉是科鄉試第一人。物以人重，余故收之。海鹽張元濟識。

江月松風集十二卷補遺一卷

（元）錢惟善撰 清抄本 綫善T12834

江月松風集卷之一

錢唐錢惟善思復

古詩二首

鳳麟別千載騷雅流餘聲南入蒼梧天鴻鴈雝雝鳴
騁目江上秋秋雲白英英扣舷欲何之山水遺韶韺

又

白馬幾潮汐震盪赤帝闕不洗鴟夷冤千年屬鏤血
我欲騎赤虬東上探禹穴手披青玉書逍遥弄明月

送韓介石之平江時賦提舉分韻得館娃宮

吳宮沒花草千年遊鹿麋薌徑空陳迹琴臺餘故基

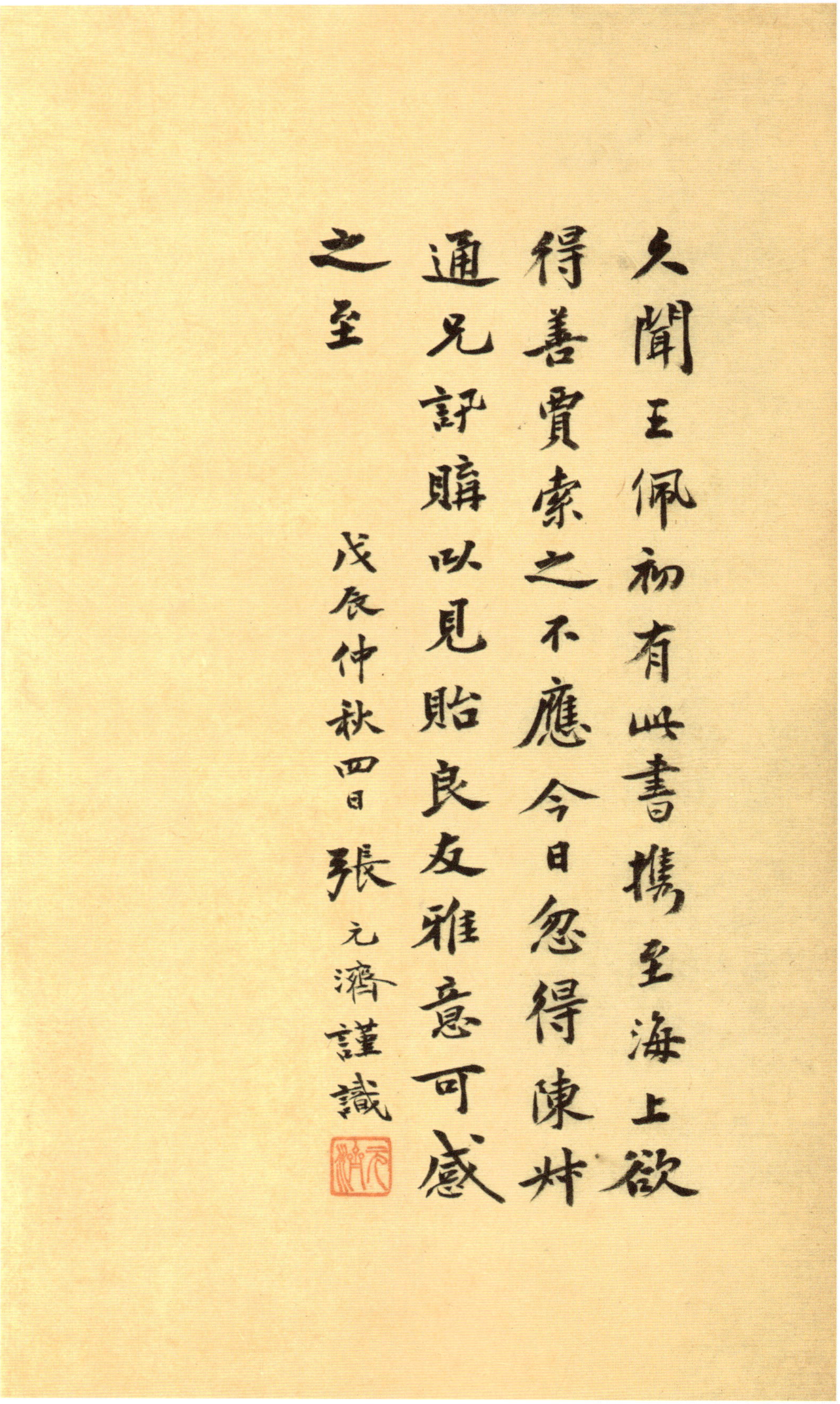
久聞王佩初有此書攜至海上欲
得善賈索之不應今日忽得陳叔
通兄訊購以見貽良友雅意可感
之至
戊辰仲秋四日張元濟謹識

久聞王佩初有此書，攜至海上，欲得善賈，索之不應。今日忽得陳叔通兄訊，購以見貽。良友雅意，可感之至。戊辰仲秋四日，張元濟謹識。

金石録三十卷

（宋）趙明誠撰　清呂無黨抄本　綫善 12820-23

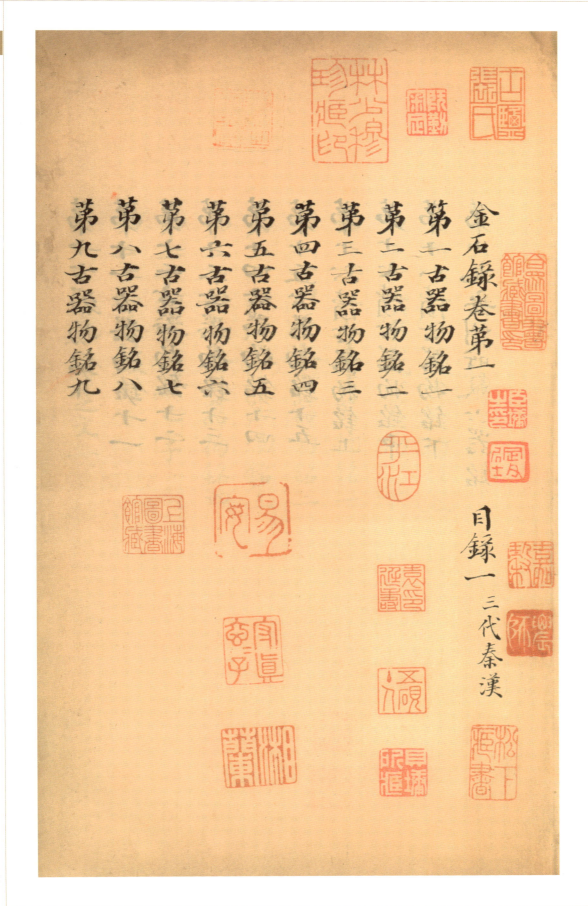

金石録卷第一　目録一　三代秦漢

第一古器物銘一
第二古器物銘二
第三古器物銘三
第四古器物銘四
第五古器物銘五
第六古器物銘六
第七古器物銘七
第八古器物銘八
第九古器物銘九

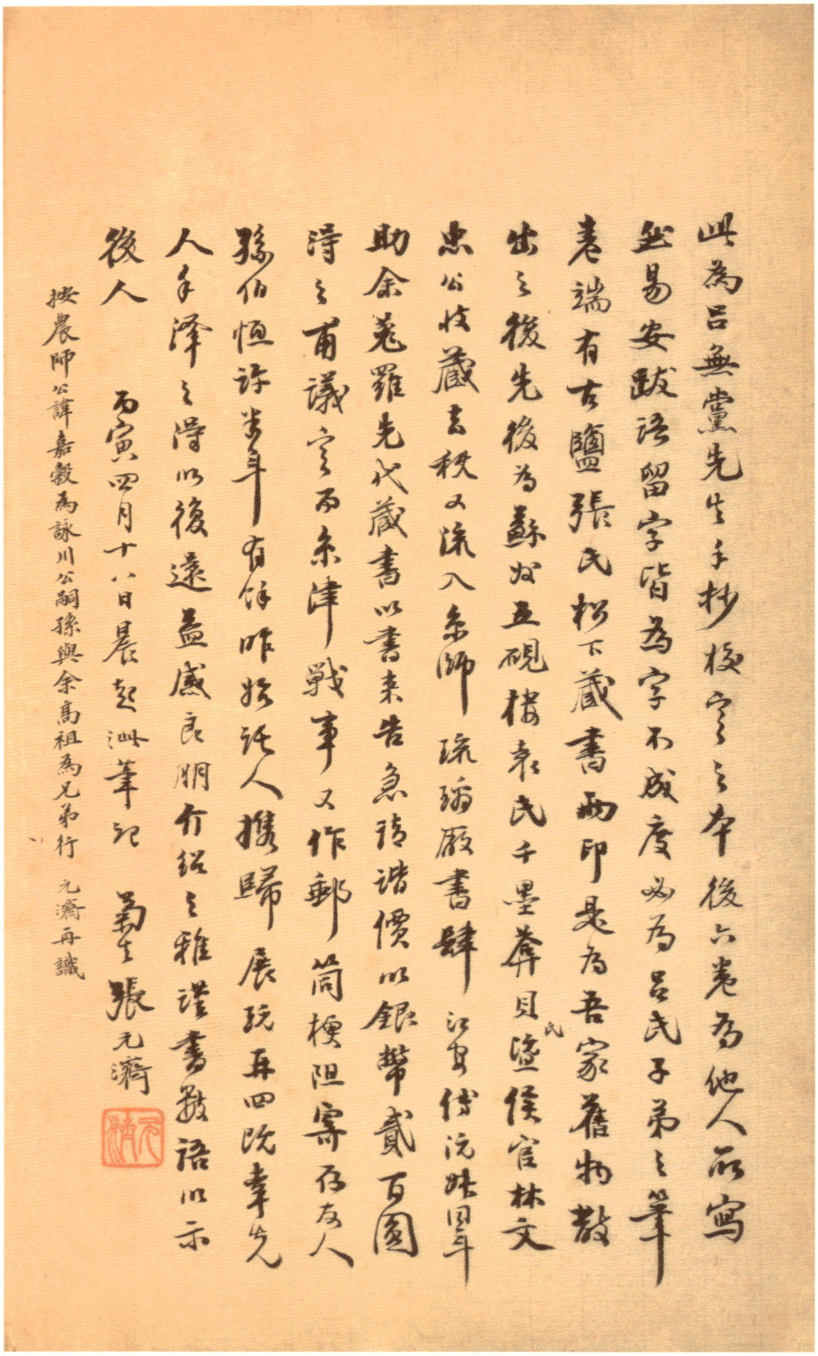

此爲吕無党先生手抄校定之本，後六卷爲他人所寫，然易安跋語，『留』字皆爲字不成，度必爲吕氏子弟之筆。卷端有『古鹽張氏』『松下藏書』兩印，是爲吾家舊物。散出之後，先後爲蘇州五硯樓袁氏、千墨庵貝氏，暨侯官林文忠公收藏，去秋又流入京師琉璃廠書肆。江安傅沅叔同年助余搜羅先代藏書，以書來告，急請諧價，以銀幣貳百圓得之。甫議定而京津戰事又作，郵筒梗阻，寄存友人孫伯恒許半年有餘，昨始托人携歸。展玩再四，既幸先人手澤之得以復還，益感良朋介紹之雅。謹書數語，以示後人。丙寅四月十八日晨起，泚筆記。菊生張元濟。

按農師公諱嘉穀，爲詠川公嗣孫，與余高祖爲兄弟行。元濟再識。

敬業堂詩集五十四卷補遺一卷餘波詞一卷附録一卷

（清）查慎行撰　清張宗橚抄本（卷一至四十八配清康熙五十八年刻本）　綫

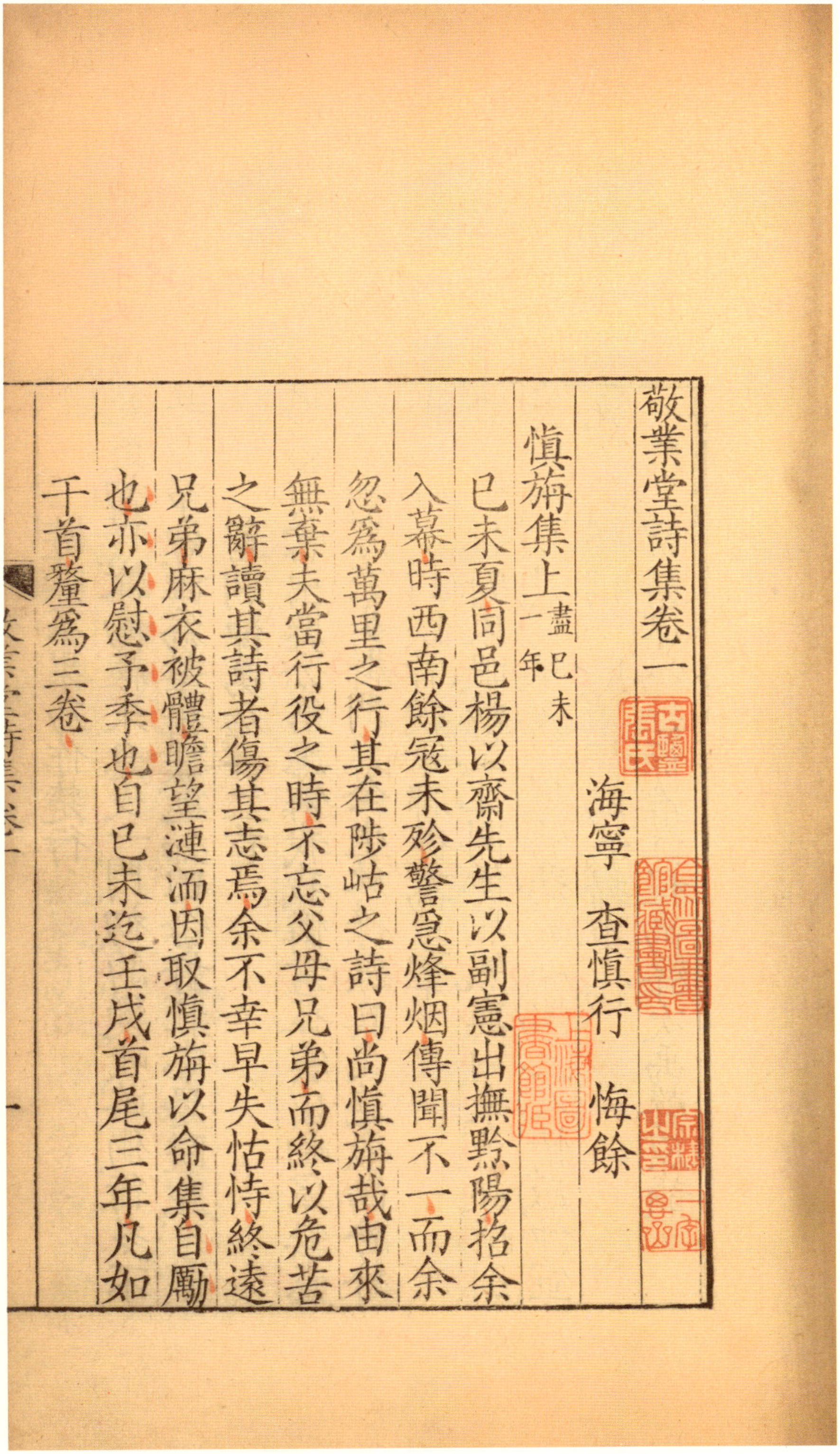

敬業堂詩集卷一

海寧　查慎行　悔餘

慎旃集上　盡己未一年

己未夏同邑楊以齋先生以副憲出撫黔陽招余入幕時西南餘寇未殄警急烽烟傳聞不一而余忽爲萬里之行其在陟岵之詩曰尚慎旃哉由來無棄夫當行役之時不忘父母兄弟而終以危苦之辭讀其詩者傷其志焉余不幸早失怙恃終遠兄弟麻衣被體瞻望漣洏因取慎旃以命集自勵也亦以慰予季也自己未迄壬戌首尾三年凡如干首釐爲三卷

敬業堂詩集卷四十九

海寧 查慎行 悔餘

漫與集上 起戊戌五月盡庚子十二月

少陵云老去詩篇渾漫與解者曰公平生多驚人之語今老矣所為詩則漫與而已無復著意於驚人也俗本多誤與為興東坡先生用之云清篇真漫與叶入語韻可證興字之繆余年衰才盡從前愧之驚人之句已鋟板問世悔莫能追自茲以往當日就頹唐不知餘生當閱幾寒暑更得幾首詩也

介庵上人新任古衡丙舍贈以六言二絕

當閱一作尚閱

查初白先生《敬業堂詩集》，刊於康熙五十八年，凡四十八卷，止《粵游集》，後附《餘波詞》二卷。續集《漫興》《餘生》《詣獄》《生還》《住劫》五集，均未付刊。許君昂霄倩查蓉村就原稿迻録一分，藏諸篋中。先六世叔祖思岩公用最初刊本，評點一過，分紅、藍、黄三色筆，至精細。時許君在涉園授讀，公從之游，因乞借所録五集稿本，補録於後，時爲乾隆庚申季春月。公親筆識於卷末。復用硃筆評點，裝成一册，與刊本合爲一部，凡得十一册。是書全稿先爲吴兔床所藏，後歸於福建沈愛蒼。愛蒼以歸於合衆圖書館。余復自館中借出，與公所補録者對勘，凡删改評點及勾勒之處，與原稿大都相合。江安傅沅叔同年在京見之，知爲涉園舊藏，展轉爲

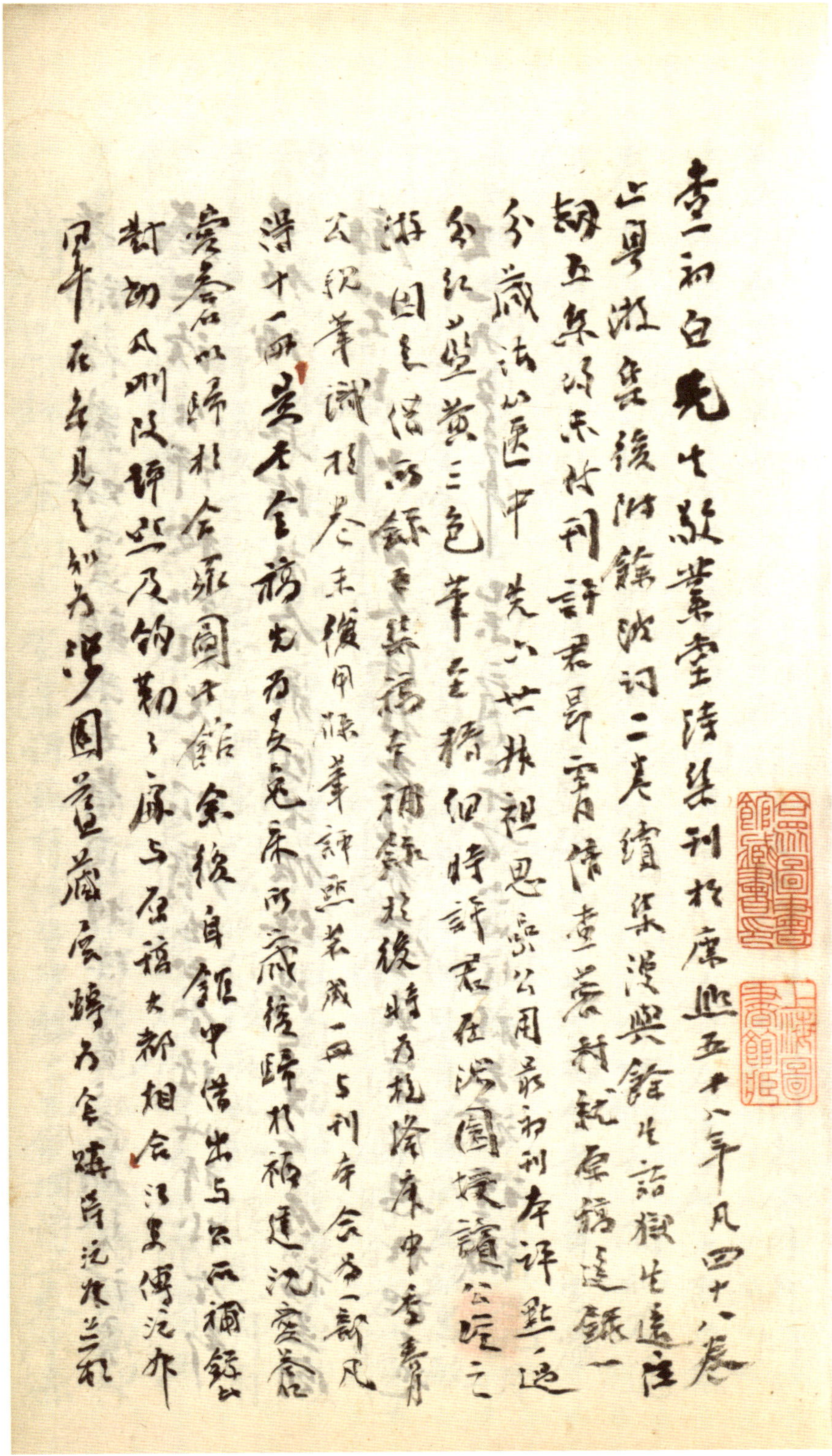
查初白先生敬業堂詩集刊於康熙五十八年凡四十八卷
止粵游集後附餘波詞二卷續集漫興餘生詣獄生還住
劫五集均未付刊許君昂霄倩查蓉村就原稿迻録一
分藏諸篋中 先六世叔祖思岩公用最初刊本評點一過
分紅藍黄三色筆至精細時許君在涉園授讀公從之
游因乞借所録五集稿本補録於後時爲乾隆庚申季春月
公親筆識於卷末復用硃筆評點裝成一册與刊本合爲一部凡
得十一册是書全稿先爲吴兔床所藏後歸於福建沈愛蒼
愛蒼以歸於合衆圖書館余復自館中借出與公所補録之
對勘凡删改評點及勾勒之處與原稿大都相合江安傅沅叔
同年在京見之知爲涉園舊藏展轉爲余購得沅叔之[illegible]

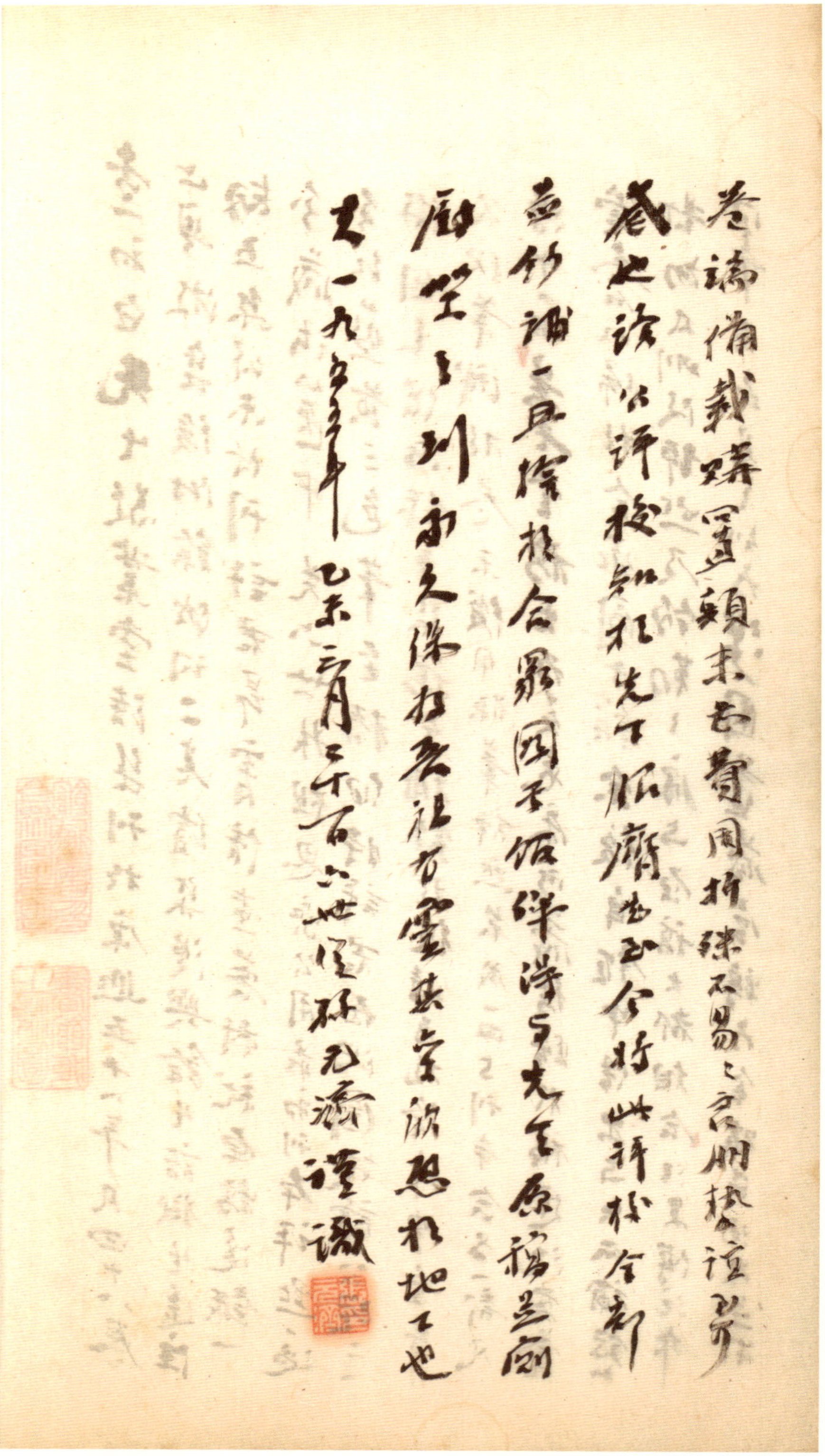
卷端備載購置顛末甚費周折殊不易易良朋摯誼至可
感也讀公評校知於先生服膺甚至今將此評校全部
並鈔補一冊舍於合衆圖書館俾得與先生原稿並厠
廚架之列永久保存吾祖有靈其亦可欣慰於地下也
夫一九五五年乙未三月二十一日六世從孫元濟謹識

余購得。沅叔並於卷端，備載購置顛末，甚費周折，殊不易易。良朋摯誼，至可感也！讀公評校，知於先生服膺甚至。今將此評校全部，並鈔補一冊，舍於合衆圖書館，俾得與先生原稿並厠廚架之列，永久保存。吾祖有靈，其亦可欣慰於地下也夫。一九五五年乙未三月二十一日六世從孫元濟謹識。

客舍偶聞一卷

（清）彭孫貽撰 清柘柳草堂抄本 綫善 T11845

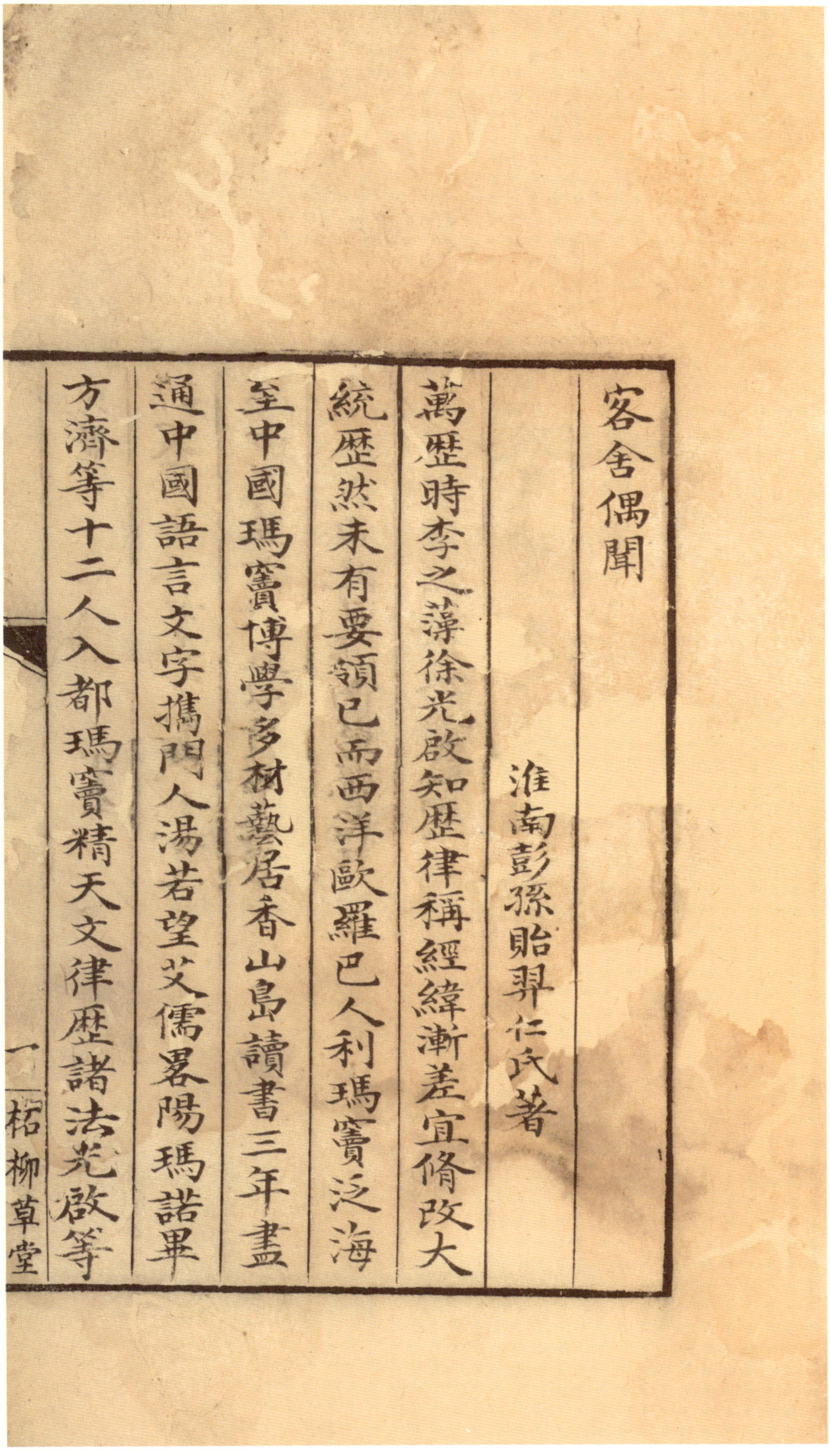

客舍偶聞

淮南彭孫貽羿仁氏著

萬歷時李之藻徐光啟知歷律稱經緯漸差宜脩改大統歷然未有要領已而西洋歐羅巴人利瑪竇泛海至中國瑪竇博學多材藝居香山島讀書三年盡通中國語言文字攜門人湯若望艾儒畧陽瑪諾畢方濟等十二人入都瑪竇精天文律歷諸法光啟等

一 柘柳草堂

民國十三年四月得於杭州抱經堂，計值銀幣六圓。付工重裝，逾月始畢。端陽節後一日，張元濟識。

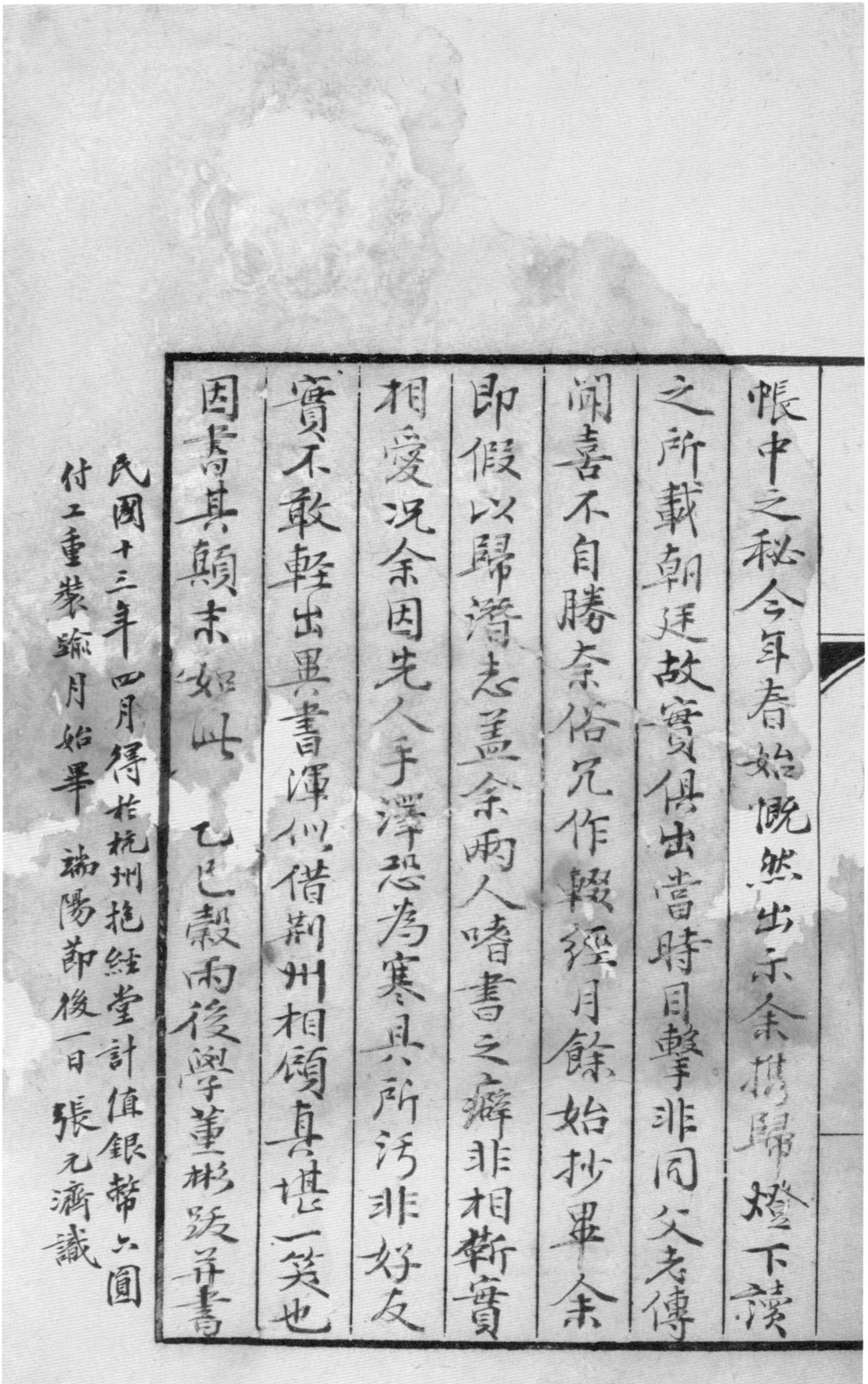

帳中之秘今年春始慨然出示余携歸燈下讀
之所載朝廷故實俱出當時目擊非同父老傳
聞喜不自勝奈俗冗作輟經月餘始抄畢余
即假以歸潛志蓋余兩人嗜書之癖非相靳實
相愛況余因先人手澤恐為寒具所污非好友
實不敢輕出異書渾似借荊州相傾真堪一笑也
因書其顛末如此　乙巳穀雨後學董彬跋并書

民國十三年四月得於杭州抱經堂計值銀幣六圓
付工重裝踰月始畢　端陽節後一日　張元濟識

愧郯録十五卷（存卷一至七）

（宋）岳珂撰 明抄本 綫善 785784

愧郯録卷第一　十一則

祖宗徽稱　　　相臺　岳　珂　撰

國初親廟謚皆二字藝祖上賓李文正昉上初謚以六字而後
列聖皆遵用之大中祥符初符貺洊臻登封降禪彌文具舉於
是始用開元增謚之制是年十一月甲申躬詣太廟二室各增
八字為十四字五年十月戊午聖祖降延恩殿告以長發之祥
閏月乙亥復加二字親廟亦衍而四焉真宗既謚仁皇以澶淵
之功不著詔益以武定為八字始用天聖二年初郊奉冊因郊
增謚蓋昉於此慶曆七年十一月又郊遂再增八字於是十六
字之制定為不刊弗復可增益矣然仁宗英宗之謚增於元豐
六年屢郊之後神宗之謚增於紹聖二年大饗之餘哲宗之謚
增於崇寧三年再郊之際類皆因時制宜而初郊舉典禮猶未

宋岳珂愧郯録十五卷吴縣黄氏常熟瞿氏同郡陸氏皆藏有宋本黄陸二氏之書早已散去在人間与否不可知瞿氏之書尚為其後人所守查蕘圃藏書題識五卷鐵琴銅劔樓藏書目録六卷十儀顧堂集十卷二知三氏之書行格相同半葉九行行十七字而缺葉之数共計十葉亦復相合是三書同出一源也宋以後重彫之本有明岳氏校刻本山陰祁氏淡生堂餘苑本学海類編本鮑氏知不足齋叢書本除餘苑未見外餘三種余均庋有之鮑氏之書行格一遵宋刊校訂

精詳实為各書之冠惟其缺葉与宋明清各本均同豈世間竟無完本耶今年春以重價購得此本于申江有澹翁手跋且有毛子晉季滄葦朱錫鬯等圖記係明人鈔本惜祇存前七卷不得稱為完璧幸各本缺文均在此七卷中即可藉以校補亦一大快事也民國九年五月一日吳興周越然識

周越然

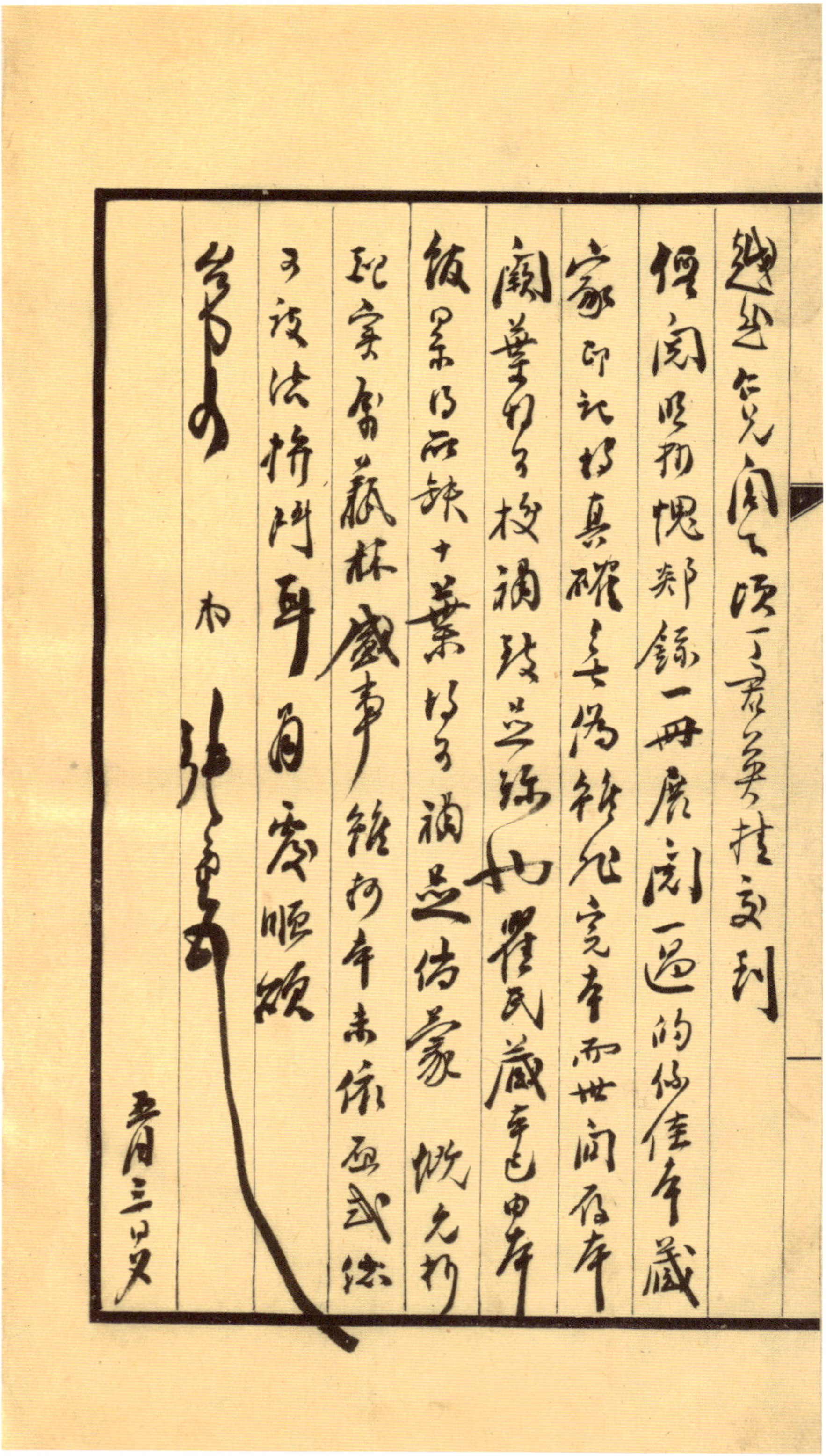

越然仁兄閣下：頃丁君英桂交到假閲明抄《愧郯録》一册。展閲一過，的係佳本。藏家印記均真確無僞。雖非完本，而世間存本闕葉均可校補，致足珍也。瞿氏藏本已由本館景得，所缺十葉均可補足。倘蒙慨允抄配，實屬藝林盛事。雖抄本未依原式，總可設法拼門耳。肅覆。順頌台安。弟張元濟頓首。五月三日夕。

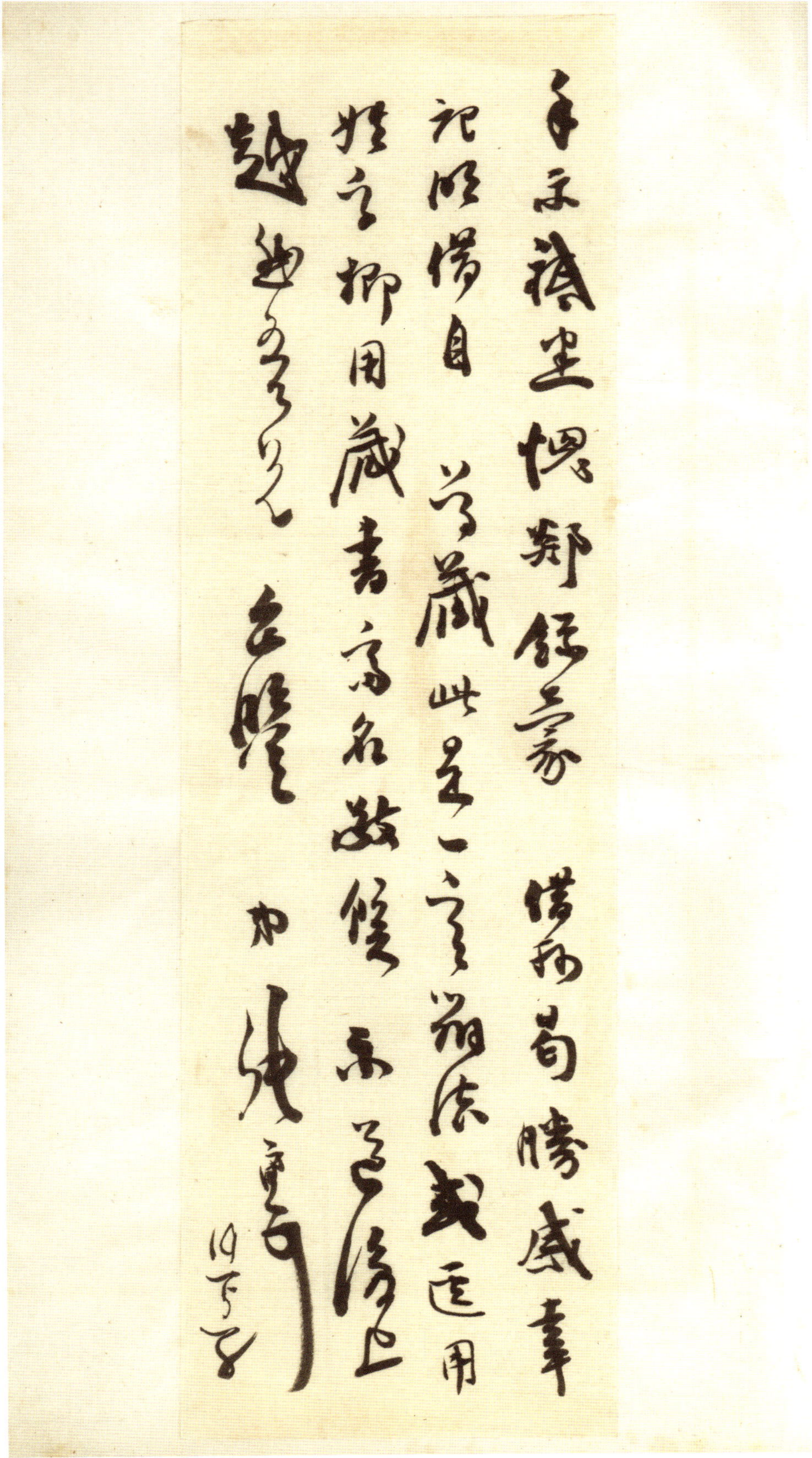

手示祇悉。《愧郯録》蒙借抄，曷勝感幸。記明借自尊藏，此是一定辦法。或徑用姓字，抑用藏書家名，敬候示遵。復上越然
吾兄台鑒。弟張元濟頓首。19.5.8

潰癰流毒四卷 （清）王清亮輯 日本抄本 綫善T13330-33

鴻臚寺卿 臣 黃爵滋跪
奏為請嚴塞漏卮以培
國本事 臣 惟
皇上宵衣旰食所以為天下萬世計者至勤且切而
國用未充民生罕裕情勢積漸一歲非一歲之比
其故何哉考諸
純廟之世籌邊之需幾何
巡幸之費幾何修造之用又幾何而上下充盈號稱極
富嘉慶以來猶徵豐裕士農之家以及巨商大
賈奢靡成習較之目前不啻霄壤豈愈奢則愈
豐愈儉則愈嗇耶 臣 竊見近來銀價遞增每銀

此書爲日本内藤虎次郎所贈，恐今後無以慰兩死友之望矣。菊生。

此書爲日本内藤虎次郎所贈恐今後無以慰兩死友之望矣 菊生

潰癰流毒目錄

卷之一

鴻臚寺卿黄爵滋請嚴塞漏卮以培國本疏 道光十八年閏四月

各督撫覆奏 直隸琦善 蘇撫陳鑾 兩江陶澍 浙撫烏爾恭額 兩湖林則徐 豫撫桂良 南河督麟慶 漕督周天爵

大學士穆彰阿等覆奏

林鄧怡合奏唆夷呈繳鴉片虎門海口會同驗收摺」

御史鄧瀛奏赴獲烟土毋庸解京疏

江督林則徐等會奏鴉片一案附片

附記廣督盧坤奏唆夷兵船闖駛入口防堵驅逐摺

李太僕恬致堂集卷之三

嘉禾李日華君實甫著

五言律

題温泉舘壁

似惜風塵苦温泉當路岐流雖經曲折性不受噓吹斟酌陰陽手沾濡造化私一番眞面目原自遠滓泥

洛陽道中苦雨

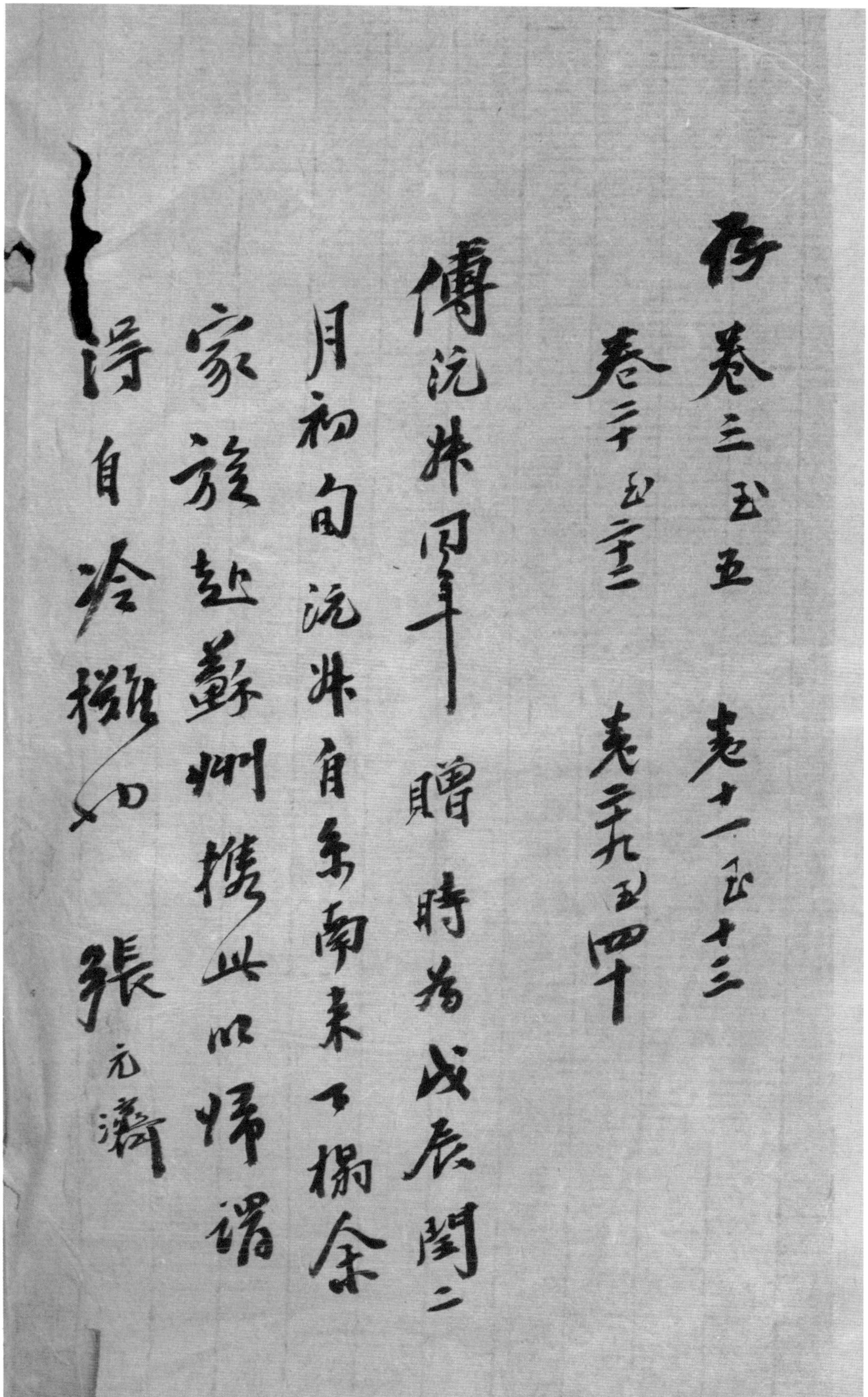

存卷三至五、卷十一至十三、卷二十至二十二、卷二十九至四十。

傅沅叔同年贈，時爲戊辰閏二月初旬。沅叔自京南來，下榻余家，旋赴蘇州，攜此以歸，謂得自冷攤也。張元濟。

李文十八卷

（唐）李翱撰　明嘉靖二年黄景夔刻本　线善T12903

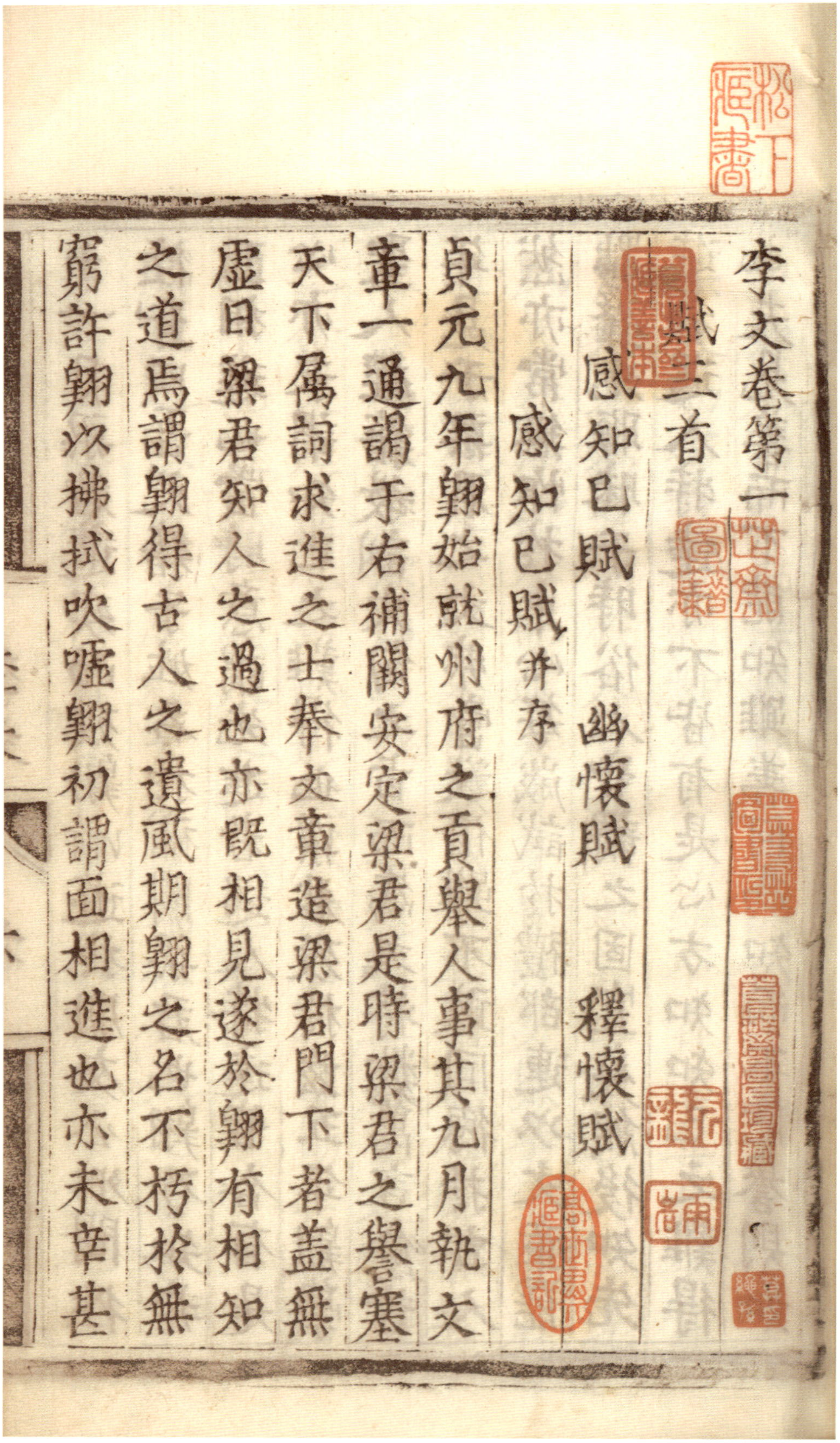
李文卷第一
賦三首
感知己賦　幽懷賦　釋懷賦
感知己賦并序
貞元九年翱始就州府之貢舉人事其九月執文
章一通謁于右補闕安定梁君是時梁君之譽塞
天下屬詞求進之士奉文章造梁君門下者蓋無
虛日梁君知人之過也亦既相見遂於翱有相知
之道焉謂翱得古人之遺風期翱之名不朽於無
窮許翱以拂拭吹噓翱初謂面相進也亦未幸甚

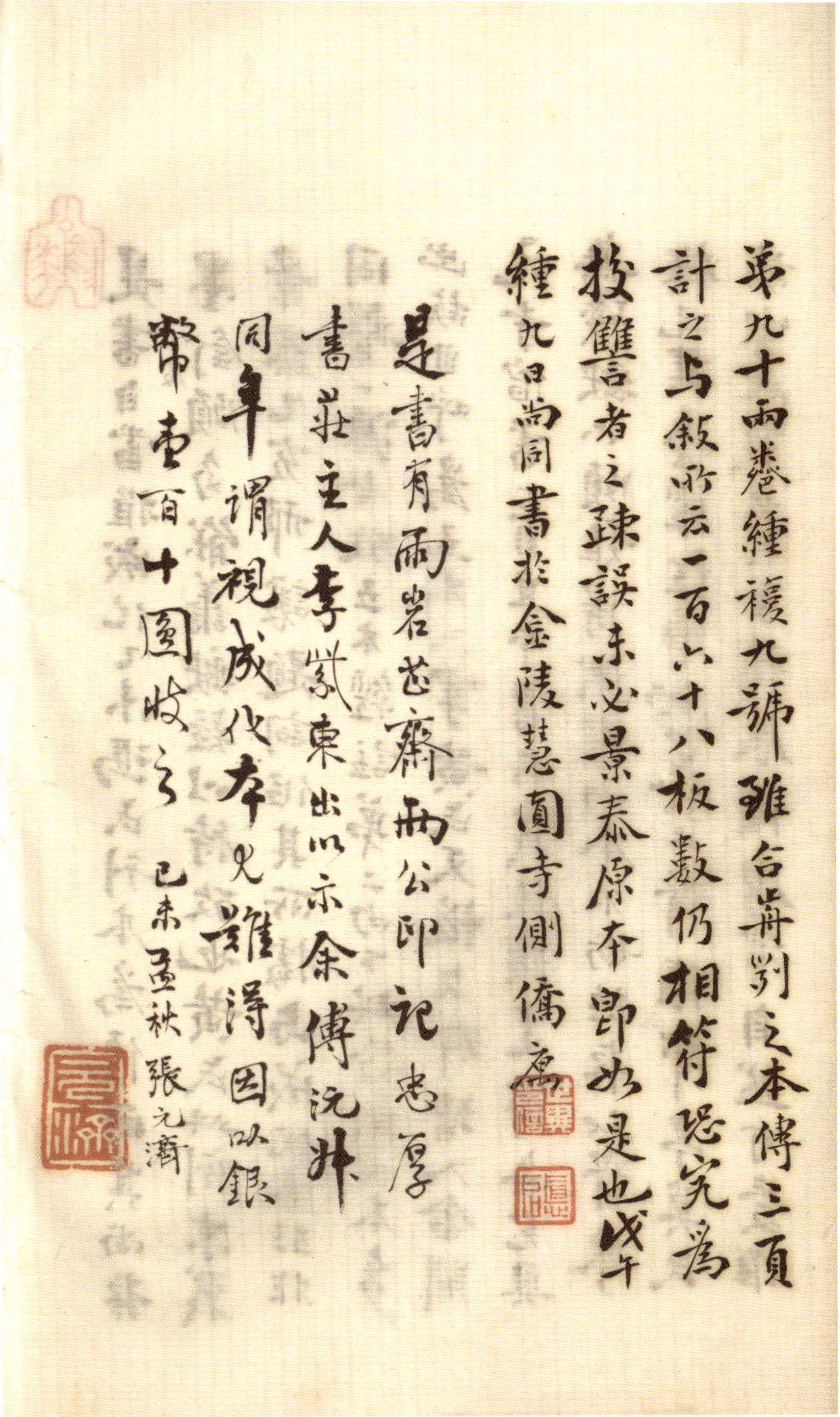

是書有雨岩、芷齋兩公印記。忠厚書莊主人李紫東出以示余。傅沅叔同年謂視成化本，尤難得。因以銀幣壹百十圓收之。己未孟秋，張元濟。

嵛山堂壬戌詩曆不分卷 （清）黄仙侖撰 稿本 线善T12046

嵛山堂壬戌詩曆

東海黄仙嵛山鼇著

男 隆禎 大忠 龍眉 録

元旦有感 上四涙

畫眉弄枝頭，婉轉喚人耳。小鳥尚鳴春，所感優端始。明發理冠櫛，躬親率婦子。虔肅禮句芒，馨香薦考妣。報本為之先，豈曰聊復爾。白水當屠蘇，笑言椒頌擬。韶光日以新，恧焉增馬齒。扃戶破時蹊，抱膝良有以。側聞滇黔平，大武奏戈止。丁男休輓輸，久老扶杖喜。擊壤慶堯年，為樂有如此。僕亦何為者，海上長牧豕。時艱且高閣，而況太平矣。晝眠腹便便，春王補麟史。

恧女六切 扃関戶之木

又感 春王元旦為老母太孺人忌日今辭世乙五年矣

人皆稱賀王正月，予獨長悲母忌辰。世上百年如一吷，別來五載似

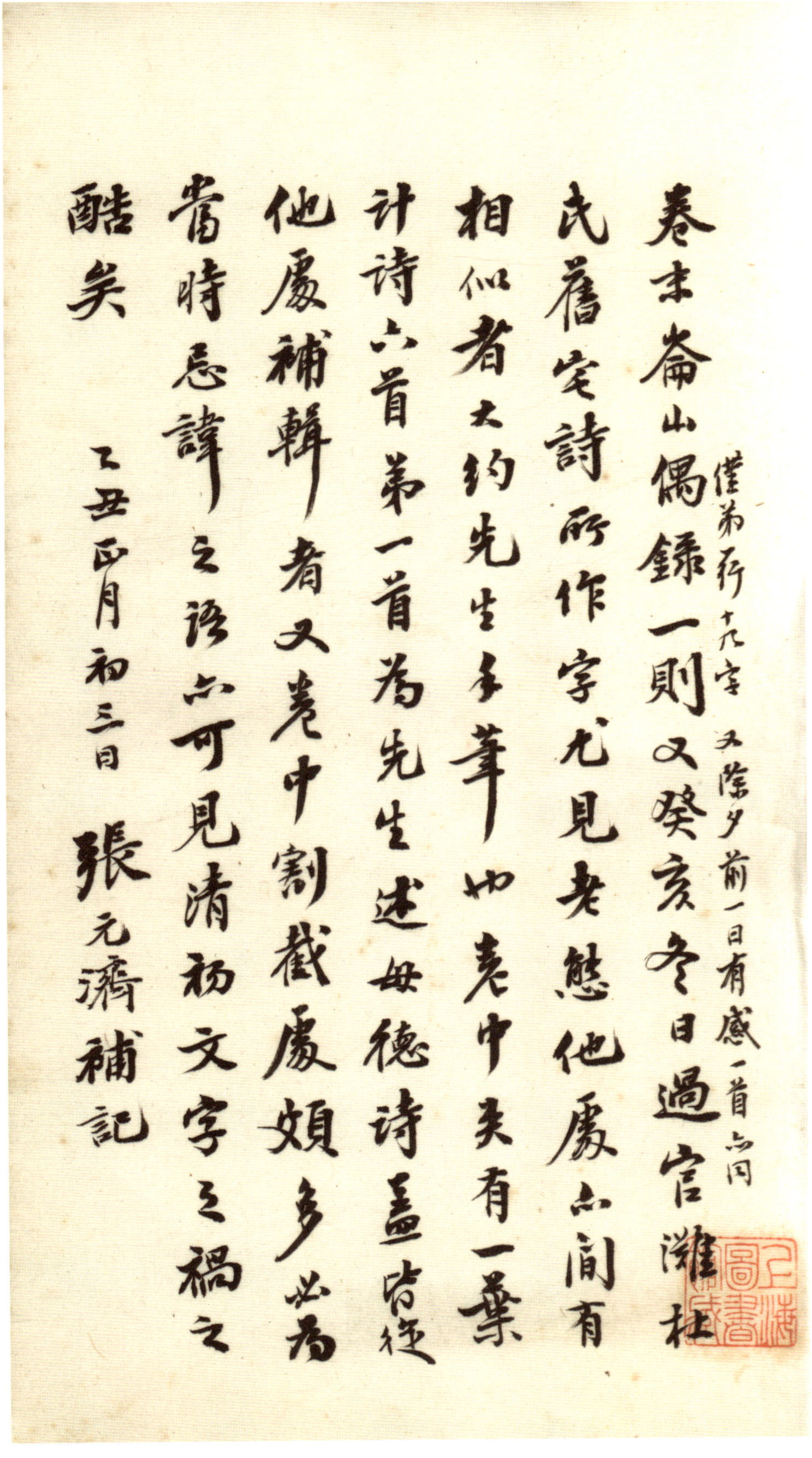

卷末崙山偶錄一則僅第一行十九字又除夕前一日有感一首亦同又癸亥冬日過官灘杜氏舊宅詩所作字尤見老態他處亦間有相似者大約先生手筆也卷中夾有一葉計詩六首第一首爲先生述母德詩蓋皆從他處補輯者又卷中割截處頗多必爲當時忌諱之語亦可見清初文字之禍之酷矣

乙丑正月初三日　張元濟補記

卷末《崙山偶録》一則，僅第一行十九字，又《除夕前一日有感》一首，亦同。又《癸亥冬日過官灘杜氏舊宅詩》，所作字尤見老態。他處亦間有相似者，大約先生手筆也。卷中夾有一葉，計詩六首。第一首爲先生述母德詩，蓋皆從他處補輯者。又卷中割截處頗多，必爲當時忌諱之語，亦可見清初文字之禍之酷矣！乙丑正月初三日，張元濟補記。

名句文身表異録二十卷
（明）王志堅輯　清康熙四十七年漱六閣刻本　T12787-88

名句文身表異錄

珠塢山農王志堅輯

天文部一 象緯類

袁宏與范曾書四海鼎沸天轡將移魏都賦曰天宇駭地廬驚

潛夫論世主欲無功之人而强富之則是與天鬭也況使無德之人與皇天鬭而欲久立自古以來未之嘗聞也又曰民安樂則天心總天心總則陰陽和天鬭天總語皆奇（嘗聞一作嘗有則天心總下一有聚也兩字）

王彪天賦曰溥為地蓋浩作星衢晉書帝呼天為碧翁

天文錄曰天如欹車蓋南高北下

山陰諸貞壯先生惠貽。丁卯二月初三日，張元濟謹識。

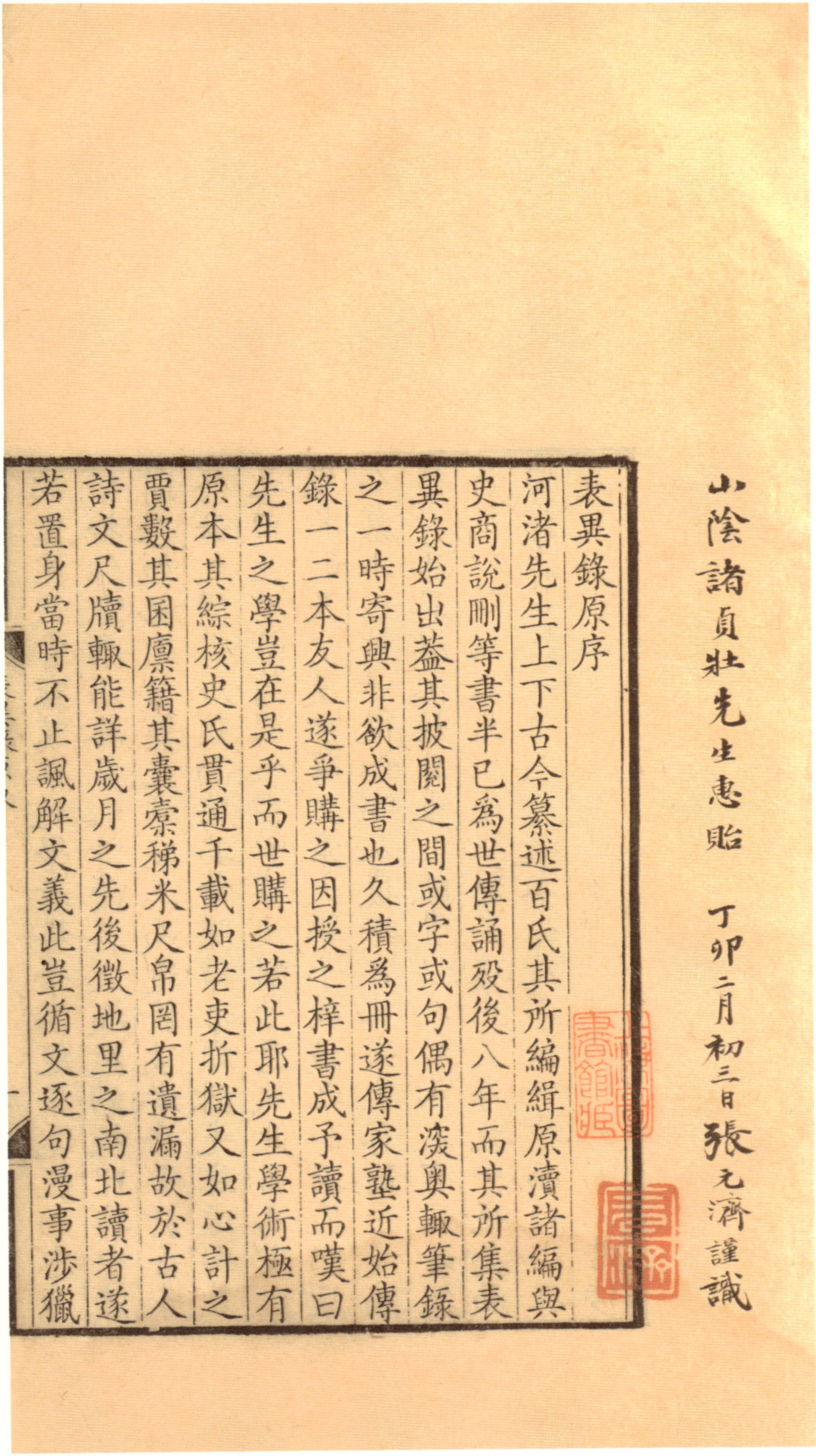

山陰諸貞壯先生惠貽　丁卯二月初三日　張元濟謹識

表異錄原序

河渚先生上下古今纂述百氏其所編緝原瀆諸編與史商説删等書半已爲世傳誦殁後八年而其所集表異錄始出盖其披閲之間或字或句偶有㴱奥輙筆錄之一時寄興非欲成書也久積爲冊遂傳家塾近始傳錄一二本友人遂爭購之因授之梓書成予讀而嘆曰先生之學豈在是乎而世購之若此耶先生學術極有原本其綜核史氏貫通千載如老吏折獄又如心計之賈數其囷廩籍其囊槖稊米尺帛罔有遺漏故於古人詩文尺牘輙能詳歲月之先後徵地里之南北讀者遂若置身當時不止諷解文義此豈循文逐句漫事涉獵

明彭德符先生萬曆乙卯科硃卷 （明）彭長宜撰 科場原卷 T13244

色象高朗

古之人與民偕樂

徵樂于古人而樂通于民矣甚矣古人無私樂也彼
且與民偕而樂豈一人有哉孟子尊梁王曰自昔惟
賢者常予民以樂非别有推而界也九重之清晏與
兆庶之熙恬止在一念之流通特視能偕何如耳由
今思古之人彼直于日旻咸和之暇静覌樂之完趣
而知窮天之景色必不止自奉其歡娛彼更于臺池
苑囿之際廣會樂之真機而知遍洽之恬愉必不在

德符先生名長宜，公孟侍御之長子，明萬曆乙卯浙江鄉試舉人，崇禎癸未進士，官上海縣知縣。清兵克南京，棄官還家，絶食死。弟期生同榜舉人，丙辰聯捷成進士，洊官湖西兵備僉事。清兵入關，南都繼失，奉命守贛州，城破死難。期生子孫貽字茗齋，終身不仕。張元濟。

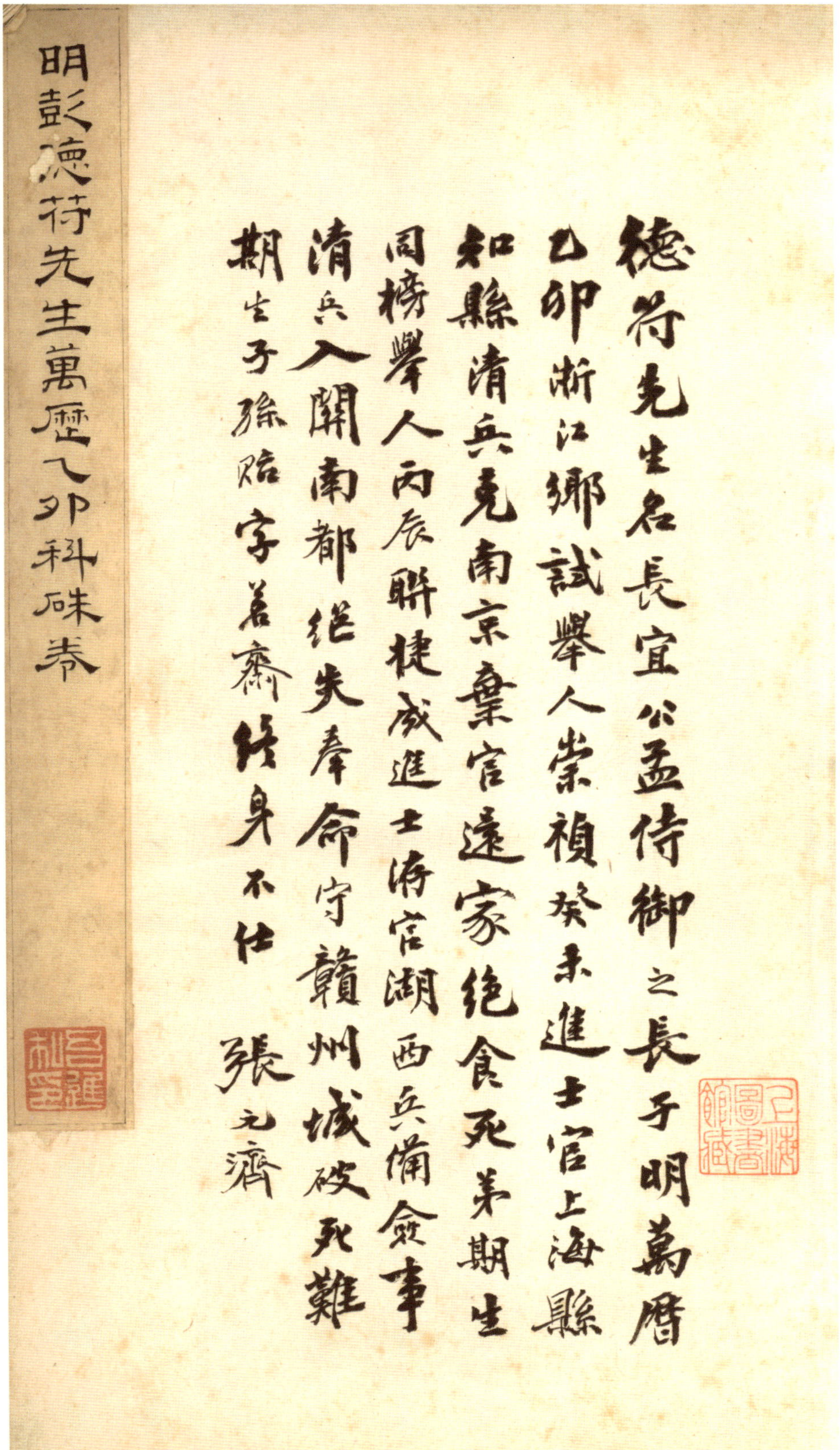
明彭德符先生萬歷乙卯科硃卷

德符先生名長宜公孟侍御之長子明萬曆乙卯浙江鄉試舉人崇禎癸未進士官上海縣知縣清兵克南京棄官還家絶食死弟期生同榜舉人丙辰聯捷成進士洊官湖西兵備僉事清兵入關南都繼失奉命守贛州城破死難期生子孫貽字茗齋終身不仕 張元濟

明彭孟公先生萬曆浙江鄉試卷不分卷

（明）彭宗孟撰 明萬曆二十八年寫本 T27819

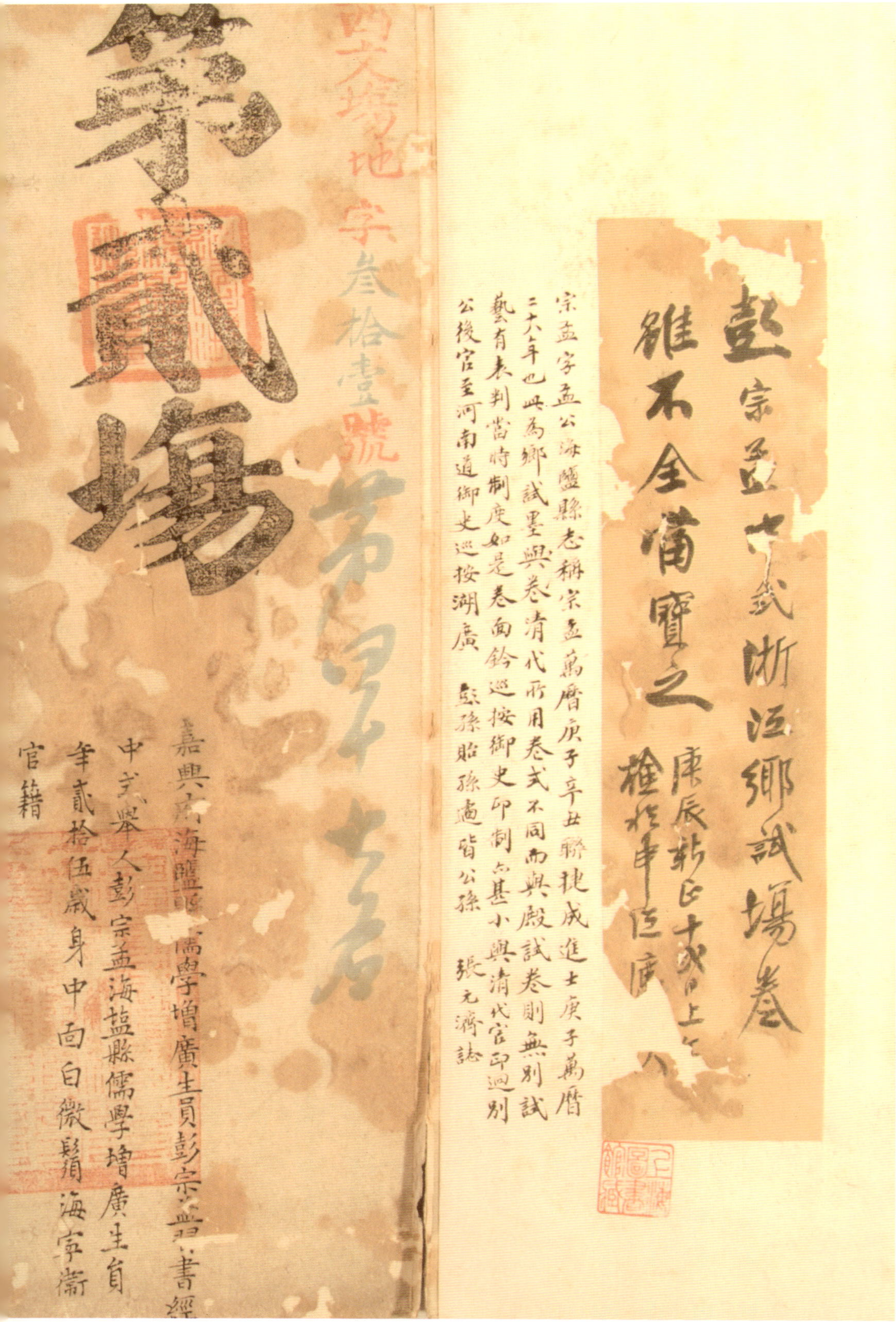

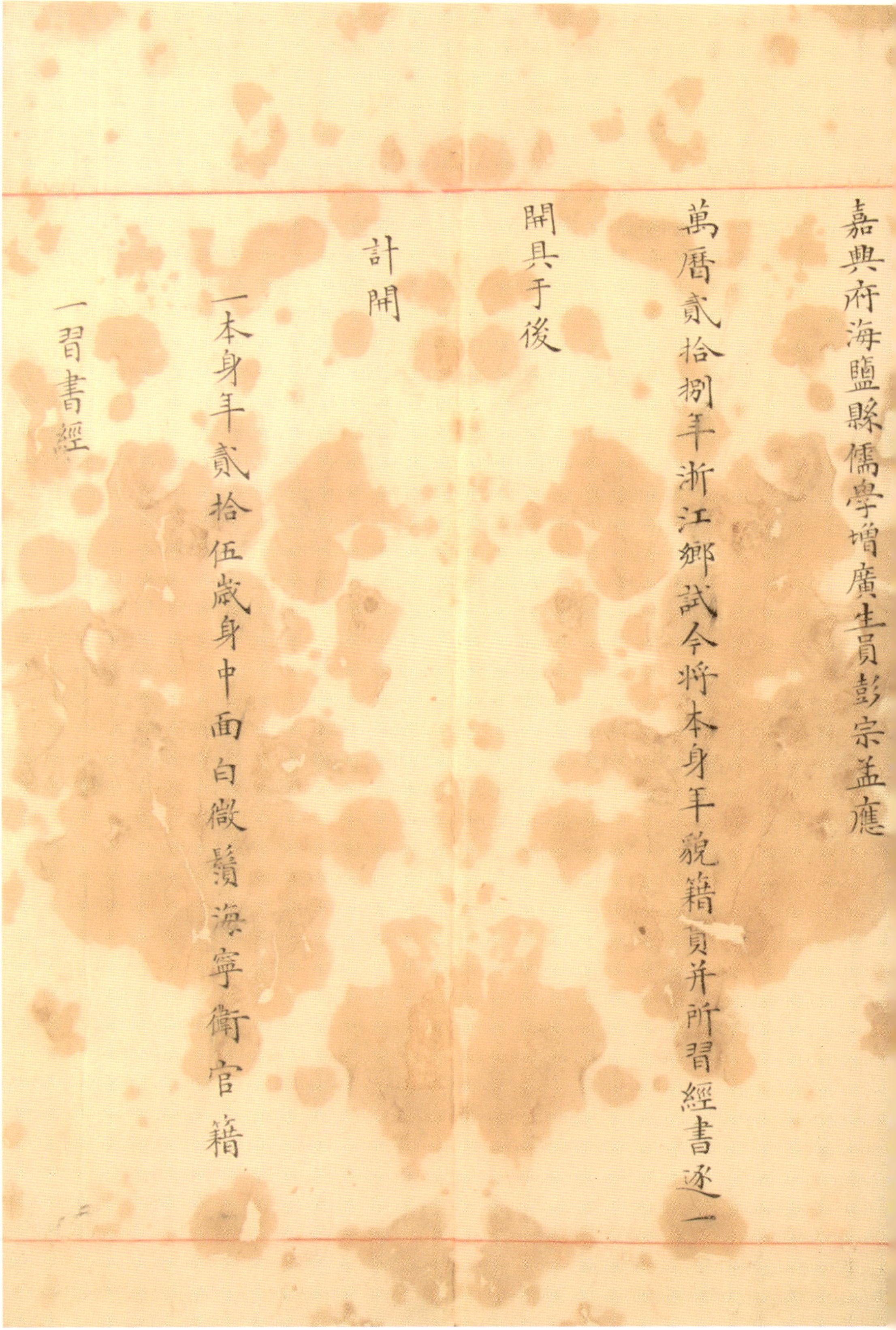

嘉興府海鹽縣儒學增廣生員彭宗孟應
萬曆貳拾捌年浙江鄉試今将本身年貌籍貫并所習經書逐一
開具于後
計開
一本身年貳拾伍歲身中面白微鬚海寧衛官籍
一習書經

宗孟字孟公。《海鹽縣志》稱：『宗孟，萬曆庚子辛丑聯捷成進士。』庚子，萬曆二十八年也。此爲鄉試墨卷，與清代所用卷式不同，而與殿試卷則無别。試藝有表判，當時制度如是。卷面鈐巡按御史印，製亦甚小，與清代官印迥别。公後官至河南道御史，巡按湖廣。彭孫貽、孫遹皆公孫。張元濟志。

明詩選七卷 （清）彭孫貽輯 稿本 綫善T11976-79

明詩五言律

海鹽彭孫貽輯

劉基

太公釣渭圖

璇室羣酣夜璜溪獨釣時浮雲看富貴流水澹鬚眉偶應非熊
兆尊為帝者師軒裳如固有千載起人思

送謝恭

凉風起江海萬樹盡秋聲搖落豈堪別躊躇空復情帆過京口
渡砧響石頭城為客歸宜蚤高堂白髮生

發景州

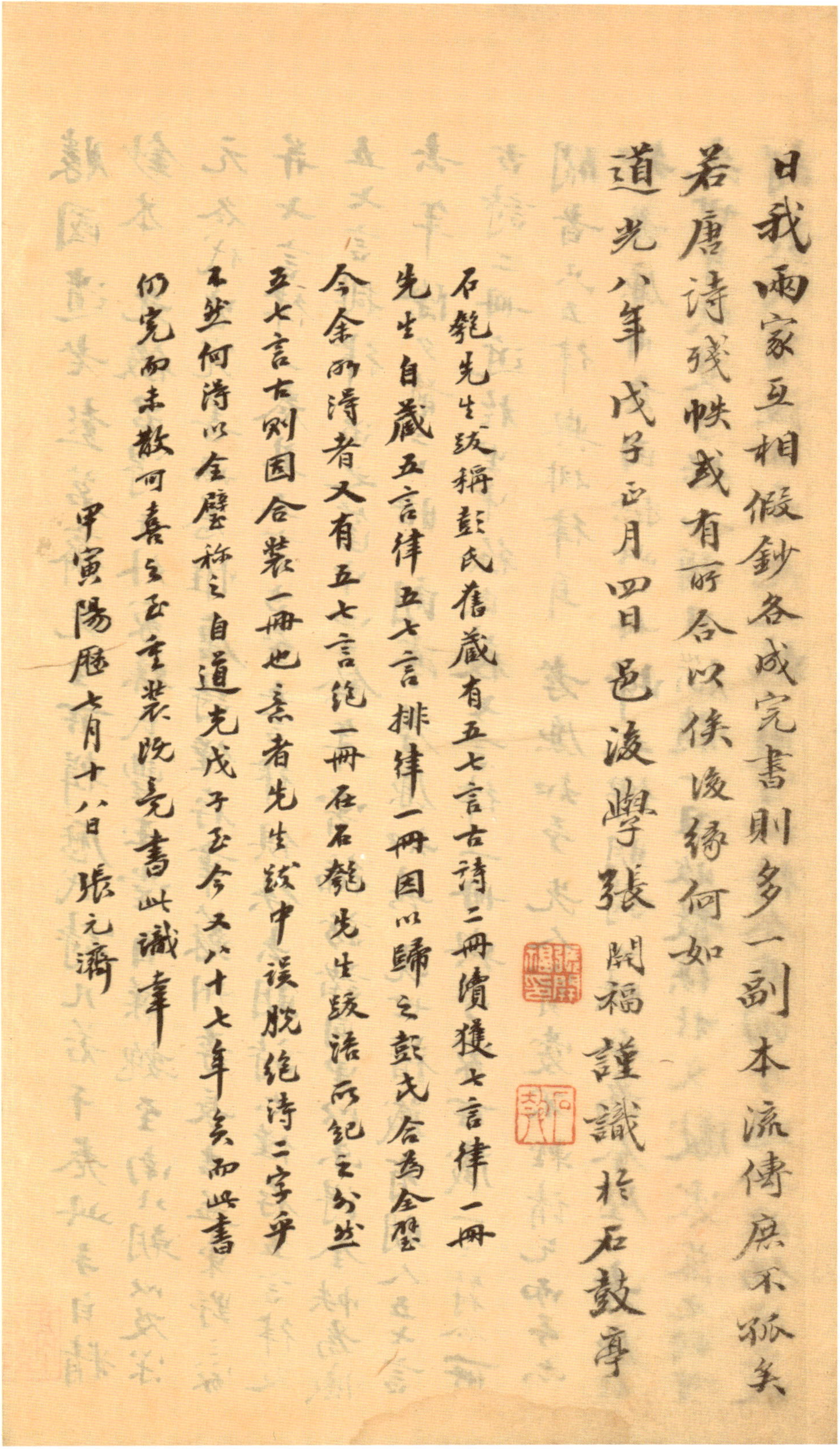
日我兩家互相假鈔各成完書則多一副本流傳庶不孤矣
若唐詩殘帙或有所合以俟後緣何如
道光八年戊子正月四日邑後學張開福謹識於石鼓亭

石匏先生跋稱彭氏舊藏有五七言古詩二冊續獲七言律一冊
先生自藏五言律五七言排律一冊因以歸之彭氏合為全璧
今余所得者又有五七言絕一冊在石匏先生跋語所記之外然
五七言古則固合裝一冊也意者先生跋中誤脫絕詩二字乎
不然何得以全璧稱之自道光戊子至今又八十七年矣而此書
仍完而未散可喜之至重裝既竟書此識幸
甲寅陽歷七月十八日 張元濟

石匏先生跋稱彭氏舊藏，有五七言古詩二冊，續獲七言律一冊。先生自藏五言律五七言排律一冊，因以歸之彭氏，合爲全璧。今余所得者，又有五七言絶一冊，在石匏先生跋語所記之外。然五七言古，則固合裝一冊也。意者，先生跋中誤脱『絶詩』二字乎？不然，何得以全璧稱之。自道光戊子至今又八十七年矣，而此書仍完而未散，可喜之至。重裝既竟，書此識幸！甲寅陽曆七月十八日，張元濟。

茗齋詩五言古

淮南彭孫貽羿仁著

古怨歌

蟪蛄鳴素秋無以理衣裳況我有明月照此無容光明明匣中鏡秉志德不忘含辛君不登抱石高山傍爲君指白日何以答嚴霜踏草成古蹤不入君子堂歲宴冰雪苦高潔候春陽幽蘭在長坂無人亦芬芳

蠨蛸行

赤鯉失雲霧不托涔尺流歸昌無短翼寧與鵁鶄遊萋萋百尺桐柔蔓乃相糾瓦缶鳴以雷榛翳蔽高丘君子懷大節豁達寡

茗齋詩十八卷（存卷二至四、六、八至十八）附補鈔茗齋詩一卷

（清）彭孫貽撰；張元濟輯 稿本

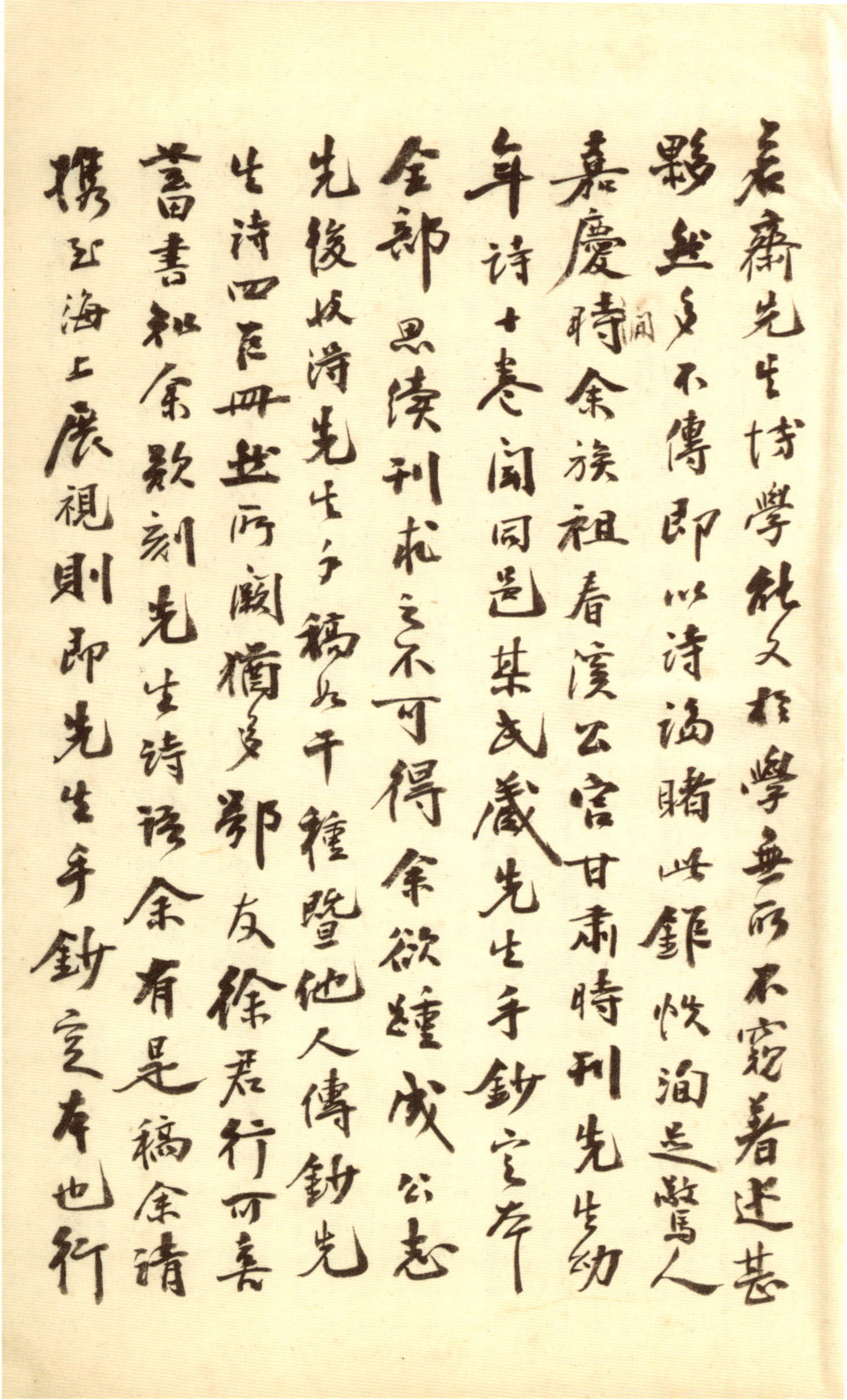

茗齋先生博學能文，於學無所不窺；著述甚夥，然多不傳。即以詩論，睹此巨帙，洵足驚人。嘉慶間，余族祖春溪公官甘肅時，刊先生幼年詩十卷，聞同邑某氏藏先生手鈔定本全部，思續刊，求之不可得。余欲踵成公志，先後收得先生手稿如干種，暨他人傳鈔先生詩四巨冊，然所闕猶多。鄂友徐君行可喜蓄書，知余欲刻先生詩，語余有是稿。余請携至海上，展視，則即先生手鈔定本也。

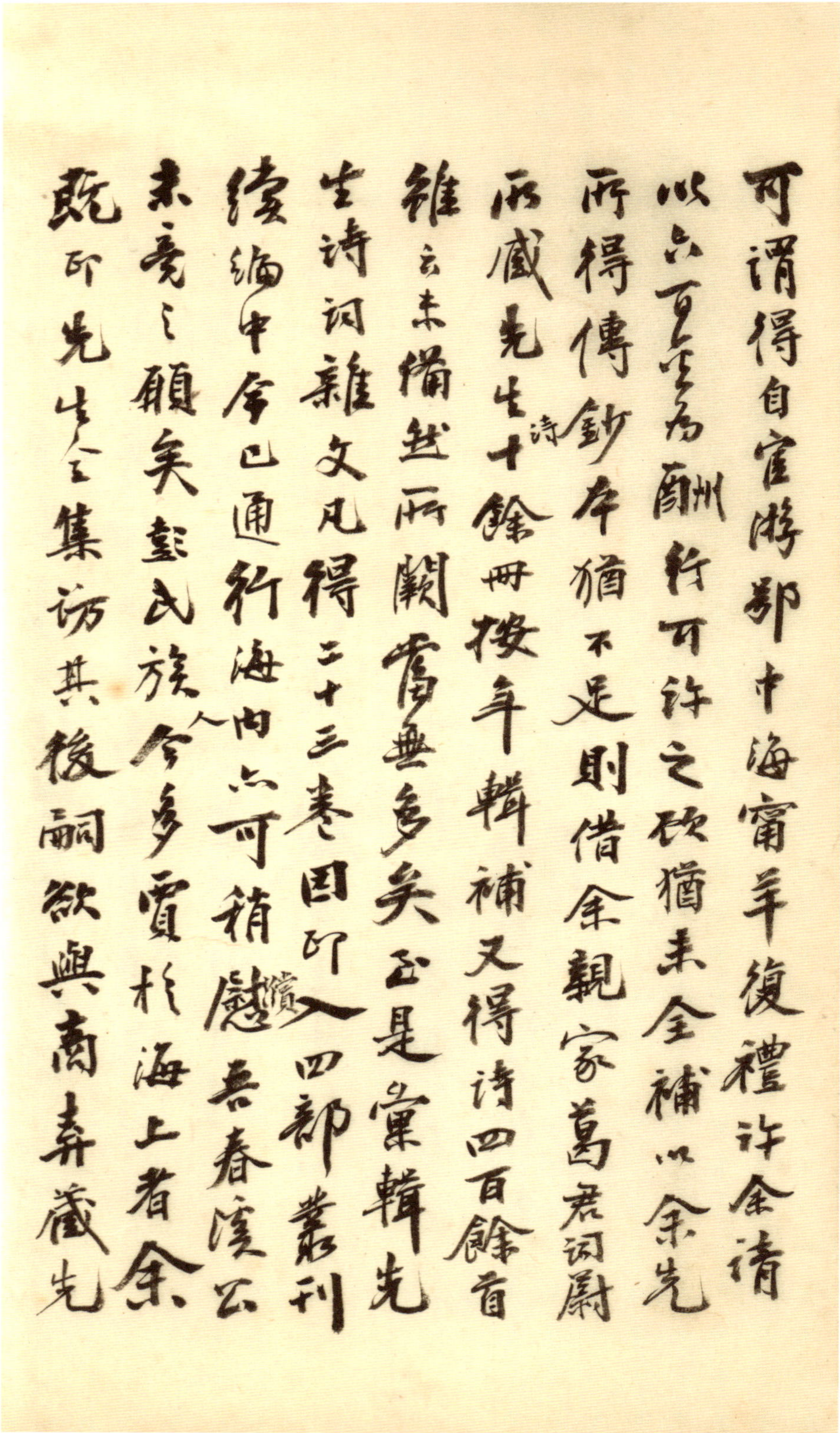
可謂得自宦游鄂中海寧羊復禮許余請
以六百金爲酬行可許之顧猶未全補以余先
所得傳鈔本猶不足則借余親家葛君詞蔚
所藏先生詩十餘册按年輯補又得詩四百餘首
雖云未備然所闕當無多矣至是彙輯先
生詩詞雜文凡得二十三卷因印入四部叢刊
續編中今已通行海内亦可稍償吾春溪公
未竟之願矣彭氏族人今多賈於海上者余
既印先生全集訪其後嗣欲與商彝藏先

行可謂得自宦游鄂中海寧羊復禮許，余請以六百金爲酬。行可許之。顧猶未全，補以余先所得傳鈔本，猶不足，則借余親家葛君詞蔚所藏先生詩十餘册，按年輯補，又得詩四百餘首。雖云未備，然所闕當無多矣。至是彙輯先生詩詞、雜文，凡得二十三卷，因印入《四部叢刊續編》中，今已通行海内，亦可稍償吾春溪公未竟之願矣。彭氏族人今多賈於海上者，余既印先生全集，訪其後嗣，

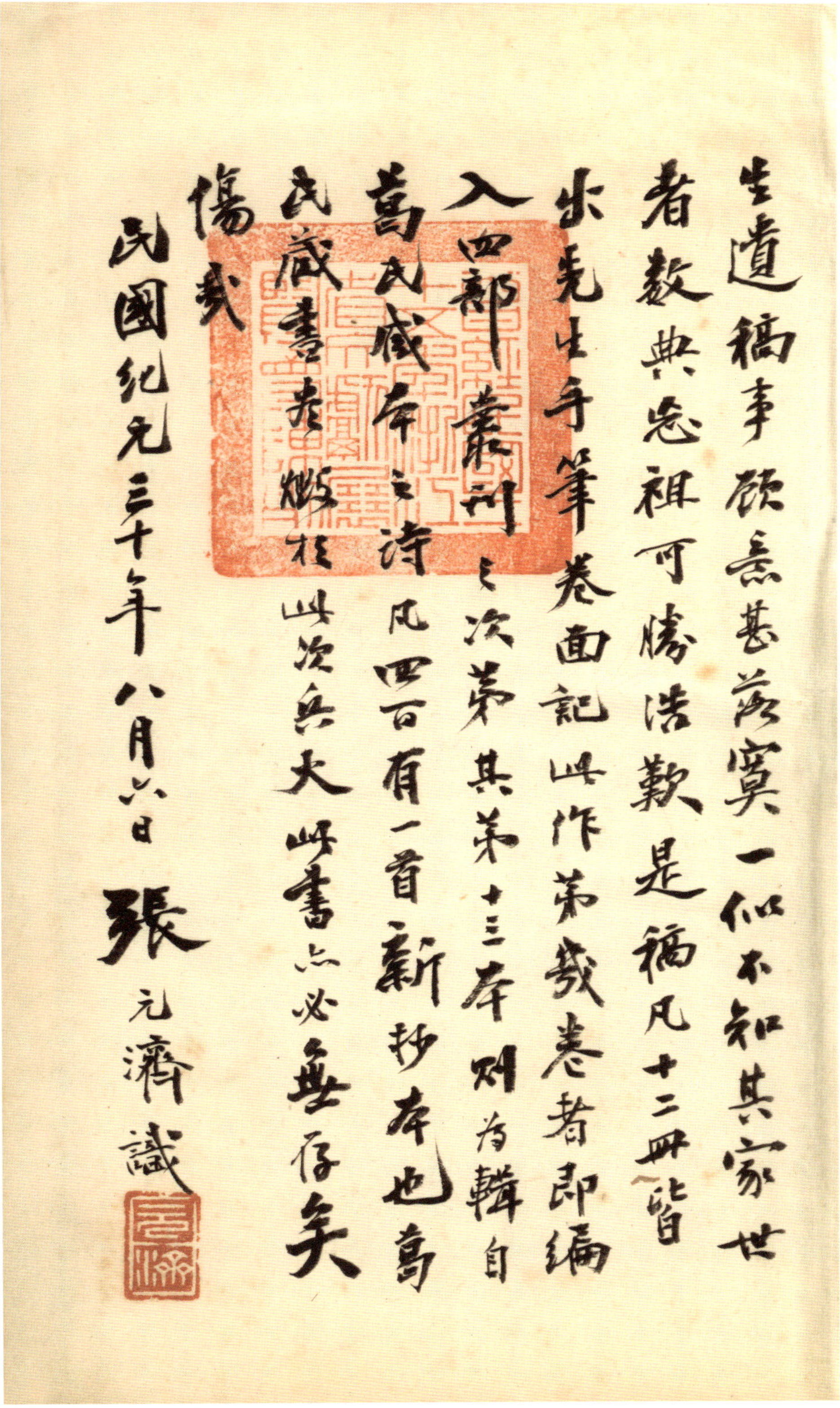
生遺稿事顧意甚落寞一似不知其家世者數典忘祖可勝浩歎是稿凡十二册皆出先生手筆卷面記此作第幾卷者即編入四部叢刊之次第其第十三本則爲輯自葛氏藏本之詩凡四百有一首新抄本也葛氏藏書盡燬於此次兵火此書亦必無存矣傷哉
民國紀元三十年八月六日 張元濟識

欲與商弆藏先生遺稿事，顧意甚落寞，一似不知其家世者。數典忘祖，可勝浩歎！是稿凡十二册，皆出先生手筆。卷面記此作第幾卷者，即編入《四部叢刊》之次第，其第十三本則爲輯自葛氏藏本之詩，凡四百有一首，新抄本也。葛氏藏書盡燬於此次兵火，此書亦必無存矣，傷哉！民國紀元三十年八月六日，張元濟識。

南陔堂詩集十二卷

（清）徐以升撰 清乾隆二十六年刻本 綫善 T12449-52

南陔堂詩集卷一

德清 徐以升 階五

學步集 起康熙辛丑 盡雍正癸卯

王子喬

王子喬生而有仙骨爲浮卭所招奉藥一桮服食
顏不彫駕彼白鶴凌青霄吹笙遼亮如奏雲璈緱
嶺何迢迢手攬六著有時對博太山隅亦或翔鵾
飛豹相遊遨千秋萬歲暮與朝計會壽命無如仙
人王子喬鳴呼計會壽命無如仙人王子喬

豫章行

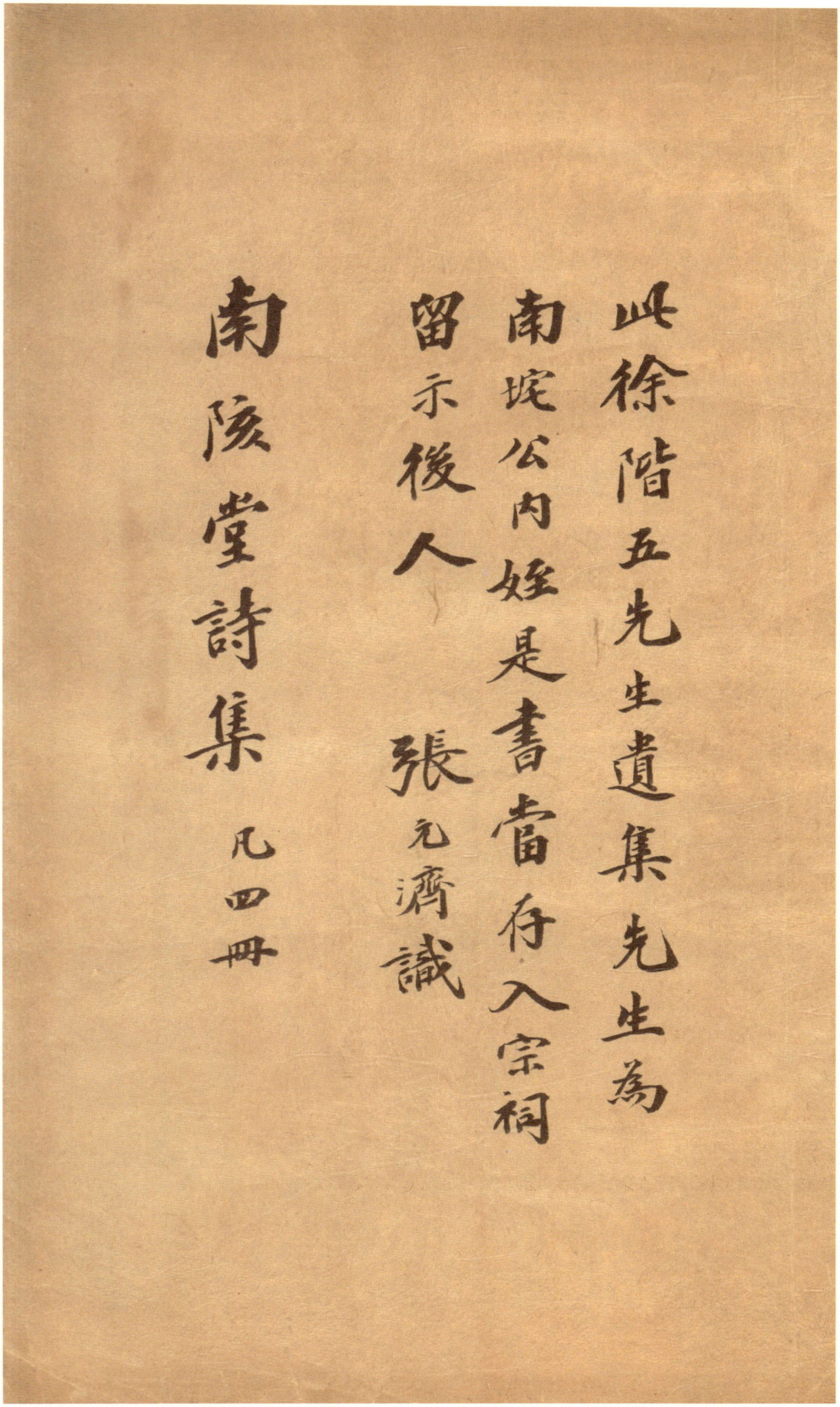

南陔堂詩集 凡四冊

此徐階五先生遺集先生為
南垞公內姪是書當存入宗祠
留示後人 張元濟識

此徐階五先生遺集。先生爲南垞公内侄。是書當存入宗祠，留示後人。張元濟識。

南海先生戊戌奏稿一卷 康有爲撰 清宣統三年排印本 T13325

南海先生戊戌奏稿

請告天祖誓羣臣以變法定國是摺 四月

請廢八股試帖楷法試士改用策論摺 四月

請停弓刀石武試改設兵校摺 四月

請開學校摺 五月

請廣譯日本書派遊學摺 五月

請勵工藝獎創新摺 五月

請裁綠營放旗兵改營勇爲巡警倣德日而練兵摺 五月

請尊孔聖爲國教立教部教會以孔子紀年而廢淫祀摺 六月

請定立憲開國會摺代內閣學士闊普通武 六月

光緒二十四年戊戌四月，余以徐子静學士之薦，與長素先生奉旨同於二十八日預備召見。是日晨，余至頤和園朝房謹候，長素已先在。未幾，榮禄踵至，蓋亦奉召入覲也。長素與榮談，備言變法之要。榮意殊落寞，余已窺其志不在是矣。有頃，命下，榮與長素先後入。既出，余入見。一室之内，獨君臣二人相對。德宗首問余所主辦之通藝學堂之情狀，次言學堂培養人才之宜廣設，次言

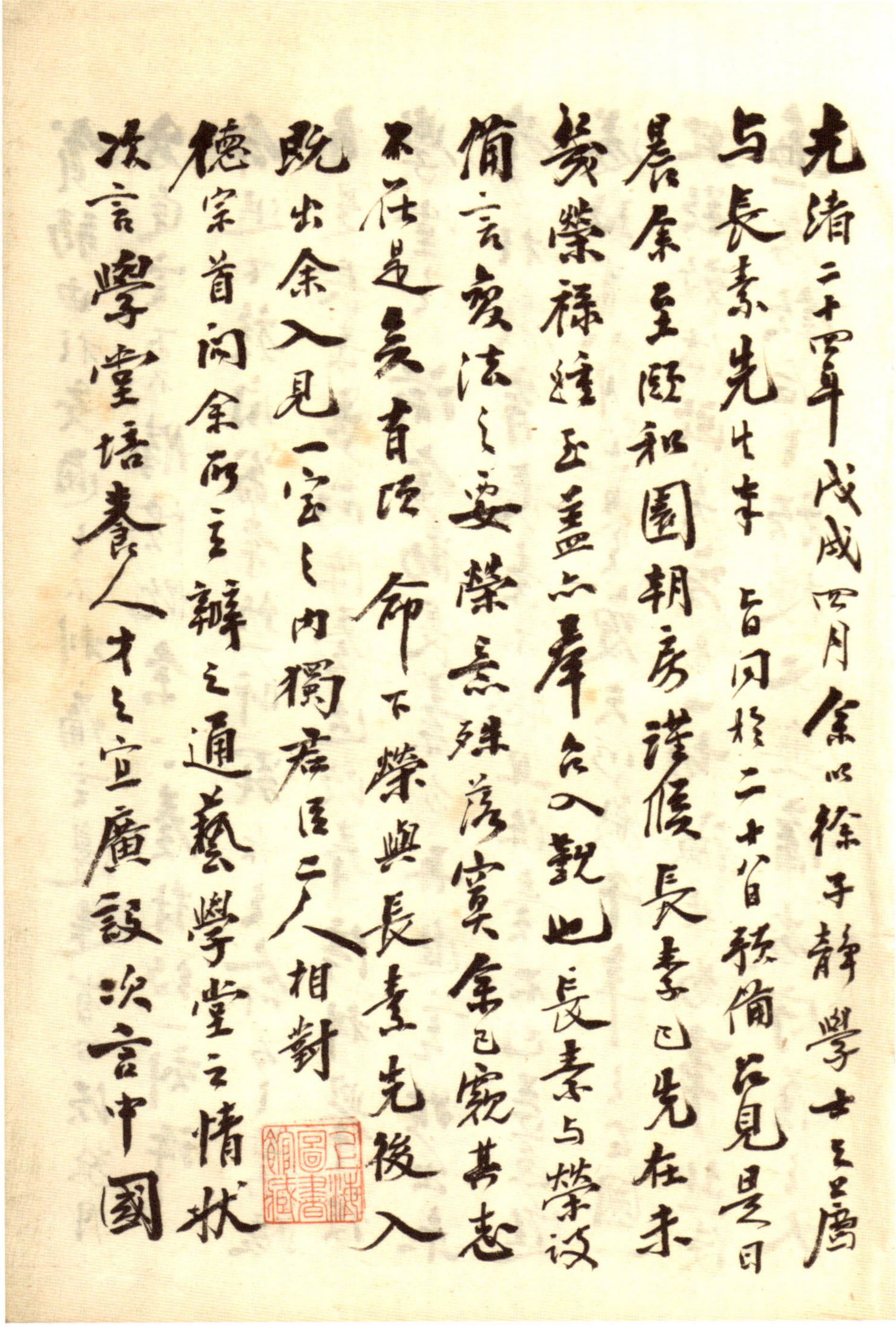
光緒二十四年戊戌四月余以徐子静學士之薦与長素先生奉旨同於二十八日預備召見是日晨余至頤和園朝房謹候長素已先在未幾榮禄踵至蓋亦奉召入覲也長素与榮談備言變法之要榮意殊落寞余已窺其志不在是矣有頃命下榮與長素先後入既出余入見一室之内獨君臣二人相對德宗首問余所主辦之通藝學堂之情狀次言學堂培養人才之宜廣設次言中國

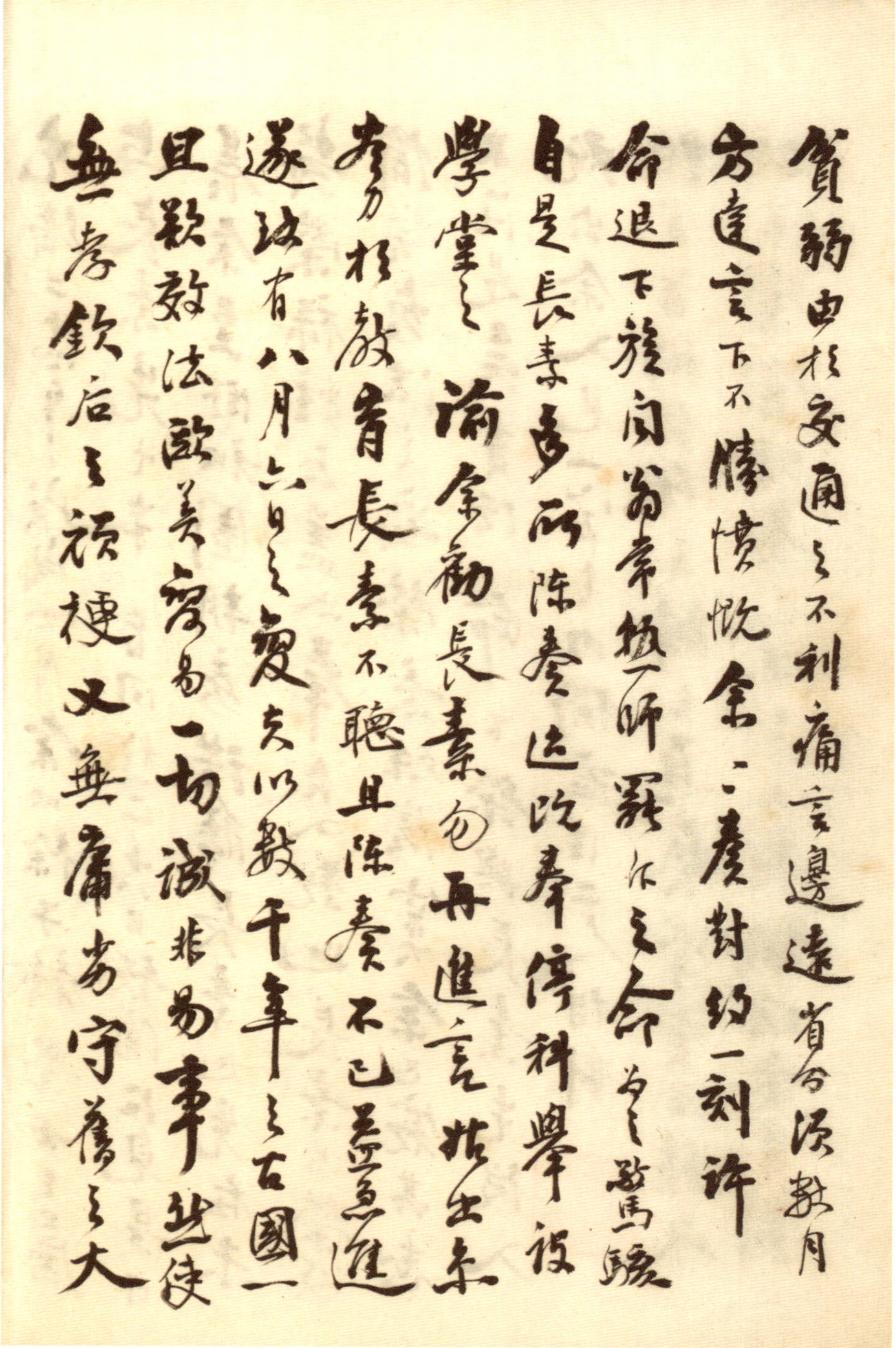
貧弱由於交通之不利痛言邊遠省分須數月
方達言下不勝憤慨余一一奏對約一刻許
命退下旋聞翁常熟師罷斥之命為之驚駭
自是長素多所陳奏迨既奉停科舉設
學堂之諭余勸長素勿再進言姑出京
盡力於教育長素不聽且陳奏不已益急進
遂致有八月六日之變夫以數千年之古國一
旦欲效法歐美變易一切誠非易事然使
無孝欽后之頑梗又無庸劣守舊之大

中國貧弱由於交通之不利，痛言邊遠省分須數月方達，言下不勝憤慨。余一一奏對。約一刻許，命退下。旋聞翁常熟師罷斥之命，爲之驚駭。自是長素多所陳奏。迨既奉停科舉、設學堂之諭，余勸長素勿再進言，姑出京，盡力於教育。長素不聽，且陳奏不已，益急進，遂致有八月六日之變。夫以數千年之古國，一旦欲效法歐、美，變易一切，誠非易事。然使無孝欽后之頑梗，又無庸劣守舊之大臣助長其焰，有君如此，上下一心，何至釀成庚子之拳亂。即辛亥之革命，亦何嘗不可避免。和平改革，勿傷元氣，雖不能驟躋强盛，要决不至有今日分崩之禍。每一念及，爲之恨恨！今長素之歿已逾十稔，回首前塵，猶如昨日，而嬰党禍者，只余一人尚存！手此一編，不禁感慨繫之已！中華民國三十年八月十二日，張元濟。

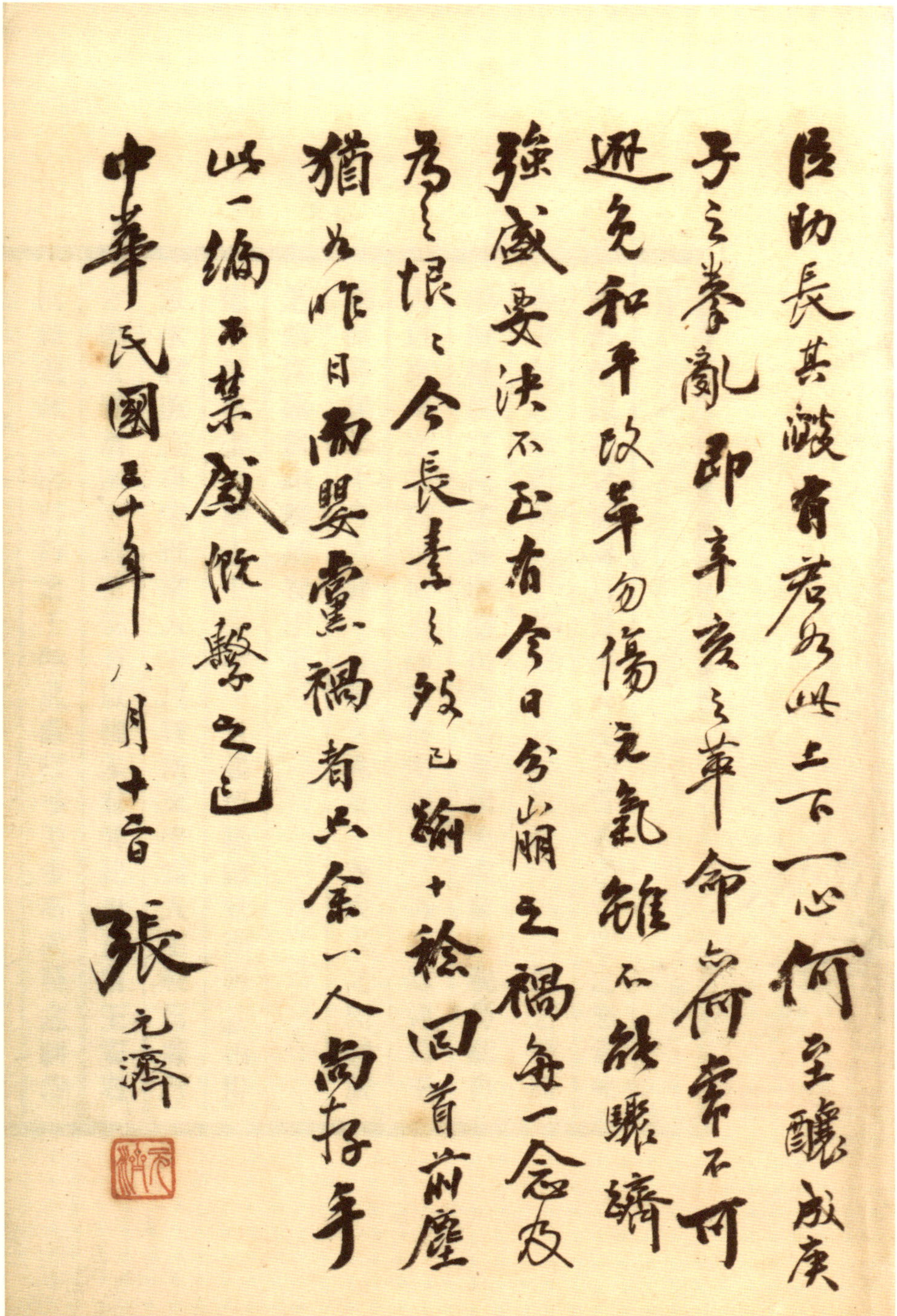
臣助長其燄有君如此上下一心何至釀成庚子之拳亂即辛亥之革命亦何嘗不可避免和平改革勿傷元氣雖不能驟躋强盛要決不至有今日分崩之禍每一念及爲之恨恨今長素之歿已逾十稔回首前塵猶如昨日而嬰黨禍者只余一人尚存手此一編不禁感慨繫之已
中華民國三十年八月十二日
張元濟

清綺齋藏書目四卷

（清）張宗松藏並編 張元濟手抄本 綫善T12489-90

清綺齋藏書目次序

經部

經説類 易類

書類 詩類

春秋類 三禮類

四書類 爾雅類

小學類 樂類

字書類 韻書類

金石類

史部

一

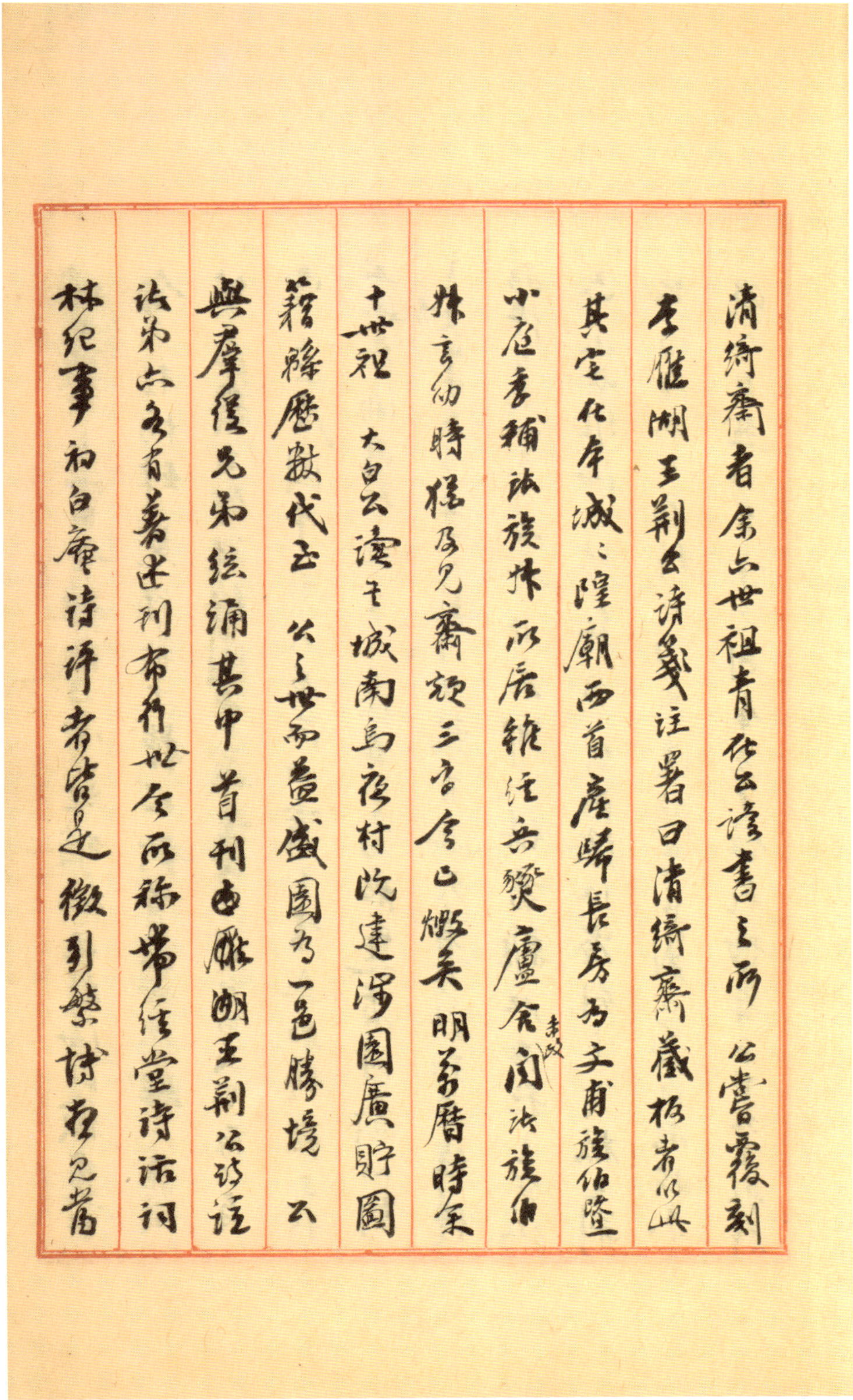
清綺齋者余六世祖青在公讀書之所　公嘗覆刻
李雁湖王荆公詩箋注署曰清綺齋藏板者以此
其宅在本城城隍廟西首座歸長房為文甫族伯暨
小庭季輔諸族叔所居雖經兵燹盧舍未改　聞諸族伯
叔言幼時猶及見齋額三字今已燬矣　明萬曆時余
十世祖　太白公讀書城南烏夜村既建涉園廣貯圖
籍綿歷數代至　公之世而益盛　園為一邑勝境　公
與群從兄弟弦誦其中　首刊李雁湖王荆公詩注
諸弟亦各有著述刊布行世　今所稱帶經堂詩話詞
林紀事初白庵詩評者皆是徵引繁博想見當

清綺齋者，余六世祖青在公讀書之所。公嘗覆刻李雁湖《王荆公詩箋注》，署曰『清綺齋藏板』者，以此。其宅在本城城隍廟西首，座歸長房，爲文甫族伯暨小庭、季輔諸族叔所居。雖經兵燹，盧舍未改。聞諸族伯叔言，幼時猶及見齋額三字，今已毀矣。明萬曆時，余十世祖大白公讀書城南烏夜村，既建涉園，廣貯圖籍，綿歷數代，至公之世而益盛。園爲一邑勝境，公與群從兄弟弦誦其中，首刊《王荆公詩注》，諸弟亦各有著述刊布行世。今所稱《帶經堂詩話》《詞林紀事》《初白庵詩評》者，皆是徵引繁博，想見

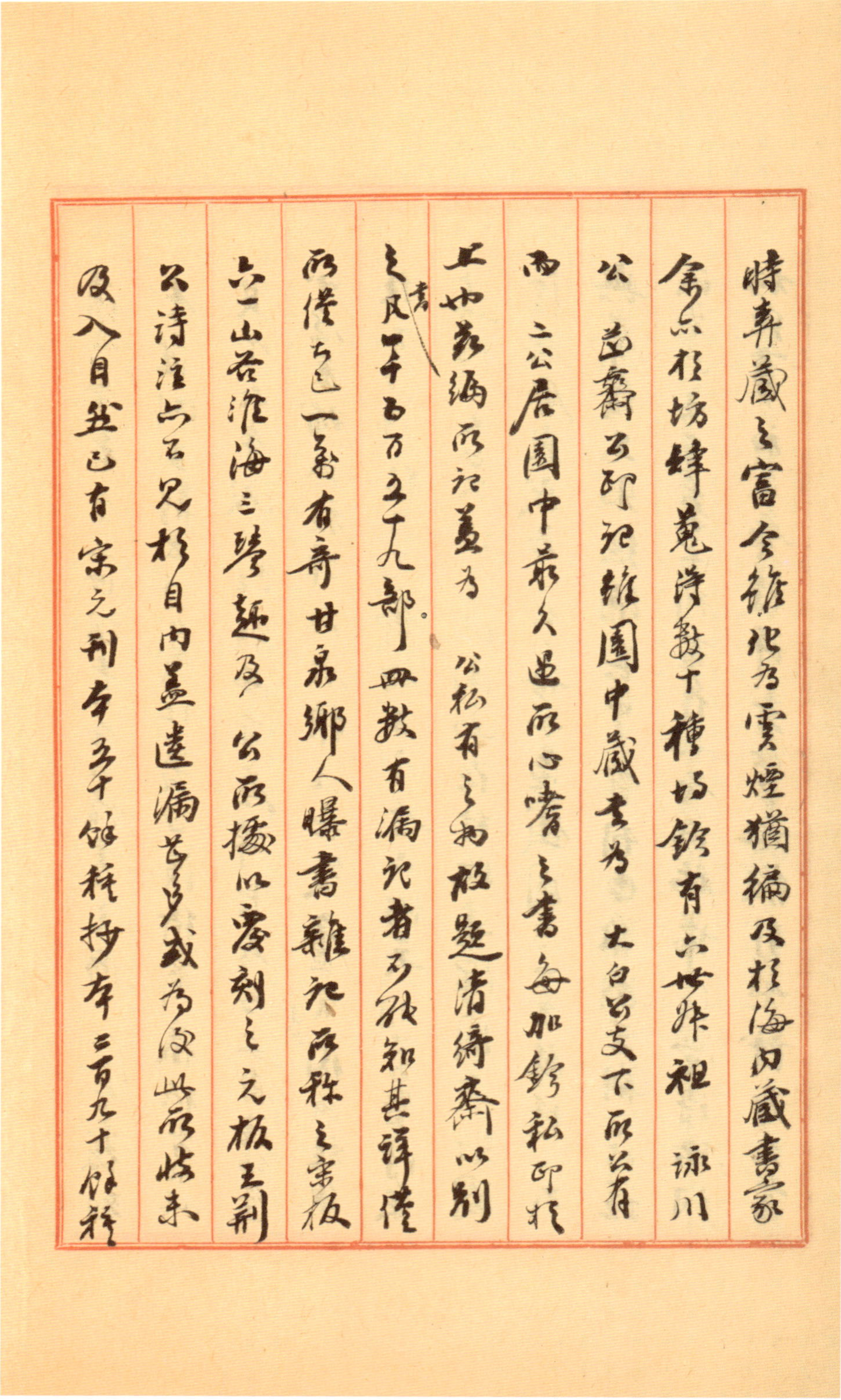
時弃藏之富今雖化爲雲煙猶徧及於海内藏書家
余亦於坊肆蒐得數十種均鈐有六世叔祖 詠川
公 芷齋公印記雖園中藏書爲 大白公支下所公有
而 二公居園中最久遇所心嗜之書每加鈐私印於
上也茲編所記蓋爲 公私有之物故題清綺齋以别
之凡書千五百五十九部冊數有漏記者不能知其詳僅
所僅之已一萬有奇甘泉鄉人曝書雜記所稱之宋板
六一山谷淮海三琴趣及 公所據以覆刻之元板王荆
公詩注亦不見於目内蓋遺漏甚多或爲後此所收未
及入目然已有宋元刊本五千餘種抄本二百九十餘種

當時弃藏之富。今雖化爲雲煙，猶徧及於海内藏書家。余亦於坊肆搜得數十種，均鈐有六世叔祖詠川公、芷齋公印記。雖園中藏書爲大白公支下所公有，而二公居園中最久，遇所心嗜之書，每加鈐私印於上也。兹編所記，蓋爲公私有之物，故題『清綺齋』以别之。書凡一千五百五十九部，册數有漏記者，不能知其詳，僅所僅〔記〕者已一萬有奇。甘泉鄉人《曝書雜記》所稱之宋板六一、山谷、淮海三《琴趣》，及公所據以覆刻之元板《王荆公詩注》，亦不見於目内。蓋遺漏甚多。或爲後此所收，未及入目。然已有宋、元刊本

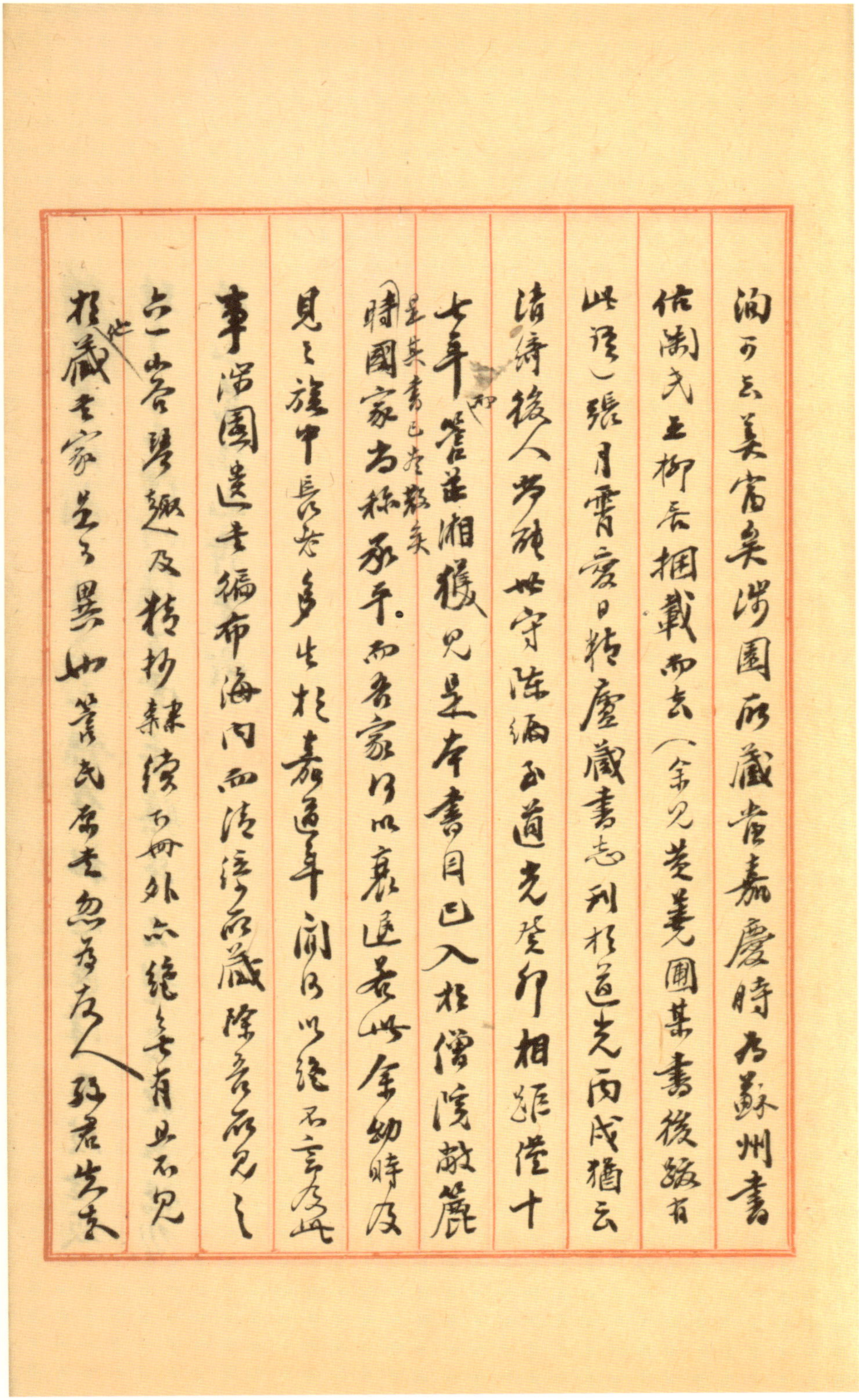
洵可云美富矣涉園所藏當嘉慶時爲蘇州書
估陶氏五柳居捆載而去（余見黄蕘圃某書後跋有
此語）張月霄愛日精廬藏書志刊於道光丙戌猶云
清綺後人尚能世守陳編至道光癸卯相距僅十
七年管芷湘獲見是本書目已入於僧院敝簏
是其書已盡散矣
時國家尚稱承平而吾家何以衰退若此余幼時及
見之族中長老多生於嘉道年間何以絶不言及此
事涉園遺書徧布海内而清綺所藏除吾所見之
六一山谷琴趣及精抄隸續下册外亦絶無有且不見
於他藏書家並無異如管氏所云忽爲友人攫去者

五十餘種，抄本二百九十餘種，洵可云美富矣！涉園所藏，當嘉慶時爲蘇州書估陶氏五柳居捆載而去（余見黄蕘圃某書後跋有此語）。張月霄《愛日精廬藏書志》刊於道光丙戌，猶云『清綺後人尚能世守陳編』。至道光癸卯，相距僅十七年，而管芷湘獲見是本《書目》，已入於僧院敝簏。是其書已盡散矣。時國家尚稱承平，而吾家何以衰退若此！余幼時及見之族中長老，多生於嘉、道年間，何以絶不言及此事？涉園遺書遍布海内，而清綺所藏除吾所見之六一、山谷《琴趣》及精抄《隸續》下册外，亦絶無有，且不見於他藏書

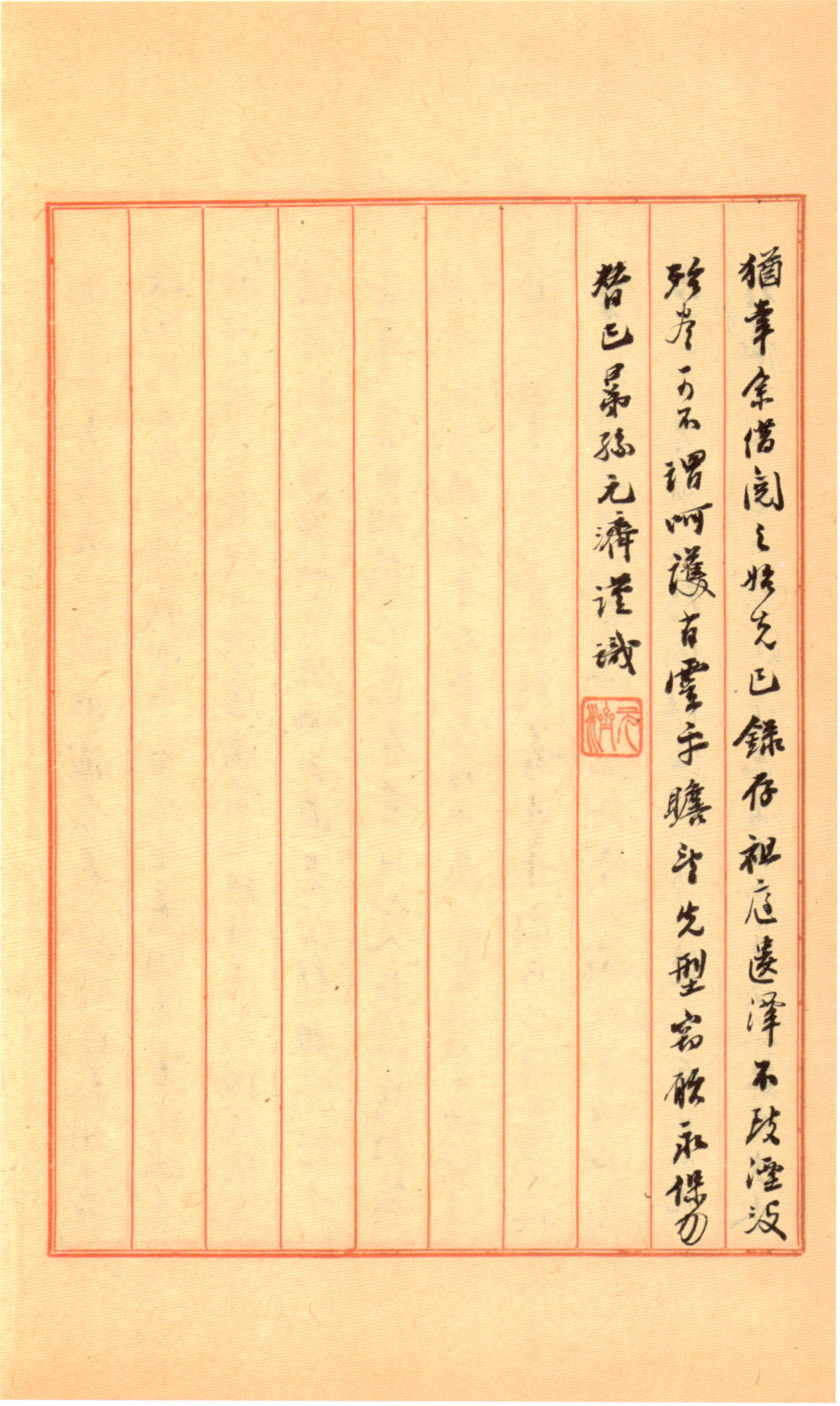
猶幸余借閱之始先已録存祖庭遺澤不致湮没
殆盡可不謂呵護有靈乎瞻望先型竊願永保勿
替已昆孫元濟謹識

家，是可異也。管氏原書忽爲友人孫君失去，猶幸余借閱之始，先已録存。祖庭遺澤，不致湮没殆盡，可不謂呵護有靈乎？瞻望先型，竊願永保勿替已。昆孫元濟謹識。

清嘯堂集七卷

（清）葉耕撰　清康熙十九年序刻本　綫善T12399-400

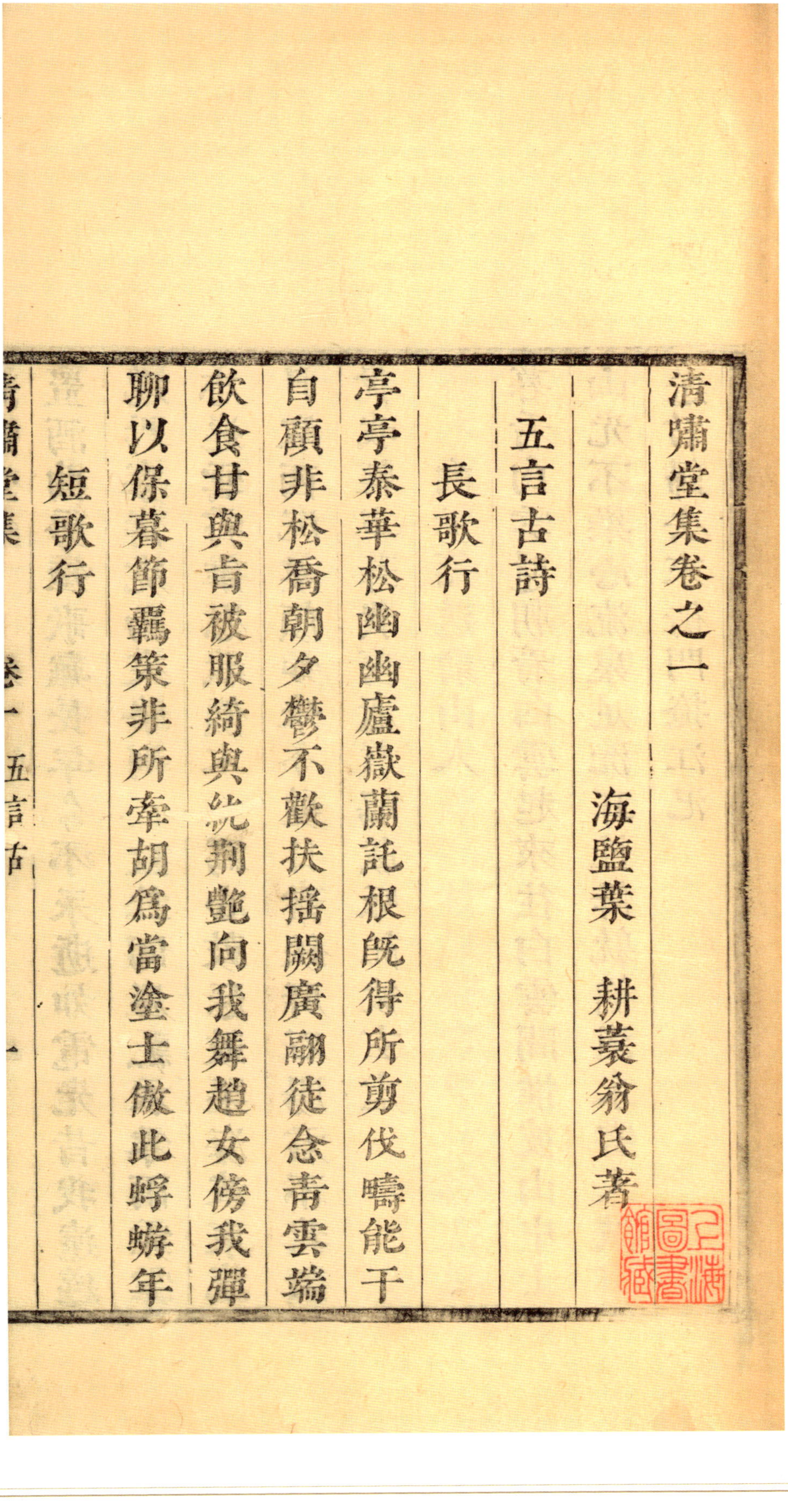
清嘯堂集卷之一

海鹽葉　耕蓑翁氏著

五言古詩

長歌行

亭亭泰華松幽幽廬嶽蘭託根既得所剪伐疇能干自顧非松喬朝夕鬱不歡扶摇闕廣翮徒念青雲端飲食甘與旨被服綺與紈荆艷向我舞趙女傍我彈聊以保暮節羈策非所牽胡爲當塗士傲此蜉蝣年

短歌行

清嘯堂集　卷一　五言古　一

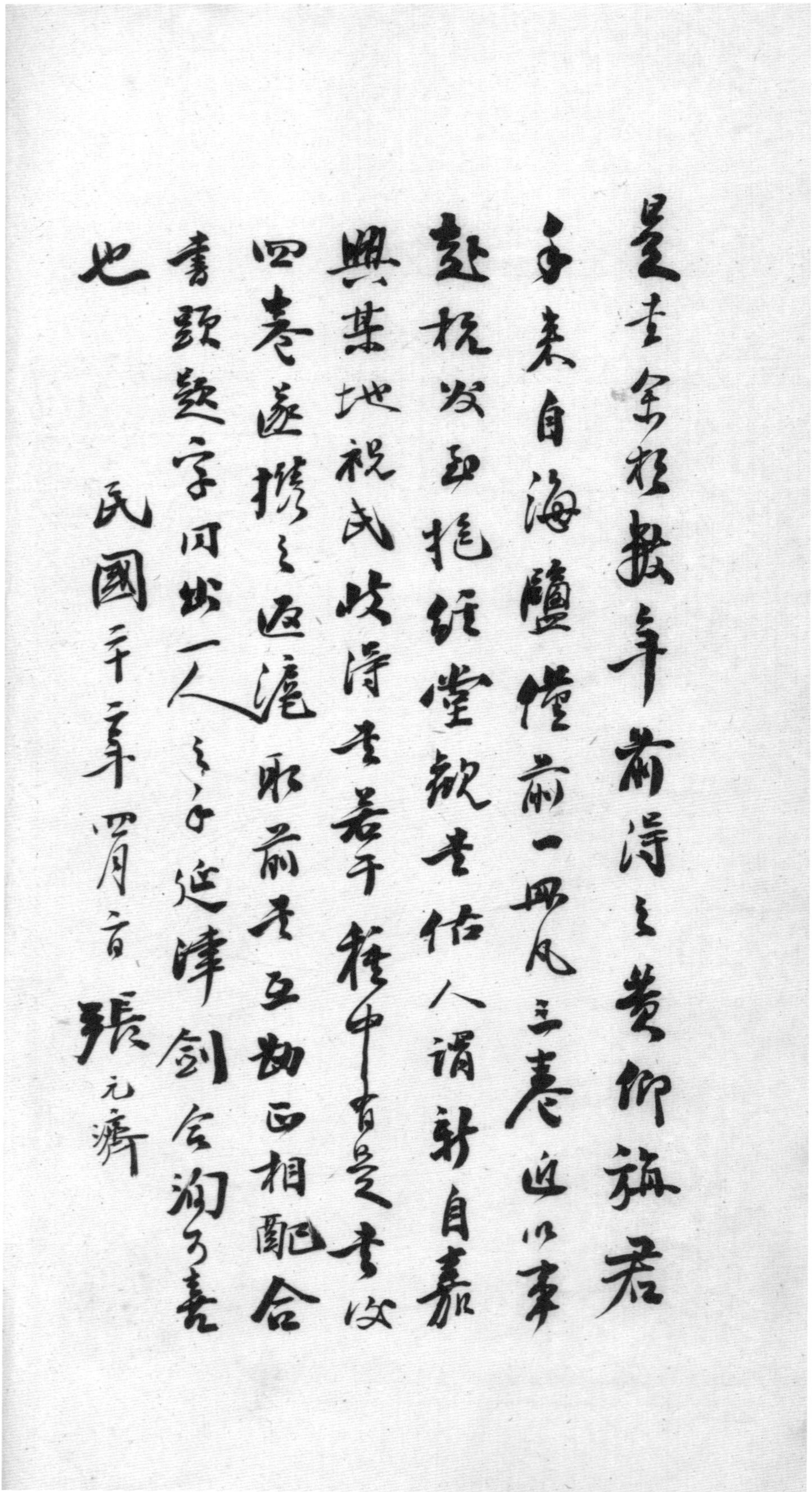
是書余於數年前得之黃仰旃君手來自海鹽僅前一冊凡三卷近以事赴杭州至抱經堂觀書估人謂新自嘉興某地祝氏收得書若干種中有是書後四卷遂攜之返滬取前書互勘互相配合書頭題字同出一人之手延津劍合洵可喜也
民國二十二年四月二日張元濟

是書余於數年前得之黄仰旃君手，來自海鹽，僅前一册，凡三卷。近以事赴杭州，至抱經堂觀書。估人謂新自嘉興某地祝氏收得書若干種，中有是書後四卷，遂携之返滬。取前書互勘，互相配合。書頭題字，同出一人之手。延津劍合，洵可喜也。民國二十二年四月二日，張元濟。

清異録二卷

（宋）陶穀撰　清康熙漱六閣刻本　T12785-86

清異録

宋　陶　穀　撰

天文

龍潤

李煜在國時自作祈雨文曰尚垂龍潤之祥

跋扈將軍

隋煬帝泛舟忽陰風頻緊歎曰此風可謂跋扈將軍

奇水

雨無雲而降非龍而作號為奇水

天公絮

雲者山川之氣今秦隴村民稱爲天公絮

三伏噉書撿得宋陶學士清異錄會友人結夏齋頭慫
恿重鋟相與披閱讐校聊作逃暑日課然原本漫漶烏
焉帝虎觸目都是即別本亦大率踵譌襲繆尋行數墨
間頗費料簡帀月竣事用公世賞吾知讀是書者不必
更索之諾臯津逮豈不較勝於兎園册獺祭本乎按學
士名穀字秀實小字鐵牛又號金鑾否人爲唐彥謙之
孫避石晉諱改姓陶具本末詳史傳茲不具載古鹽官
陳世修勉之氏追涼漱六閣下漫識

山陰諸貞壯先生惠貽　丁卯仲春三日　張元濟謹識

山陰諸貞壯先生惠貽。丁卯仲春三日，張元濟謹識。

榕園吟稿十二卷

（清）吴應和撰　清嘉慶二十四年刊後印本　綫善 T12084-85

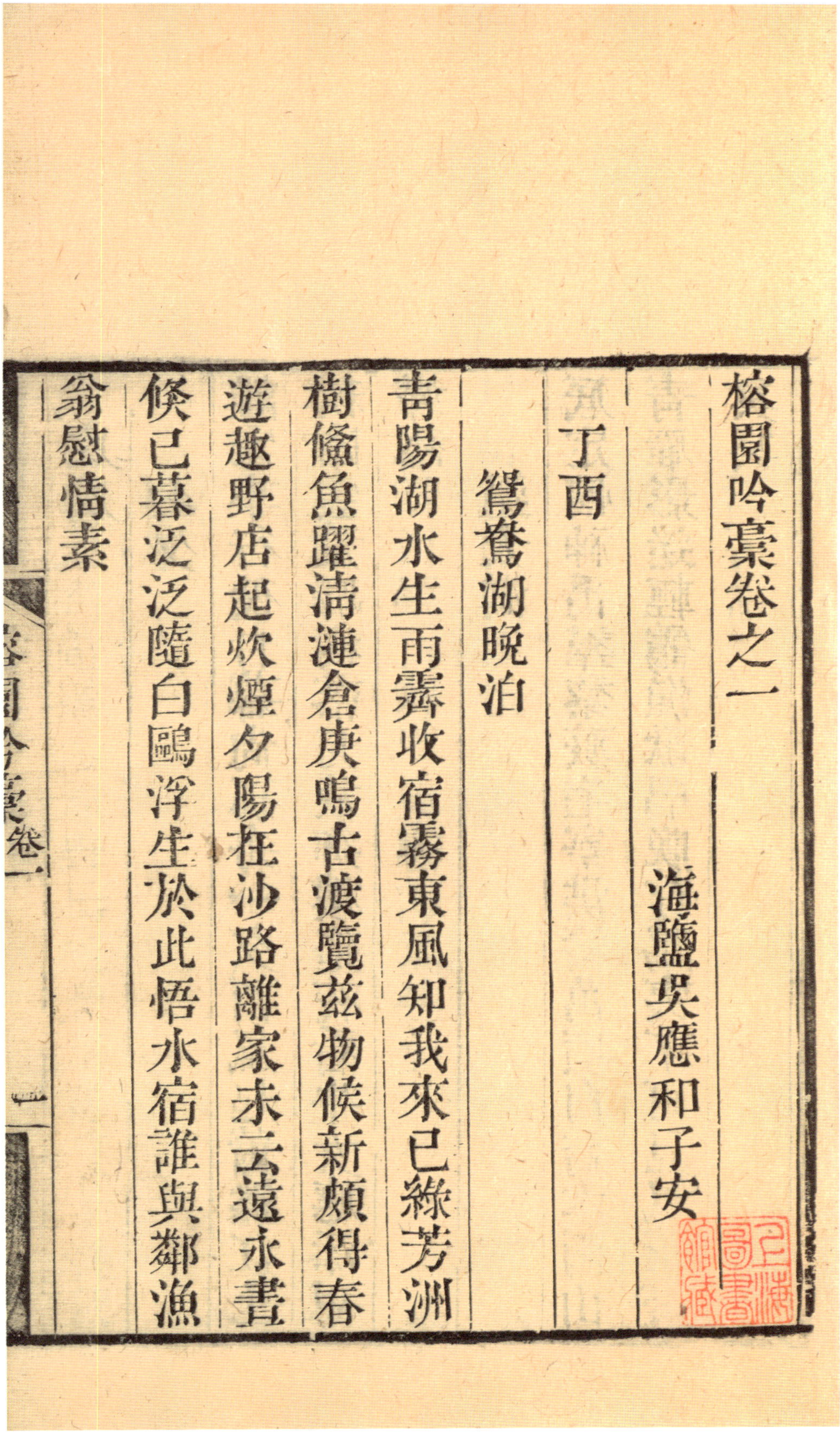

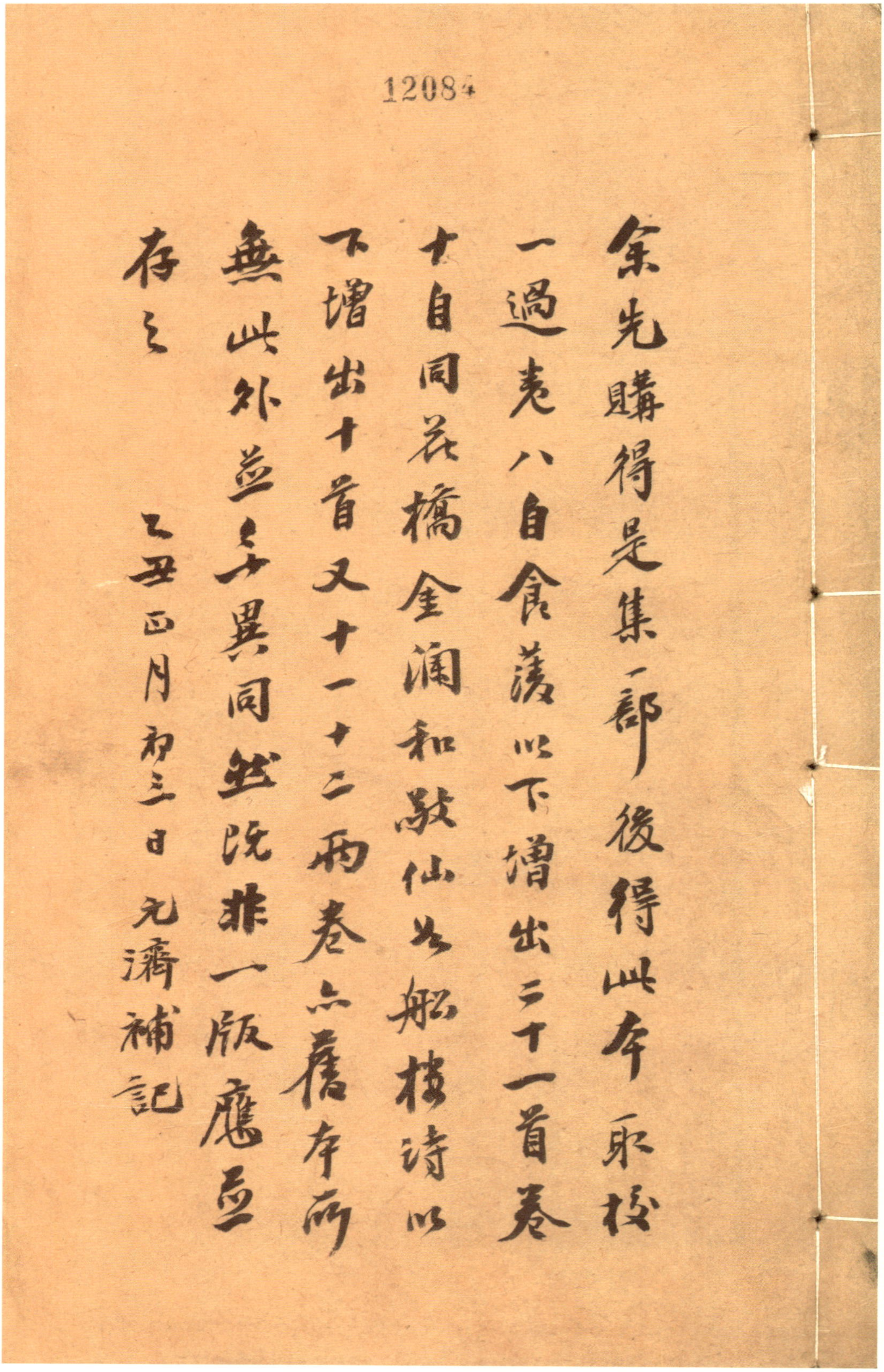
12084

余先購得是集一部後得此本取校
一過卷八自食蔆以下增出二十一首卷
十自同花橋金瀾和敬仙如船樓詩以
下增出十首又十一十二兩卷亦舊本所
無此外並無異同然既非一版應並
存之

乙丑正月初三日元濟補記

余先購得是集一部，後得此本，取校一過，卷八自《食蔆》以下，增出二十一首。卷十自《同花橋金瀾和敬仙如船樓詩》以下增出十首。又十一、十二兩卷，亦舊本所無。此外並無異同。然既非一版，應並存之。乙丑正月初三日，元濟補記。

蕊榜清芬

清光緒五年廣州聯桂堂刻本　尺牘 5410

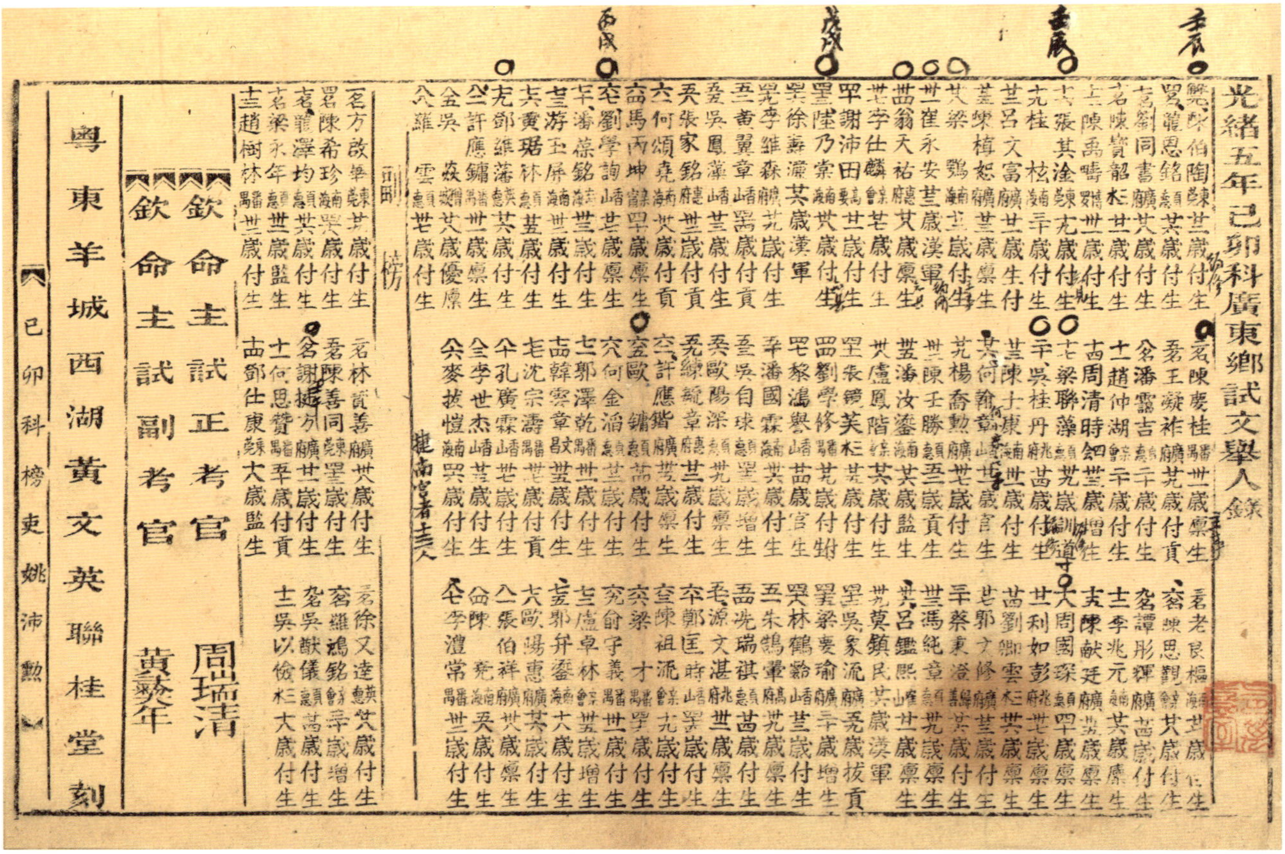

光緒五年己卯科廣東鄉試文舉人錄

陳伯陶 付生　龍恩銘 付生　劉同書 付生　陳寶韶 付生　陳禹疇 付生　張其淦 付生　桂坫 付生　呂文富 生付　楨恕 廩生　梁鵷 付生　崔永安 漢軍　翁天祐 廩生　李仕麟 付生　謝沛田 付生　陸乃棠 付生　徐灝濂 漢軍　李維森 付生　黃翼章 貢　吳鳳藻 付生　張家銘 貢　何頌堯 貢　馬丙坤 廩生　劉學詢 廩生　潘蘂銘 付生　游玉屏 付生　黃琚林 付生　鄧維藩 付生　許應鏞 廩生　吳森 優廩　羅雲 付生

陳慶桂 廩生　王凝祚 付貢　潘靄吉 付生　趙仲湖 付生　周清時 增生　梁聯藻 付生　吳桂丹 付生　陳士康 付生　何翰章 官生　楊喬勳 付生　陳壬勝 貢生　潘汝鎏 監生　盧鳳階 付生　張鏡芙 付生　劉學修 付生　黎鴻譽 官生　潘國霖 付生　吳自球 增生　歐陽深 廩生　練毓章 付生　許應鍇 廩生　歐鏞 付生　何金滔 付生　鄭澤乾 付生　韓雲章 付生　沈宗濤 付貢　孔廣霖 付生　李世杰 付生　麥拔愷 付生

捷南宮者十三人

老良楣 付生　陳思觀 付生　譚彤輝 付生　李兆元 廩生　陳猷廷 廩生　周國琛 廩生　利如彭 廩生　劉卿雲 廩生　鄧文修 付生　蔡東澄 付生　馮純章 廩生　呂鑑熙 廩生　莫鎮民 漢軍　吳象流 拔貢　梁要瑜 增生　林鶴齡 付生　朱鴻彙 廩生　冼瑞祺 付生　源文湛 廩生　鄭匡時 付生　陳祖流 付生　梁才 付生　俞守義 付生　盧卓林 增生　鄧弁鎏 付生　歐陽惠 付生　張伯祥 廩生　陳堯 付生　李澧常 付生

副榜

方啟華 付生　陳希珍 付生　龍澤均 付生　梁永年 監生　趙樹林 付生　林賁善 付生　陳善同 付生　謝捷芳 付生　何思贊 付貢　鄧仕康 監生　徐又達 付生　羅鴻銘 增生　吳猷儀 付生　吳以儉 付生

欽命主試正考官　周瑞清
欽命主試副考官　黃錫年

粵東羊城西湖黃文英聯桂堂刻

己卯科榜吏姚沛勳

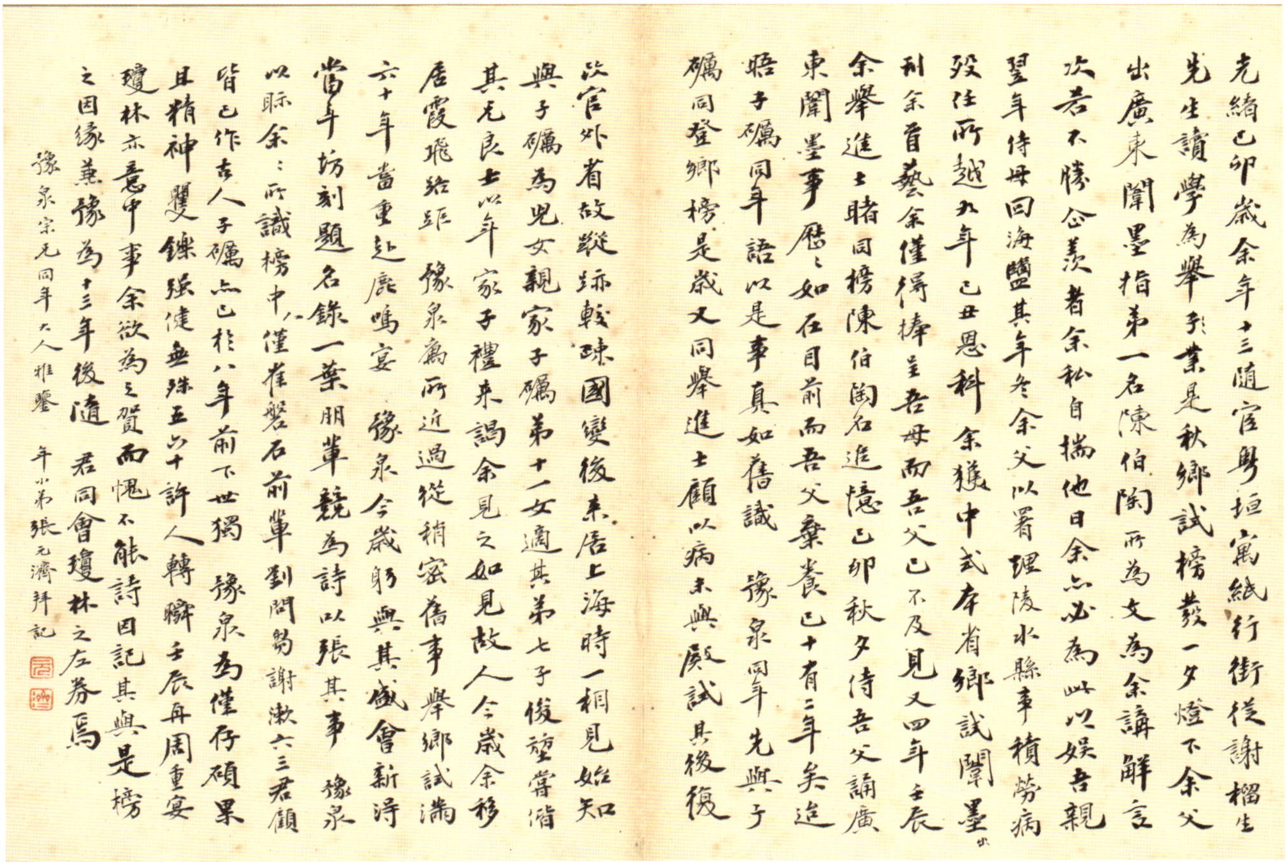

光緒己卯歲，余年十三，隨宦粵垣，寓紙行街，從謝榴生先生讀學，爲舉業。是秋鄉試榜發，一夕燈下，余父出廣東闈墨，指第一名陳伯陶所爲文爲余講解，言次若不勝企羡者。余私自揣他日余亦必爲此以娱吾親。翌年侍母回海鹽。其年冬余父以署理陵水縣事積勞病殁任所。越九年己丑恩科，余獲中式，本省鄉試闈墨出，刊余首藝，余僅得捧呈吾母而吾父已不及見。又四年壬辰余舉進士，睹同榜陳伯陶名，追憶己卯秋夕侍吾父誦廣東闈墨事歷歷如在目前，而吾父棄養已十有二年矣。追晤子礪同年，語以是事，真如舊識。豫泉同年先與子礪同登鄉榜，是歲又同舉進士，顧以病未與殿試，其後復改官外省，故蹤跡較疏。國變後來居上海，時一相見，始知與子礪爲兒女親家，子礪第十一女適其第七子俊堃。嘗偕其兄良士以年家子禮來謁，余見之如見故人。今歲余移居霞飛路，距豫泉寓所近，過從稍密。舊事，舉鄉試滿六十年當重赴鹿鳴宴。豫泉今歲躬與其盛會，新得當年坊刻題名録一葉，朋輩競爲詩以張其事。豫泉以視余。余所識榜中，僅崔磐石前輩、劉問芻、謝湫六三君，顧皆已作古人。子礪亦已於八年前下世。獨豫泉爲僅存碩果，且精神矍鑠，强健無殊五六十許人。轉瞬壬辰再周，重宴瓊林，亦意中事，余欲爲之賀而愧不能詩，因記其與是榜之因緣，兼豫爲十三年後隨君同會瓊林之左券焉。豫泉宗兄同年大人雅鑒。年小弟張元濟拜記。

瑞芍軒詩鈔四卷詞稿一卷

（清）許乃穀撰　清同治七年刻本　綫善 T12443-44

瑞芍軒詩鈔卷一

仁和許乃穀

己卯

櫻桃花和章次白韻

雲裝雪綴早春天消受春寒劇可憐遲日夢回樊素怯輕風歌送鄭僮顛幾番泥我探梅後眞箇銷魂結子前紫燕未來鸎未啄折花人立畫簾邊

汪小迂鴻屬爲石寫照行篋中攜有英石一峯并圖以贈之

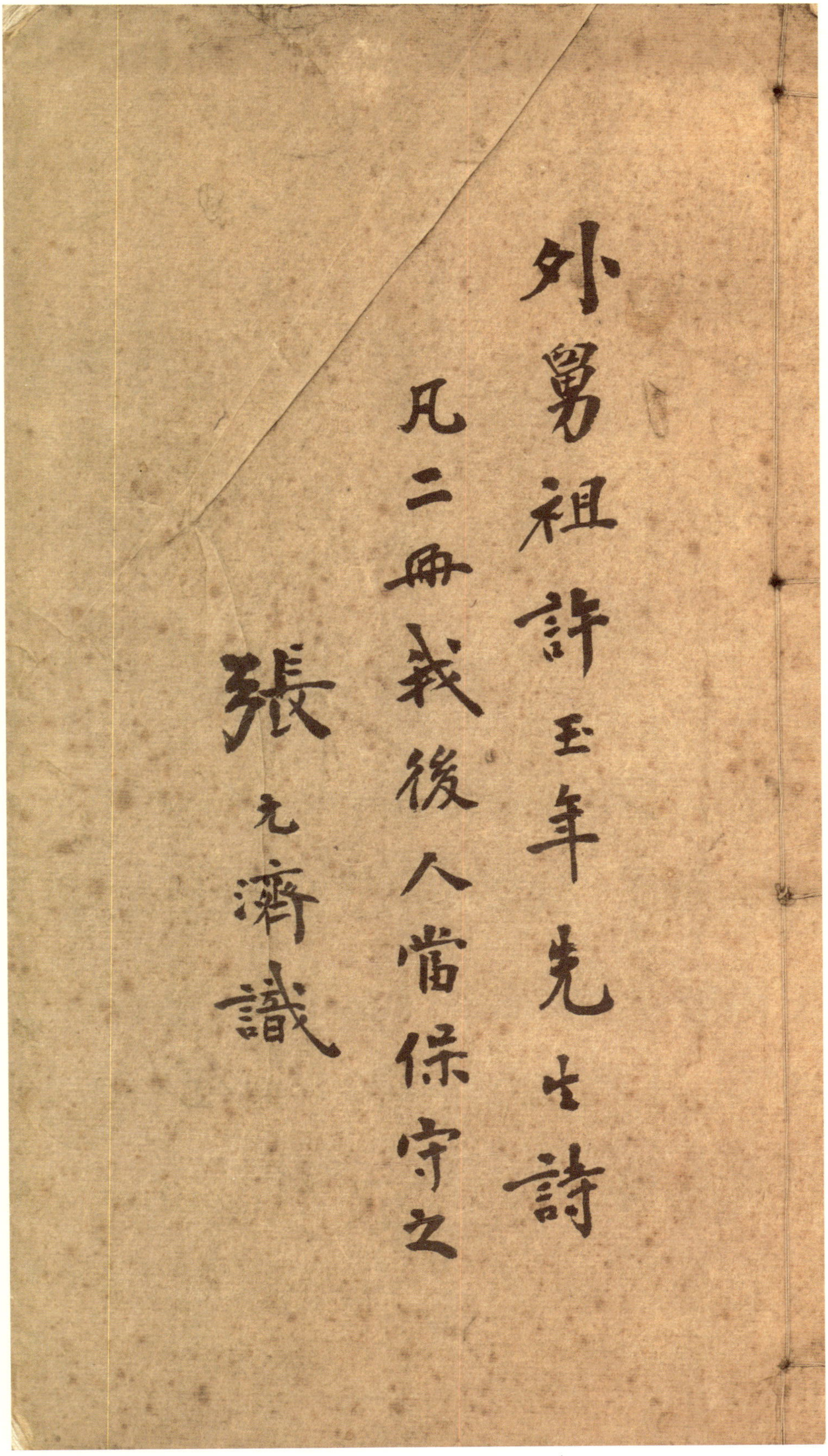
外舅祖許玉年先生詩
凡二冊我後人當保守之
張元濟識

外舅祖許玉年先生詩，凡二册。我後人當保守之。張元濟識。

三朝北盟會編二百五十卷　（宋）徐夢莘撰　清抄本　綫善758333-99

三朝北盟會編卷一

政宣上帙一

起政和七年七月四日庚寅盡政和八年四月二十七日己卯

政和七年秋七月四日庚寅登州守臣王師中奏有遼人薊州漢兒高藥師僧郎榮等以舟浮海至文登縣詣師中募人同往探問以聞

先是政和元年朝廷差童貫副鄭允中奉使遼人有馬植者潛見童貫于路植燕京霍陰人涉獵書傳有口才能文辭長於智數見契丹為女真侵伐邊害益

余友陶君星如視余以家藏寫本《三朝北盟會編》。卷首有彭文勤跋，云爲杭州瓶花齋吴氏舊藏，後爲文勤所得，即用爲《四庫》底本。余昔爲涵芬樓收得是書寫本二部，一爲泰興延令書室季氏舊藏，係明人手寫。卷中遇宋諱避至『惇』字，或缺筆，或注廟諱，而寧宗諱則注『御名』二字，蓋源出宋時最初刊本。又一部爲長水知不足齋鮑氏抄本，且經以文先生校正，所據知出甌亭先生校筆。是本正與涵芬所藏前後銜接。余得寓目，可稱眼福。惜原書被《四庫》館臣竄易，凡稍涉指斥金人詞句，幾無一字留遺。前人言《四庫》

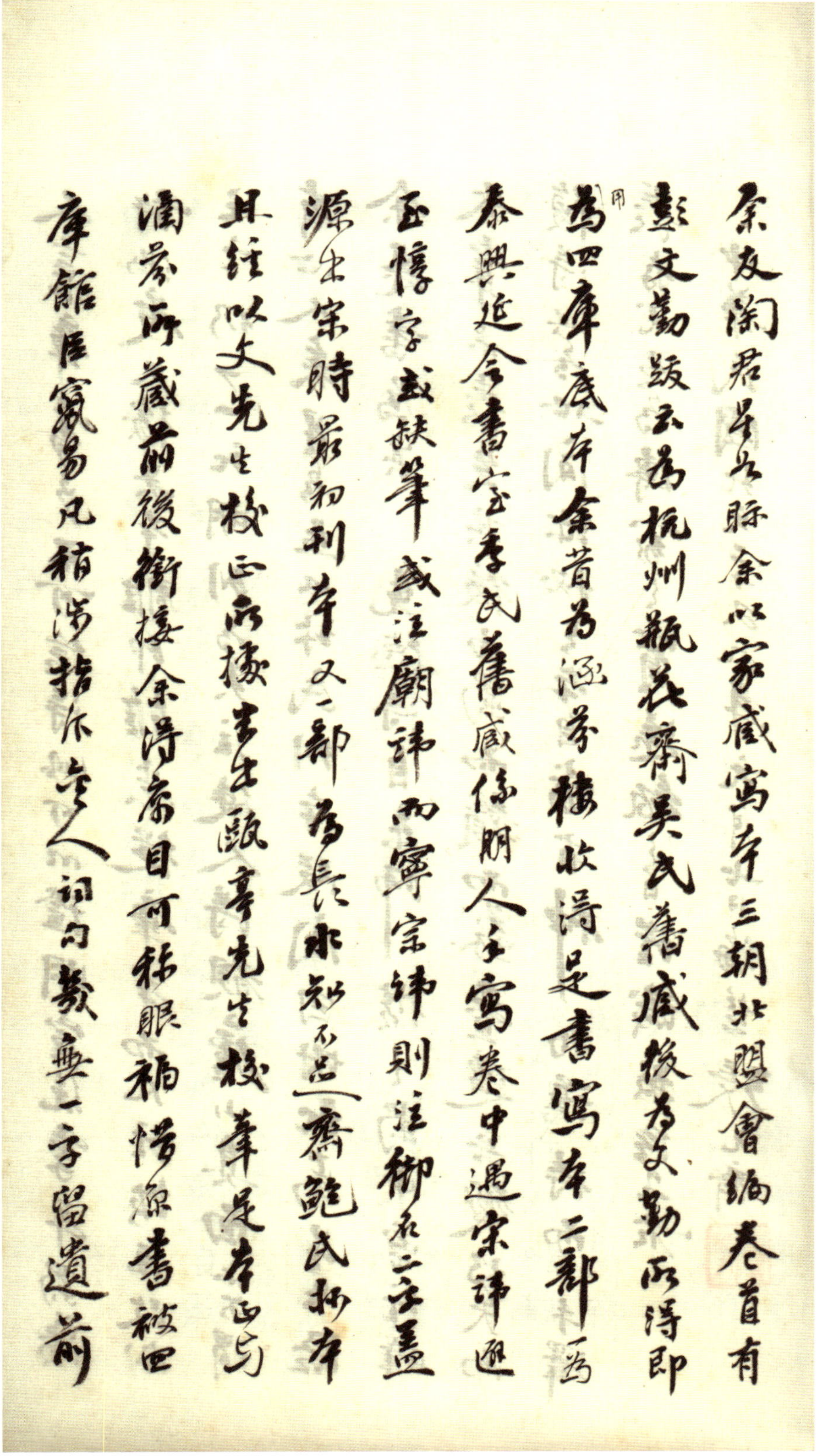
余友陶君星如眎余以家藏寫本三朝北盟會編卷首有彭文勤跋云爲杭州瓶花齋吴氏舊藏後爲文勤所得即用爲四庫底本余昔爲涵芬樓收得是書寫本二部一爲泰興延令書室季氏舊藏係明人手寫卷中遇宋諱避至惇字或缺筆或注廟諱而寧宗諱則注御名二字蓋源出宋時最初刊本又一部爲長水知不足齋鮑氏抄本且經以文先生校正所據知出甌亭先生校筆是本正與涵芬所藏前後銜接余得寓目可稱眼福惜原書被四庫館臣竄易凡稍涉指斥金人詞句幾無一字留遺前

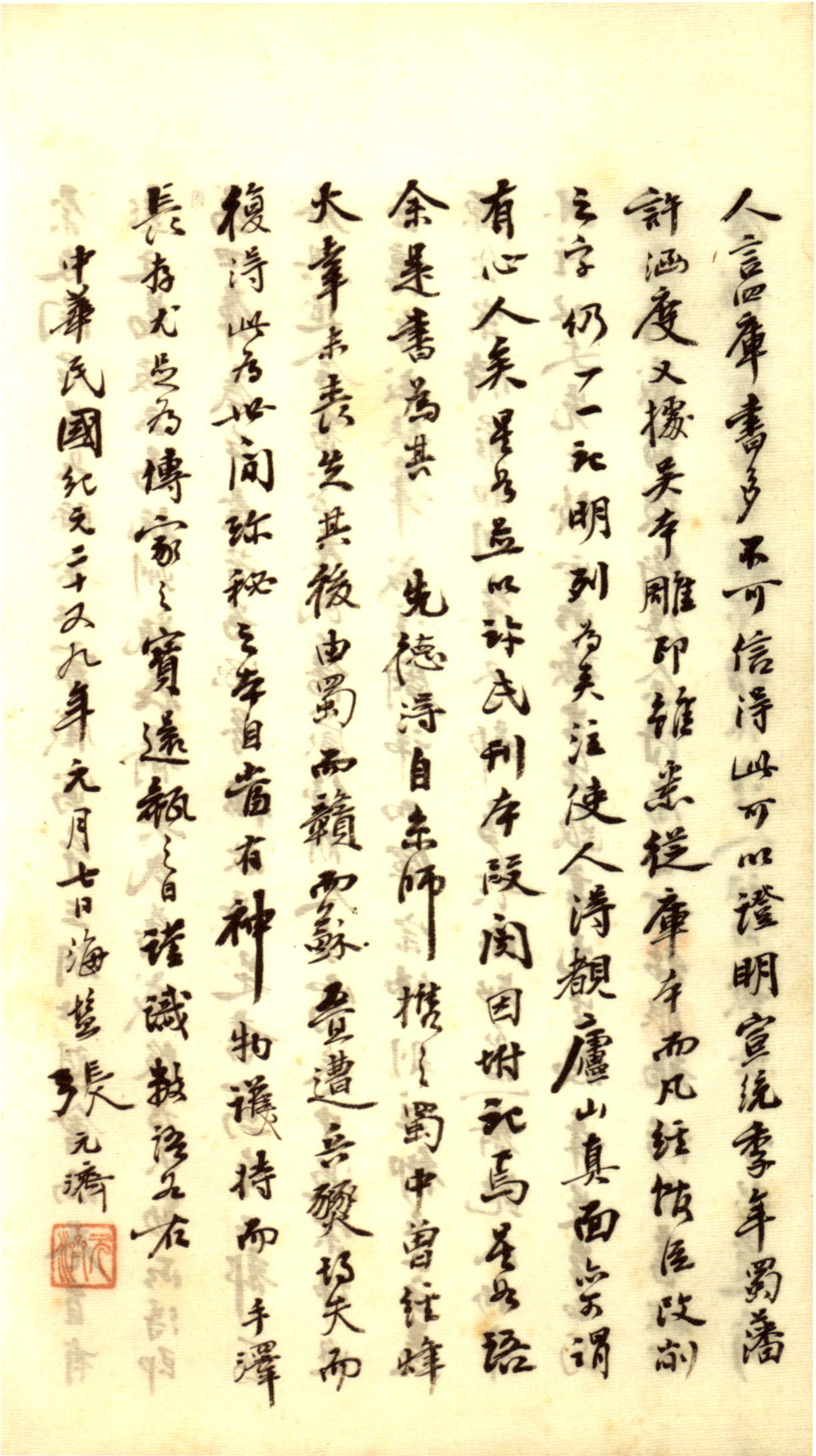

人言四庫書多不可信得此可以證明宣統季年蜀藩
許涵度又據吳本雕印雖悉從庫本而凡經館臣改削
之字仍一一記明列爲夾注使人得覩廬山真面亦可謂
有心人矣星如並以許氏刊本假閱因附記焉星如語
余是書爲其
先德得自京師攜之蜀中曾經烽
火幸未喪失其後由蜀而贛而蘇疊遭兵燹均失而
復得此爲世間珍秘之本自當有神物護持而手澤
長存尤足爲傳家之寶還瓻之日謹識數語如右
中華民國紀元二十又九年元月七日海鹽張元濟

書多不可信，得此可以證明。宣統季年，蜀藩許涵度又據吳本雕印，雖悉從庫本，而凡經館臣改削之字，仍一一記明，列爲夾注，使人得睹廬山真面，亦可謂有心人矣。星如並以許氏刊本假閱，因附記焉。星如語余，是書爲其先德得自京師，攜之蜀中。曾經烽火，幸未喪失。其後由蜀而贛而蘇，疊遭兵燹，均失而復得。此爲世間珍秘之本，自當有神物護持。而手澤長存，尤足爲傳家之寶。還瓻之日，謹識數語如右。中華民國紀元二十又九年元月七日，海鹽張元濟。

山居雜識四卷

（清）朱承鉽撰 稿本

山居雜識卷一　　上水漁師手編

艮齋雜說載序卦云坎為月為盜項氏謂月行於夜為盜像楊用修曰日月為盜則天是窩主星辰皆掏摸矣尚書星有好風星有好雨古注云箕東方宿東木克北土以土為妻雨土也土好雨故箕星從妻所好而多雨畢星西方宿西金克東木以木為妻風木也木好風故畢星從妻所好而多風或聞之笑曰山上星宿亦怕老婆乎

十世祖龍沙公諱玘附監生幼與錢太傅海石公同塾淡於進取家饒於資明時令甲白糧編派殷富辦理名曰糧長其實責賠累耳公坐是家漸落生平好施與家有小樓可眺遠每晨起與繼配吳太孺人憑窗以望見村落中有炊烟不起者即資以薪米遠近名其樓曰望烟蓋紀實也有友人宋某者貸公多金年久子母不能償病將卒招公往曰某負公錢今旦夕死此生無可償願來生化為猪狗以報公公好言慰撫之而宋遂卒越數年公忽夢宋來甚畏之比曉家人報牝犬生子見公似甚相熟家人知前事者戲以宋某呼之則搖尾若應公撫叱諱之一夕巨盜將劫公家犬忽嘷嘷登公床嚙公使起公知有異急召多人械禦盜乃退去而犬遂於是夕死嗚呼所謂報者意在斯乎此事載入海鹽縣圖經向家譜中有葬犬記言之甚詳後為淺人所刪　乙巳重脩予任校讎復重增入已不可得姑誌之以告後人

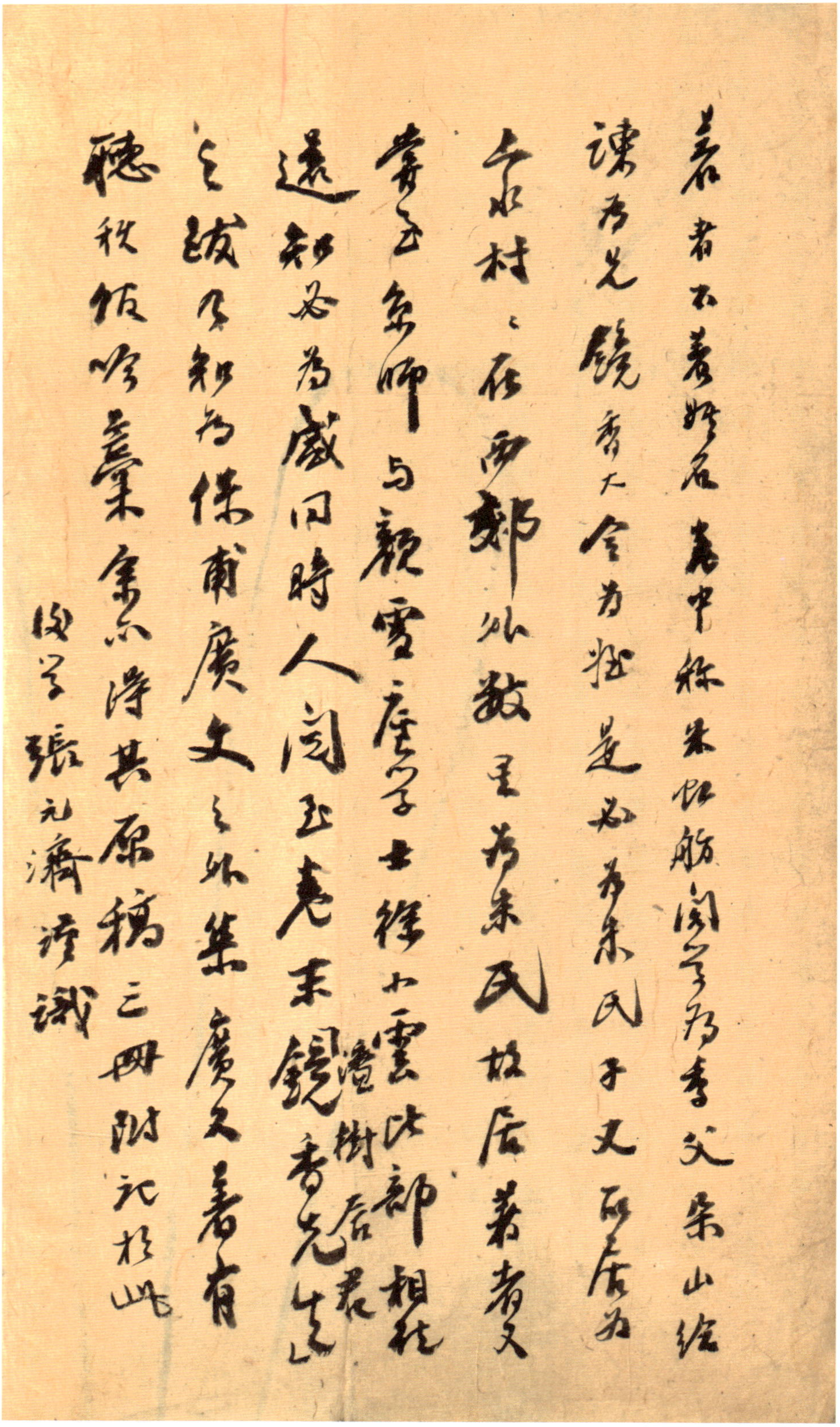

著者不著姓名，卷中稱朱虹舫閣學爲季父，朵山給諫爲兄，鏡香大令爲侄，是必爲朱氏子。又所居爲上水村，村在西郊外數里，爲朱氏故居。著者又嘗至京師與顔雪盧學士、徐小雲比部相往還，知必爲咸、同時人。閲至卷末潘樹辰君之跋，乃知爲保甫廣文之外集。廣文著有《聽秋館吟稿》，余亦得其原稿三冊，附記於此。後學張元濟謹識。

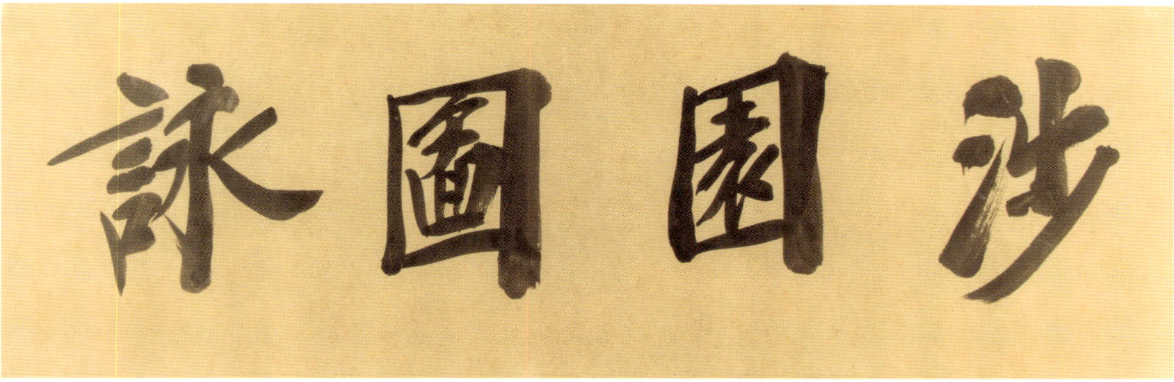

涉園圖詠手卷

（清）張柯輯，張元濟續輯 墨跡 綫善 T41213

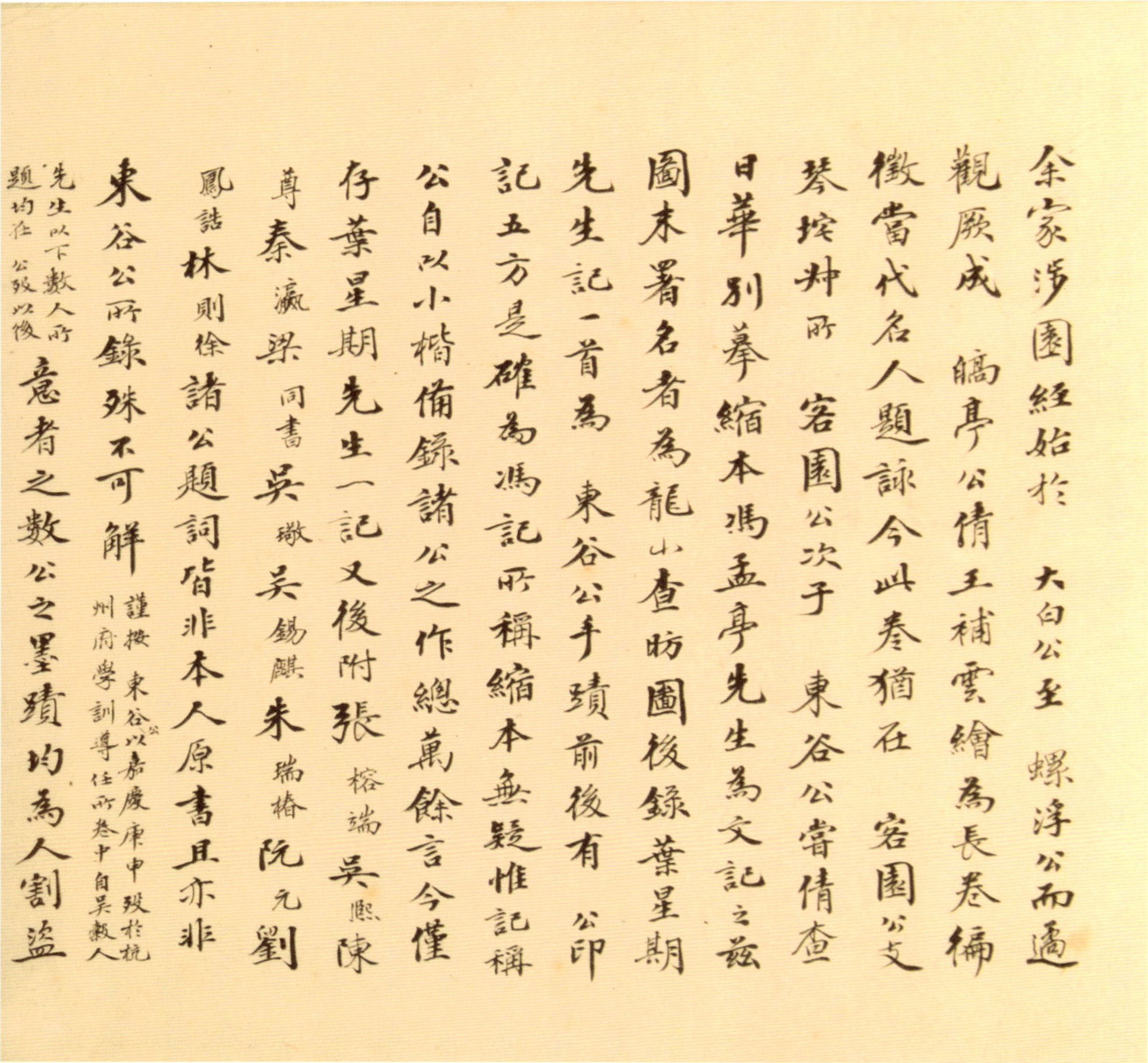
余家涉園經始於 大白公至 螺浮公而遍
觀厥成 嶠亭公倩王補雲繪爲長卷徧
徵當代名人題詠今此卷猶在 客園公支
琴坨叔所 客園公次子 東谷公嘗倩查
日華別摹縮本馮孟亭先生爲文記之茲
圖末署名者爲龍山查昉圖後錄葉星期
先生記一首爲 東谷公手蹟前後有公印
記五方是確爲馮記所稱縮本無疑惟記稱
公自以小楷備錄諸公之作總萬餘言今僅
存葉星期先生一記又後附張榕端吳熙陳
尊秦瀛梁同書吳璥吳錫麒朱瑞椿阮元劉
鳳誥林則徐諸公題詞皆非本人原書且亦非
東谷公所錄殊不可解 謹按 東谷公以嘉慶庚申歿於杭州府學訓導任所卷中自吳穀人
先生以下數人所題均在公歿以後 意者之數公之墨蹟均爲人割盜

余家涉園經始於大白公，至螺浮公而遍觀厥成。嶠亭公倩王補雲繪爲長卷，遍徵當代名人題詠。今此卷猶在客園公支琴坨叔所。客園公次子東谷公嘗倩查日華別摹縮本，馮孟亭先生爲文記之。茲圖末署名者爲龍山查昉，圖後録葉星期先生記一首，爲東谷公手跡。前後有公印記五方，是確爲馮記所稱縮本無疑。惟記稱公自以小楷備録諸公之作，總萬餘言，今僅存葉星期先生一記，又後附張榕端、吴熙、陳尊、秦瀛、梁同書、吴璥、吴錫麒、朱瑞椿、阮元、劉鳳誥、林則徐諸公題詞，皆非本人原書，且亦非東谷公所録，殊不可解。（謹按：東谷公以嘉慶庚申歿於杭州府學訓導任所。卷中自吴穀人先生以下數人所題，均在公歿以後。）意者之數公之墨跡，均爲

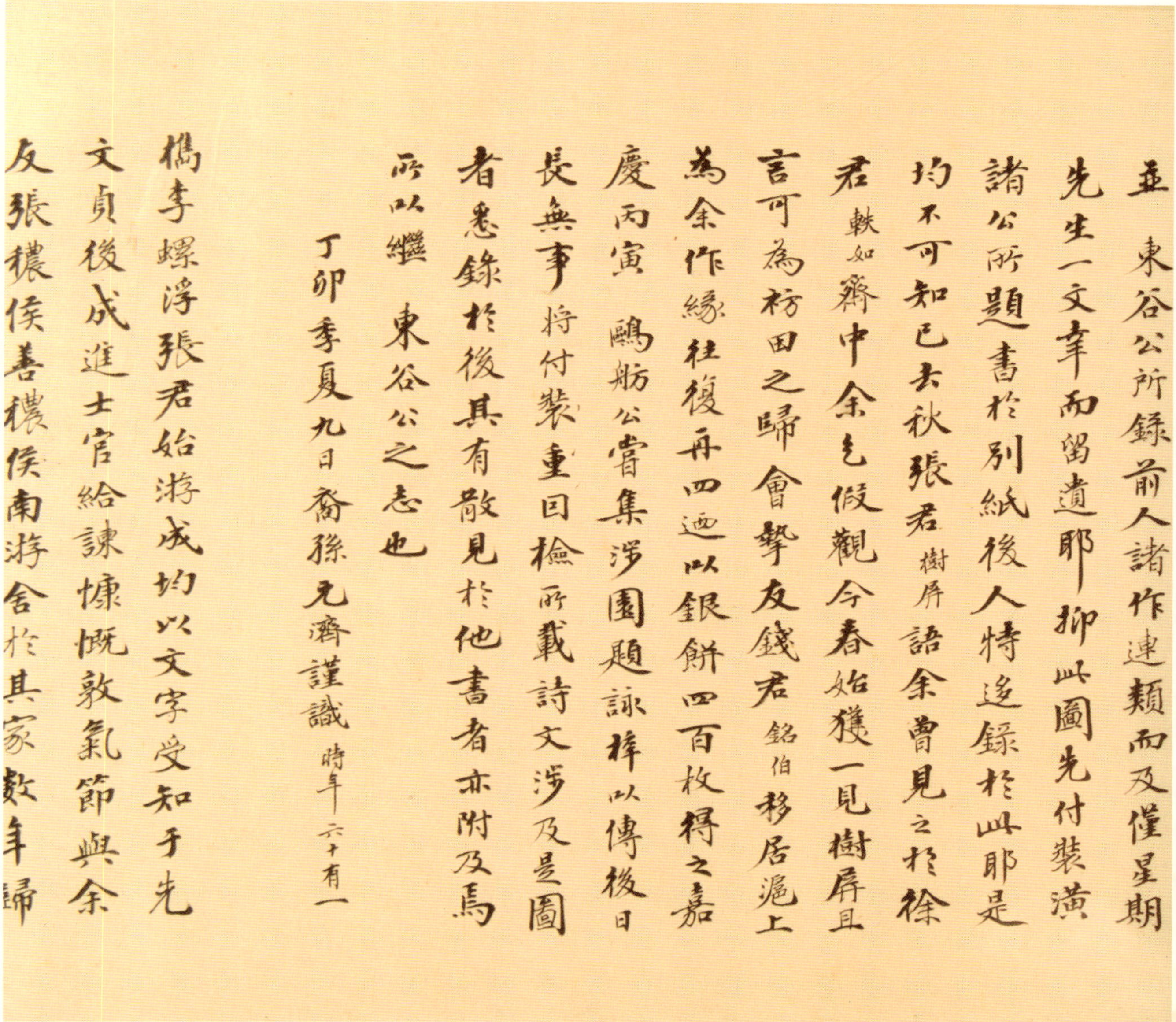
並東谷公所錄前人諸作連類而及僅星期
先生一文幸而留遺耶抑此圖先付裝潢
諸公所題書於別紙後人特迻錄於此耶是
均不可知已去秋張君樹屏語余曾見之於徐
君軼如齋中余乞假觀今春始獲一見樹屏且
言可為祊田之歸會摯友錢君銘伯移居滬上
為余作緣往復再四迺以銀餅四百枚得之嘉
慶丙寅鷗舫公嘗集涉園題詠梓以傳後日
長無事將付裝重因檢所載詩文涉及是圖
者悉錄於後其有散見於他書者亦附及焉
所以繼東谷公之志也
丁卯季夏九日裔孫元濟謹識時年六十有一
檇李螺浮張君始游成均以文字受知于先
文貞後成進士官給諫慷慨敦氣節與余
友張穠侯善穠侯南游舍於其家數年歸

人割盜，並東谷公所録前人諸作，連類而及，僅星期先生一文幸而留遺耶？抑此圖先付裝潢，諸公所題，書於别紙，後人特迻録於此耶？是均不可知已。去秋張君樹屏語余，曾見之於徐君軼如齋中。余乞假觀，今春始獲一見。樹屏且言可爲祊田之歸。會摯友錢君銘伯移居滬上，爲余作緣，往復再四，乃以銀餅四百枚得之。嘉慶丙寅，鷗舫公嘗集《涉園題詠》梓以傳後。日長無事，將付重裝，因檢所載詩文，涉及是圖者，悉録於後。其有散見於他書者，亦附及焉，所以繼東谷公之志也。丁卯季夏九日，裔孫元濟謹識，時年六十有一。

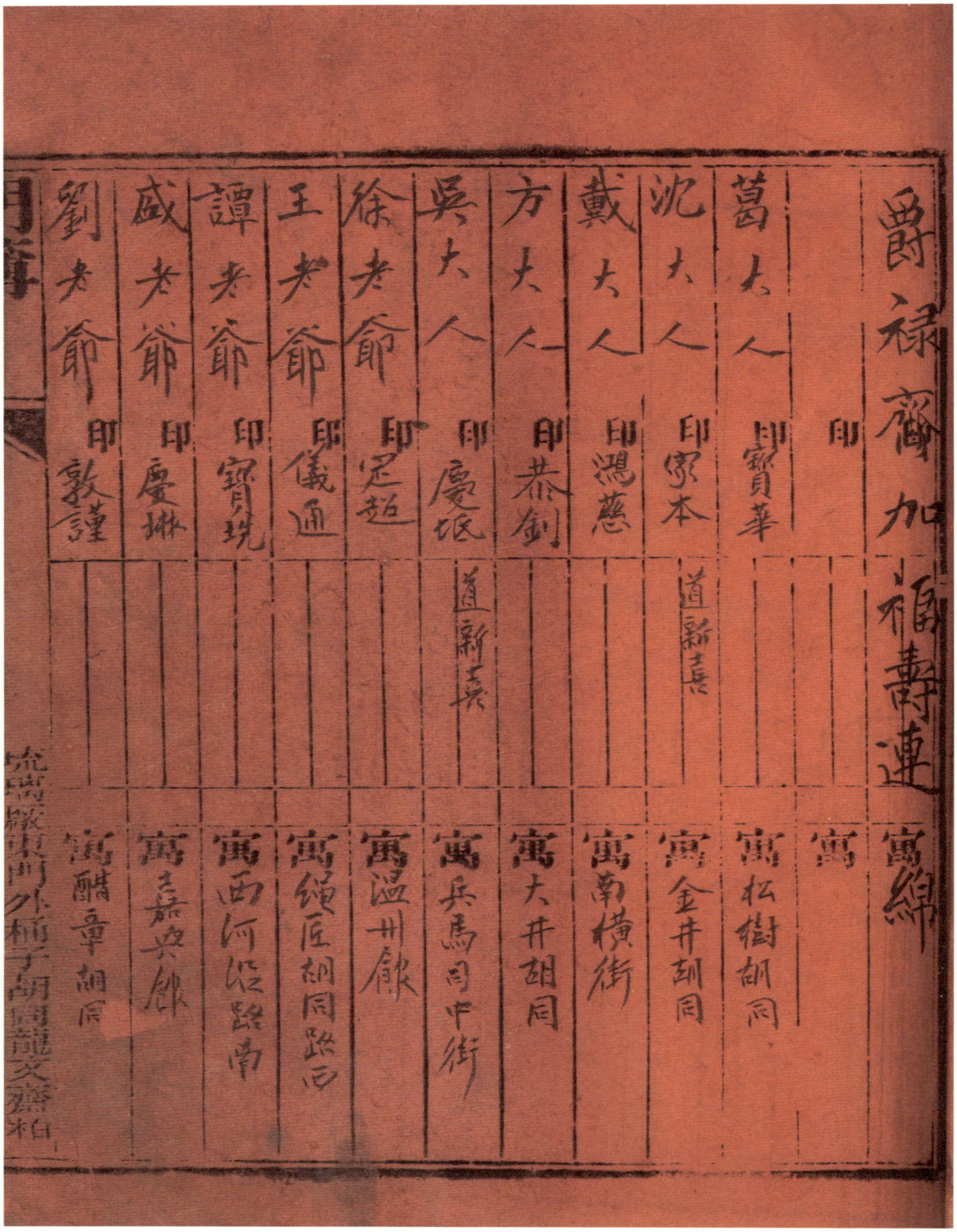

沈氏（曾植）門簿不分卷　清光緒二十九年稿本　T449887

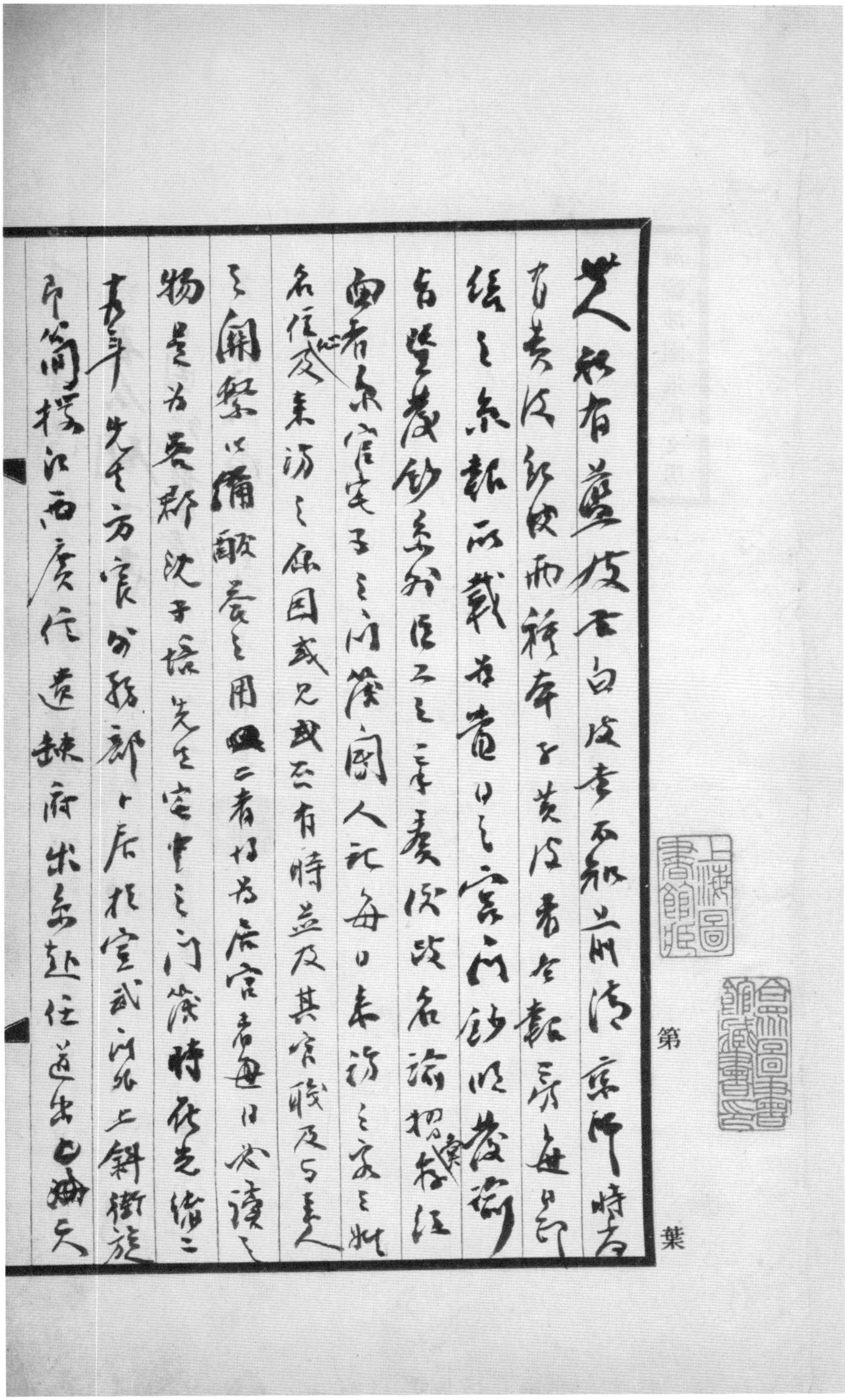

世人知有藍皮書、白皮書，不知前清京師時尚有黃皮、紅皮兩種本子。黃皮者，今報房每日印張之京報，所載爲當日之宮門鈔、明發諭旨暨發鈔京外臣工之章奏，後改名《諭折彙存》。紅面者，京官宅子之門簿。閽人記每日來訪之客之姓名、住址及來訪之原因，或見或否，有時並及其官職及與主人之關係，以備酬答之用。二者均爲居官者每日必讀之物。是爲吾郡沈子培先生宅中之門簿，時在

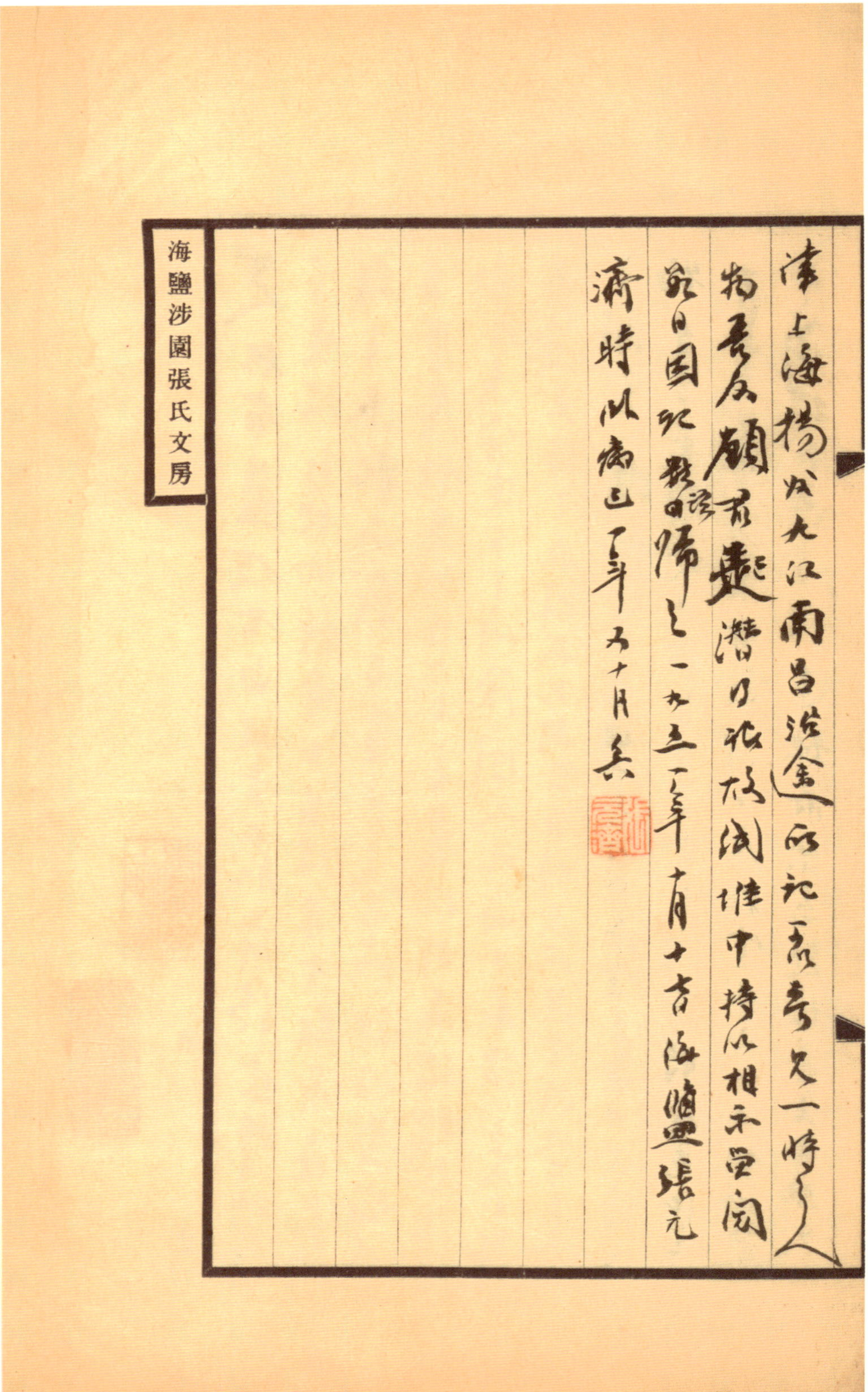

津上海揚州九江南昌沿途所記可考見一時之人物吾友顧君起潛得諸故紙堆中持以相示留閱數日因記數語歸之一九五一年十月十七日海鹽張元濟時臥病已一年又十月矣

海鹽涉園張氏文房

光緒二十九年。先生方官外務部，卜居於宣武門外上斜街，旋即簡授江西廣信遺缺府，出京赴任，道出天津、上海、揚州、九江、南昌，沿途所記，可以考見一時之人物。吾友顧君起潛得諸故紙堆中，持以相示。留閱數日，因記數語歸之。一九五一年十月十七日，海鹽張元濟，時卧病已一年又十月矣。

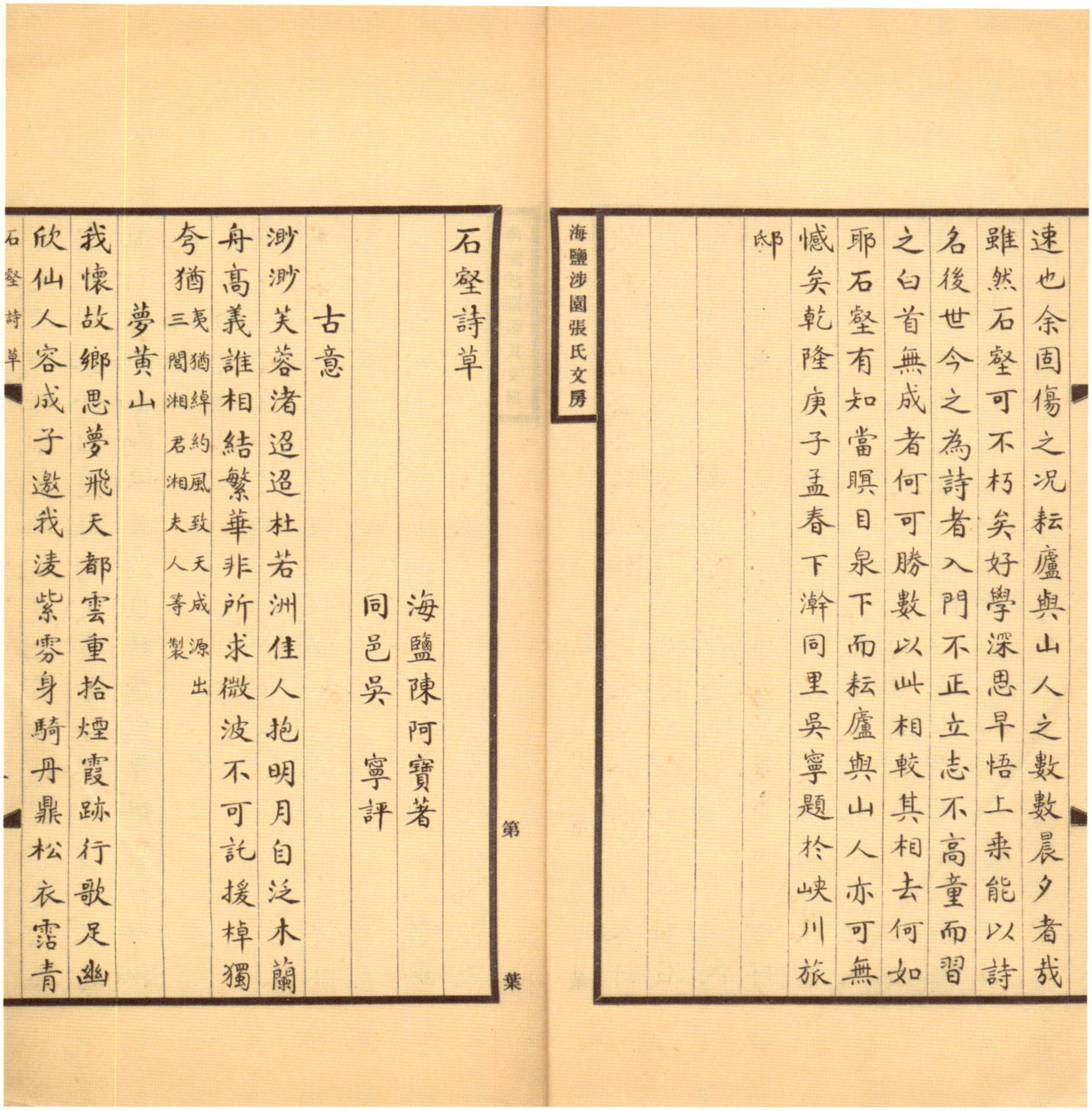
速也余固傷之况耘廬與山人之數數晨夕者哉
雖然石壑可不朽矣好學深思早悟上乘能以詩
名後世今之為詩者入門不正立志不高童而習
之白首無成者何可勝數以此相較其相去何如
耶石壑有知當瞑目泉下而耘廬與山人亦可無
憾矣乾隆庚子孟春下澣同里吳寧題於峽川旅
邸

海鹽涉園張氏文房

石壑詩草
海鹽陳阿寶著
同邑吳　寧評
古意
渺渺芙蓉渚迢迢杜若洲佳人抱明月自泛木蘭
舟高義誰相結繁華非所求微波不可託援棹獨
夸猶 皃猶綽約風致天成源出三閭湘君湘夫人等製
夢黄山
我懷故鄉思夢飛天都雲重拾煙霞跡行歌足幽
欣仙人容成子邀我淩紫霧身騎丹鼎松衣雲青

石壑詩草　　第　葉

石壑詩草一卷（清）陳阿寶撰
高陽詩草一卷（清）許栽撰
海鹽張氏涉園抄本　T12416

性情而已苟其志荒矣性情漓矣而徒掇拾風月侈談格律以相夸毗吾不知於風雅何如也敬堂詩才調未嘗不工而所尚不在是如有鳥無忝所生之志也逐逐行義俟命之意也崑山及過從吾墓審出處明學術也即遊覽贈答之作亦莫不有微旨遠韵使人味之於意言之表韓子詩曰此真得詩意餘外徒繽紛其敬堂之謂歟於以見榕園之取裁不苟信可傳也遂助貲梓也馬既梓請序於余因次是語以應之乾隆乙巳六月六日癸未芸父吳東發書

海鹽涉園張氏文房

高陽詩草

海鹽許栽敬堂著
同邑吳寧榕園評

有鳥四章

有鳥有鳥上下鳴呼朝朝暮暮求食哺雛
有鳥有鳥鳴呼不置雛羽未成身其云瘁
有鳥有鳥鳴呼皇皇雛羽甫成身其云亾
反哺無因兮昊天冥冥兮羣鳥不知我之情兮猶向我飛鳴兮（蓼莪之遺）

三良詩

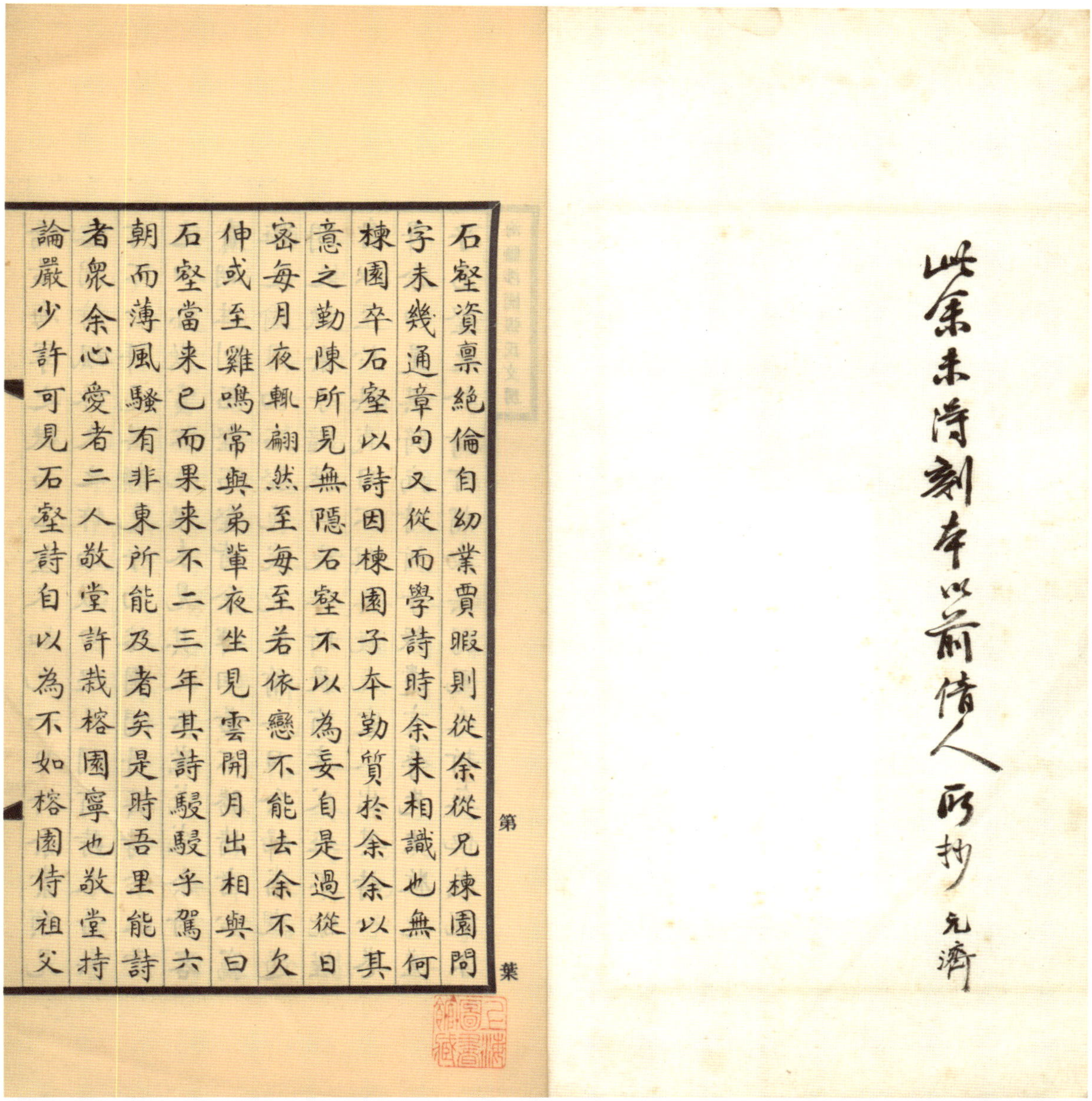
石壑資稟絕倫自幼業賈暇則從余從兄棟園問
字未幾通章句又從而學詩時余未相識也無何
棟園卒石壑以詩因棟園子本勤質於余余以其
意之勤陳所見無隱石壑不以為妄自是過從日
密每月夜輒翩然至每至若依戀不能去余不欠
伸或至雞鳴常與弟輩夜坐見雲開月出相與曰
石壑當來已而果來不二三年其詩駸駸乎駕六
朝而薄風騷有非東所能及者矣是時吾里能詩
者衆余心愛者二人敬堂許栽榕園寧也敬堂持
論嚴少許可見石壑詩自以為不如榕園侍祖父
第 葉
此余未得刻本以前倩人所抄 元濟

此余未得刻本以前倩人所抄。元濟。【書於扉頁】

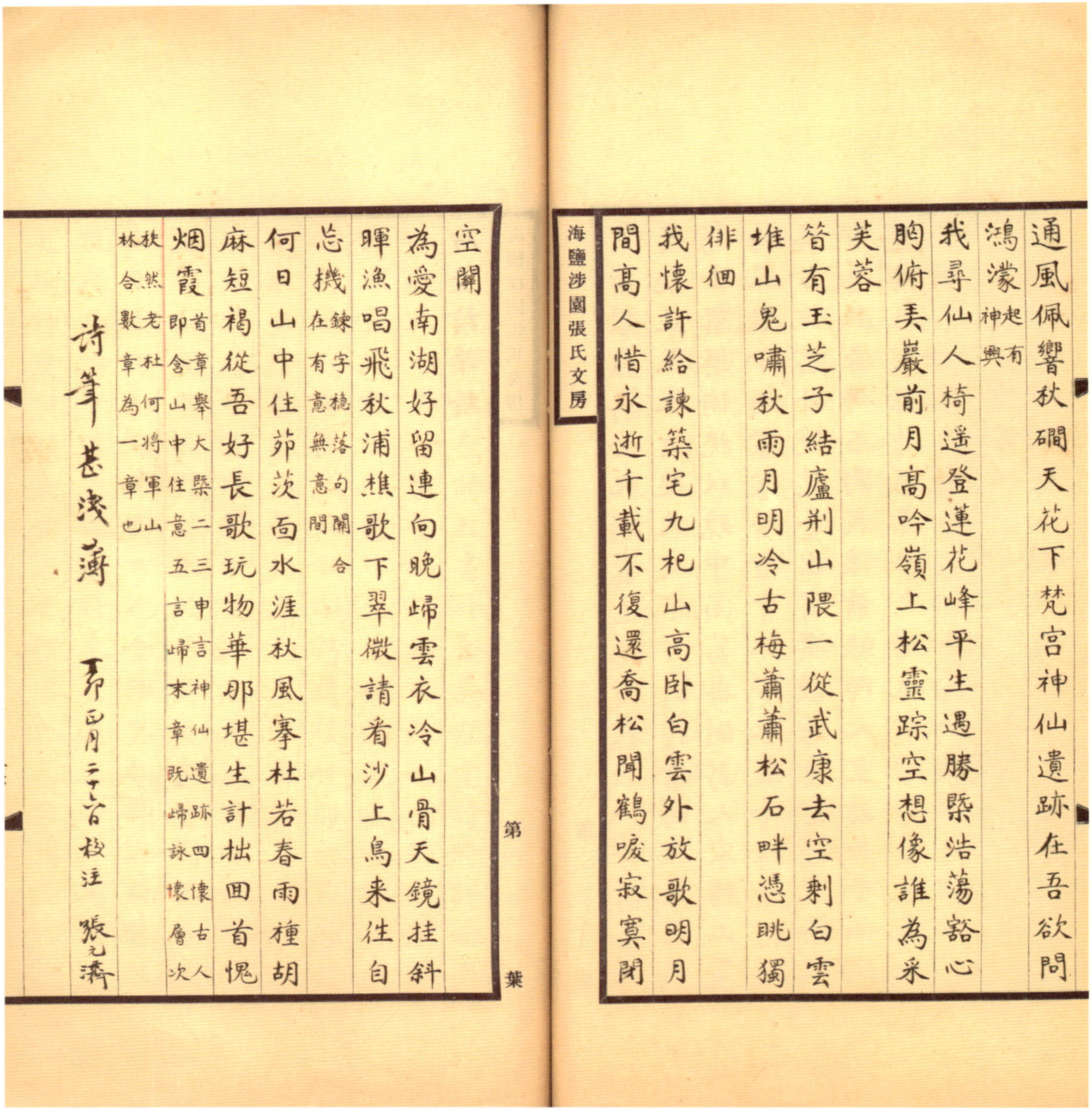

通風佩響秋碉天花下梵宮神仙遺跡在吾欲問
鴻濛 起有神興
我尋仙人倚遥登蓮花峰平生遇勝槩浩蕩豁心
胸俯丢巖前月高吟嶺上松靈踪空想像誰為采
芙蓉
筍有玉芝子結廬荊山隈一從武康去空剩白雲
堆山鬼嘯秋雨月明冷古梅蕭蕭松石畔憑眺獨
我懷許給諫築宅九杞山高卧白雲外放歌明月
間高人惜永逝千載不復還喬松聞鶴唳寂寞閉
徘徊

空關
為愛南湖好留連向晚歸雲衣冷山骨天鏡挂斜
暉漁唱飛秋浦樵歌下翠微請看沙上鳥来往自
忘機 錬字穩落句闗合在有意無意間
何日山中住茆茨面水涯秋風寒杜若春雨種胡
麻短褐從吾好長歌玩物華那堪生計拙囬首愧
烟霞 首章舉大槩二三申言神仙遺跡四懷古人即含山中住意五言歸末章既歸詠懷層次秩然老杜何將軍山林合數章為一章也

詩筆甚淺薄。丁卯正月二十六日校注。張元濟。【書於書中，《石壑詩草》末】

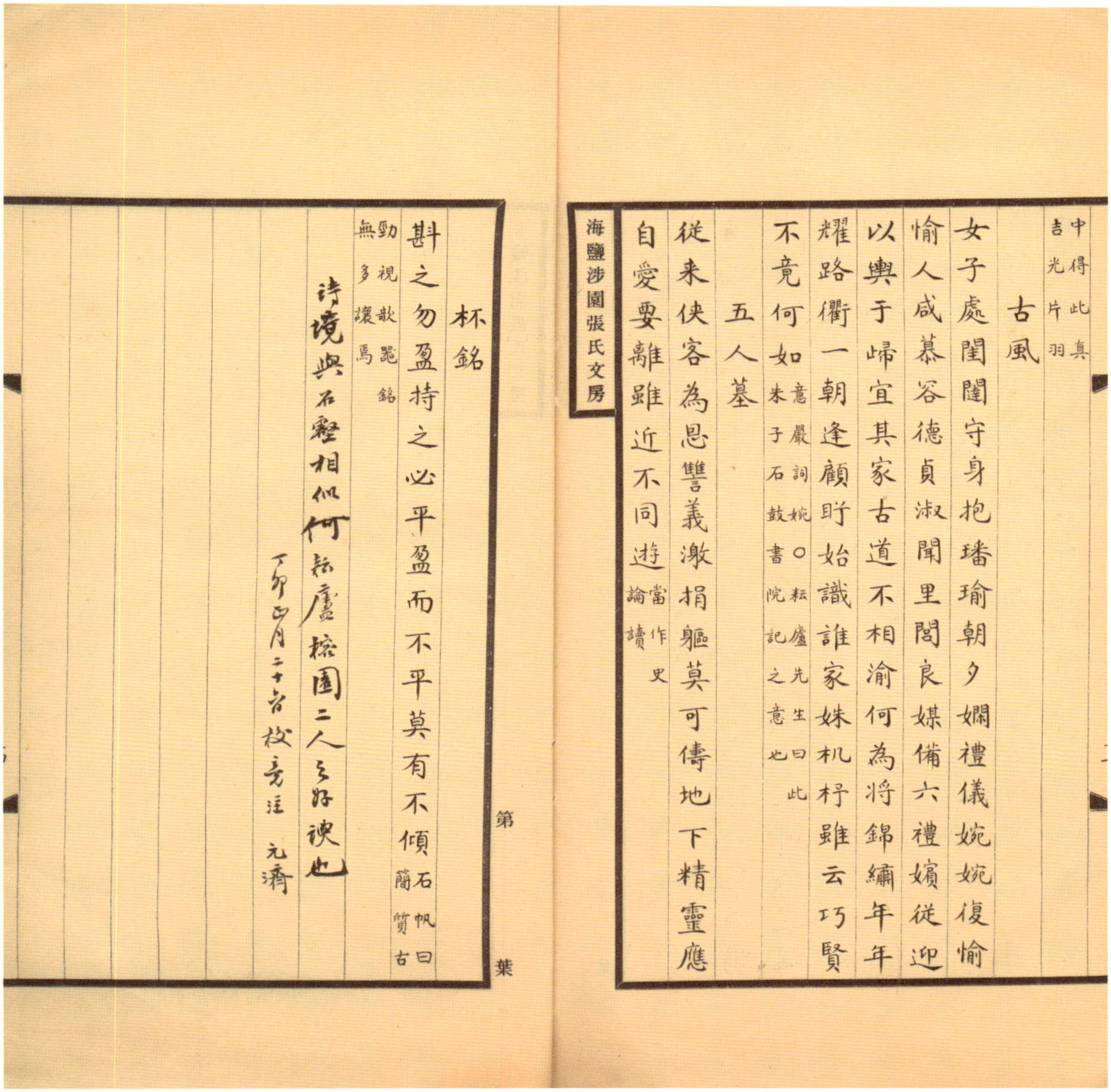

中得此真吉光片羽

古風

女子處閨闈守身抱璠瑜朝夕嫻禮儀婉婉復愉愉人咸慕容德貞淑聞里閭良媒備六禮嬪從迎以輿于歸宜其家古道不相渝何為將錦繡年年耀路衢一朝逢顧盼始識誰家姝杌杅雖云巧賢不竟何如意嚴詞婉○耘盧先生曰此朱子石鼓書院記之意也

五人墓

從来俠客為恩讐義激捐軀莫可傳地下精靈應自愛要離雖近不同遊當作史論讀

海鹽涉園張氏文房

第　葉

杯銘

斟之勿盈持之必平盈而不平莫有不傾石帆曰簡質古勁視欹器銘無多讓焉

詩境與石壑相似何耘盧榕園二人之好諛也 丁卯正月二十六日校竟注 元濟

詩境與石壑相似，何耘盧、榕園二人之好諛也。丁卯正月二十六日校竟注。元濟。【書於書末】

說文解字十卷

（漢）許慎撰　清初毛氏汲古閣刻本　綫善T12153-68

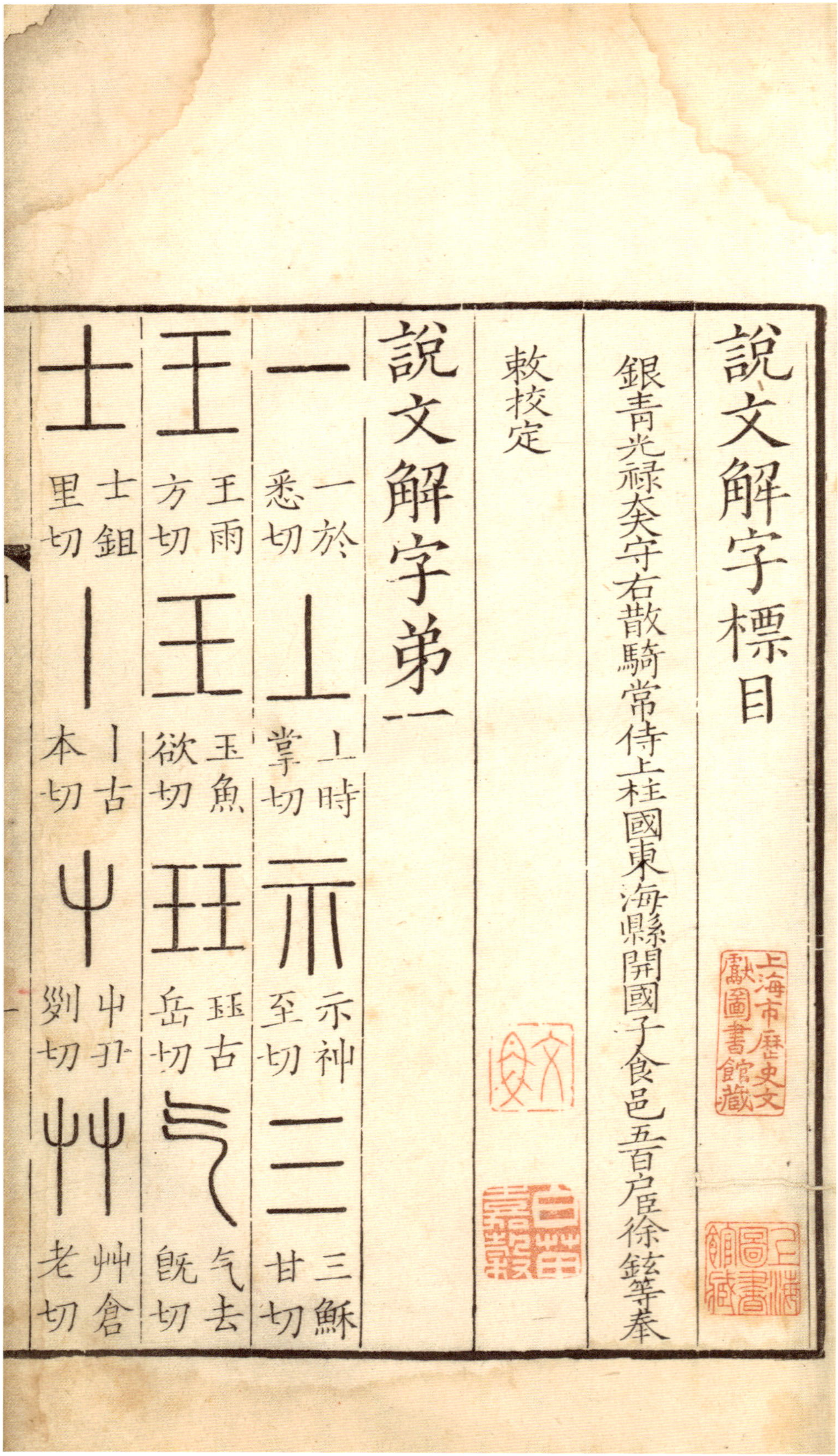

說文解字標目

銀青光祿大夫守右散騎常侍上柱國東海縣開國子食邑五百戶臣徐鉉等奉

敕校定

說文解字弟一

一 一於悉切　上 上時掌切　示 示神至切　三 三穌甘切

王 王雨方切　玉 玉魚欲切　玨 玨古岳切　气 气去既切

士 士鉏里切　丨 丨古本切　屮 屮丑列切　艸 艸倉老切

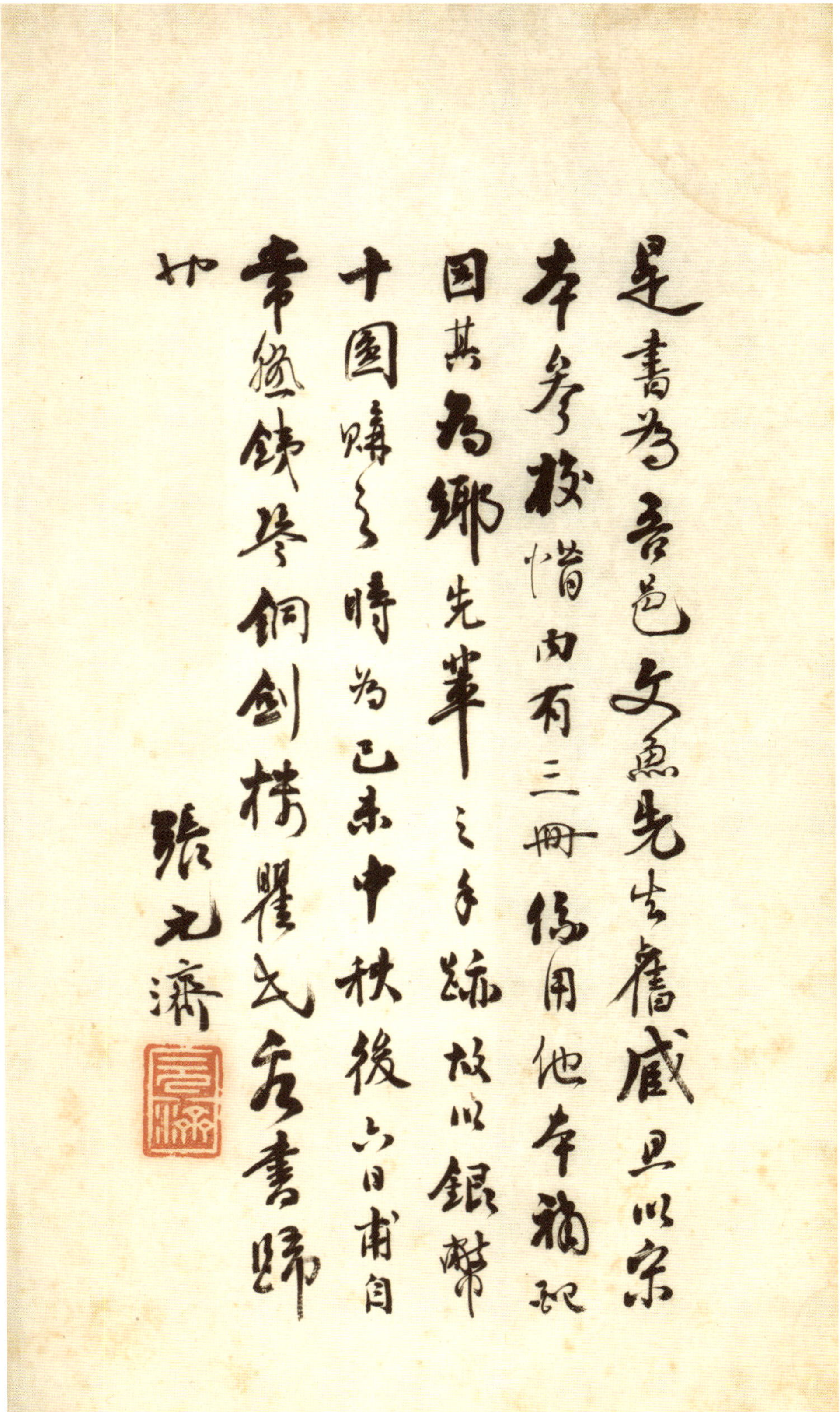
是書為吾邑文魚先生舊藏且以宋本參校惜內有三冊係用他本補配因其為鄉先輩之手跡故以銀幣十圓購之時為己未中秋後六日甫自常熟鐵琴銅劍樓瞿氏看書歸也
張元濟

是書爲吾邑文魚先生舊藏，且以宋本參校，惜内有三册係用他本補配。因其爲鄉先輩之手跡，故以銀幣十圓購之。時爲己未中秋後六日，甫自常熟鐵琴銅劍樓瞿氏看書歸也。張元濟。

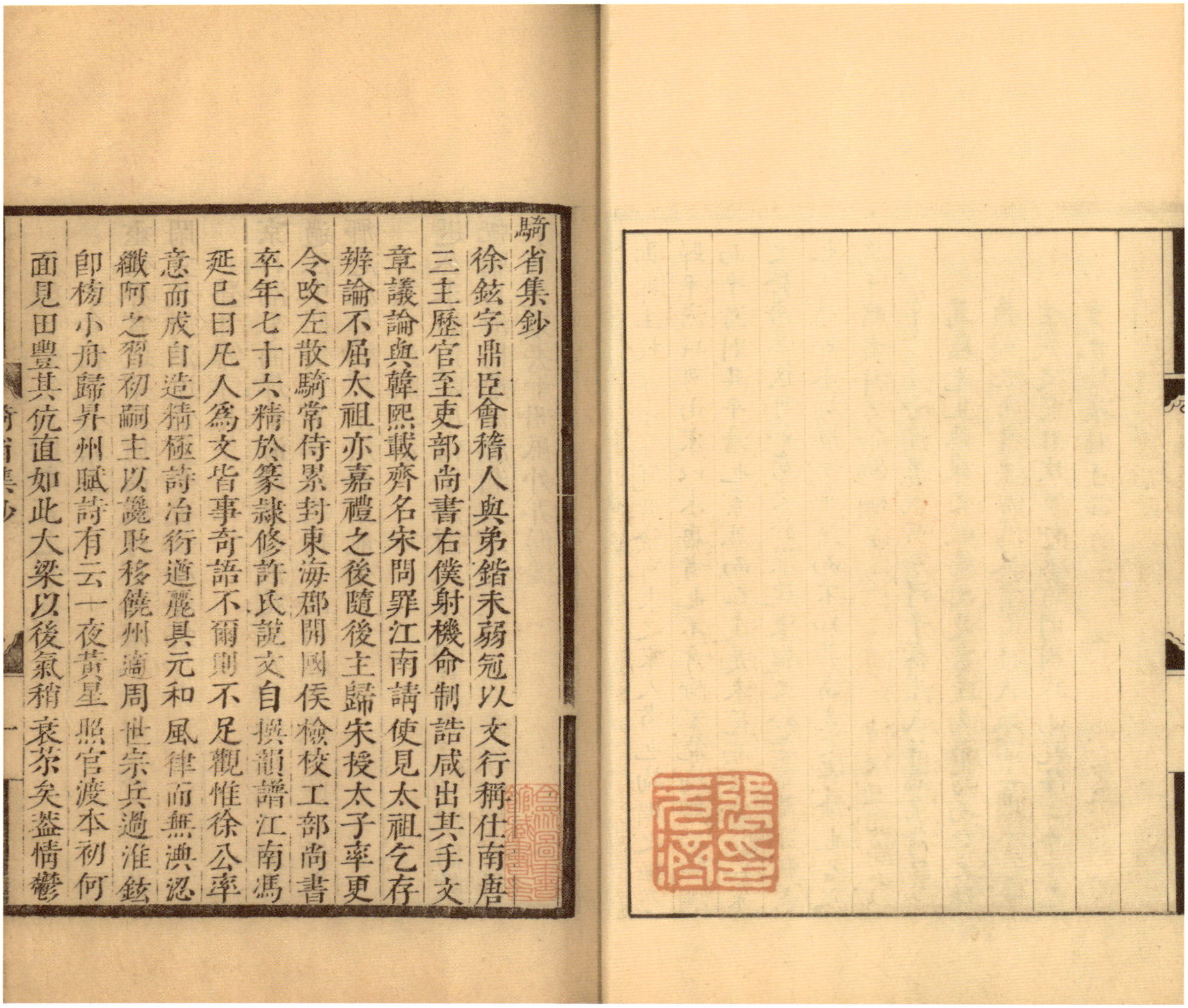
騎省集鈔
徐鉉字鼎臣會稽人與弟鍇未弱冠以文行稱仕南唐
三主歷官至吏部尚書右僕射機命制誥咸出其手文
章議論與韓熙載齊名宋問罪江南請使見太祖乞存
辨論不屈太祖亦嘉禮之後隨後主歸宋授太子率更
令改左散騎常侍累封東海郡開國侯檢校工部尚書
卒年七十六精於篆隸修許氏說文自撰韻譜江南馮
延巳曰凡人爲文皆事奇語不爾則不足觀惟徐公率
意而成自造精極詩治衍適麗具元和風律而無澳涊
纖阿之習初嗣主以讒貶移饒州適周世宗兵過淮鉉
卽楊小舟歸昇州賦詩有云一夜黃星照官渡本初何
面見田豐其伉直如此大梁以後氣稍衰苶矣蓋情鬱

宋詩鈔初集九十五卷 （清）吕留良，吴之振，吴爾堯編 清康熙十年吴氏鑒古堂刻本 T12586-605

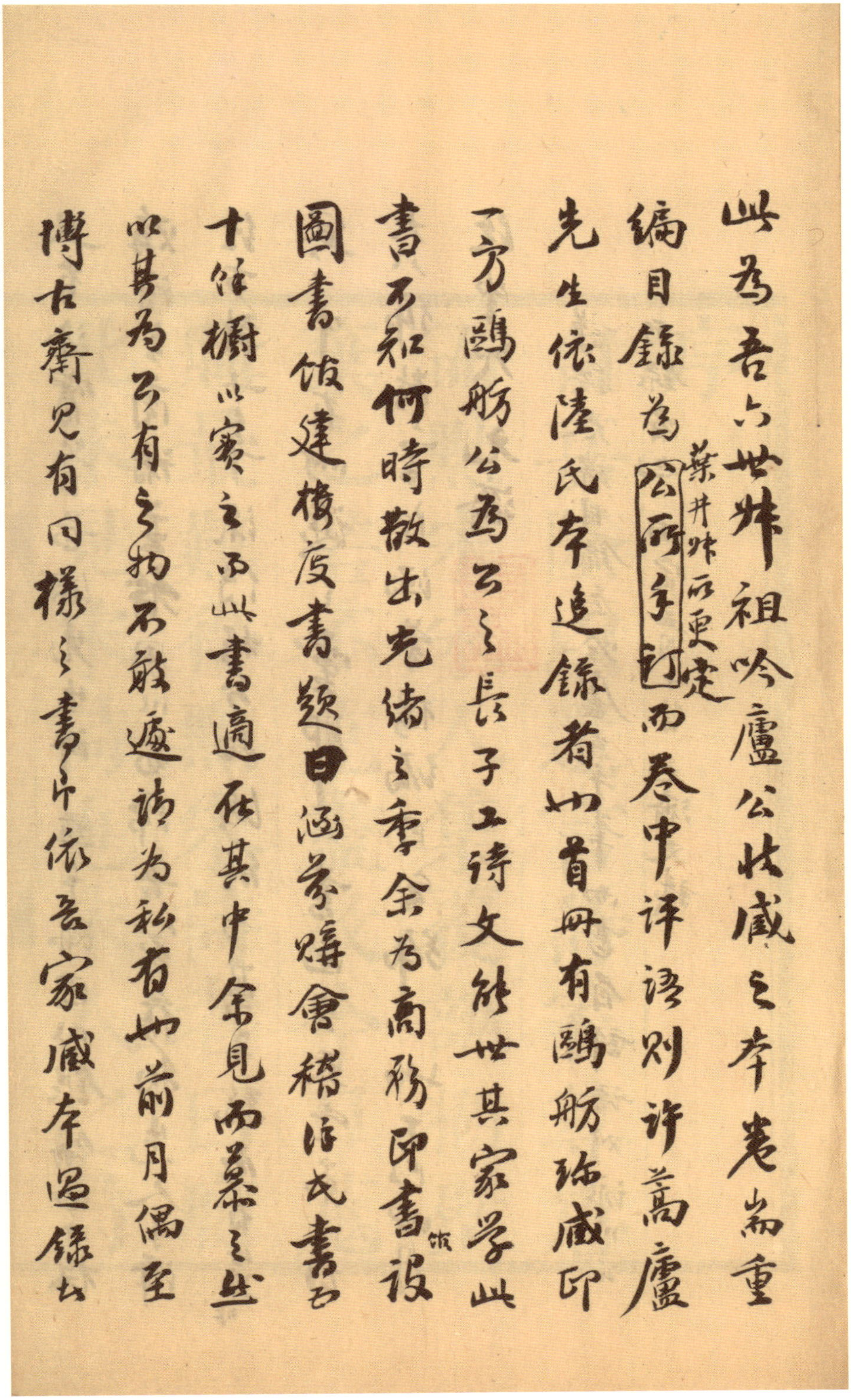
此為吾六世叔祖吟盧公收藏之本卷端重
編目録為葉井叔所更定而卷中評語則許蒿盧
先生依陸氏本迻録者也首冊有鷗舫珍藏印
一方鷗舫公為公之長子工詩文能世其家學此
書不知何時散出光緒之季余為商務印書館設
圖書館建樓庋書題曰涵芬購會稽徐氏書五
十餘櫥以實之而此書適在其中余見而慕之然
以其為公有之物不敢遽請為私有如前月偶至
博古齋見有同樣之書即依吾家藏本過録也

此爲吾六世叔祖吟盧公收藏之本，卷端重編目録，爲葉井叔所更定，而卷中評語，則許蒿廬先生依陸氏本迻録者也。首册有『鷗舫珍藏』印一方，鷗舫公爲公之長子，工詩文，能世其家學。此書不知何時散出。光緒之季，余爲商務印書館設圖書館，建樓庋書，題曰涵芬。購會稽徐氏書五十餘櫥以實之，而此書適在其中。余見而慕之，然以其爲公有之物，不敢遽請爲私有也。前月偶至博古齋，見有同樣之書，即依吾家藏本過録者，且有海寧管芷湘先生評點手跡，因以銀餅四十枚購得之。商諸主者，用以易歸。吾家舊物，

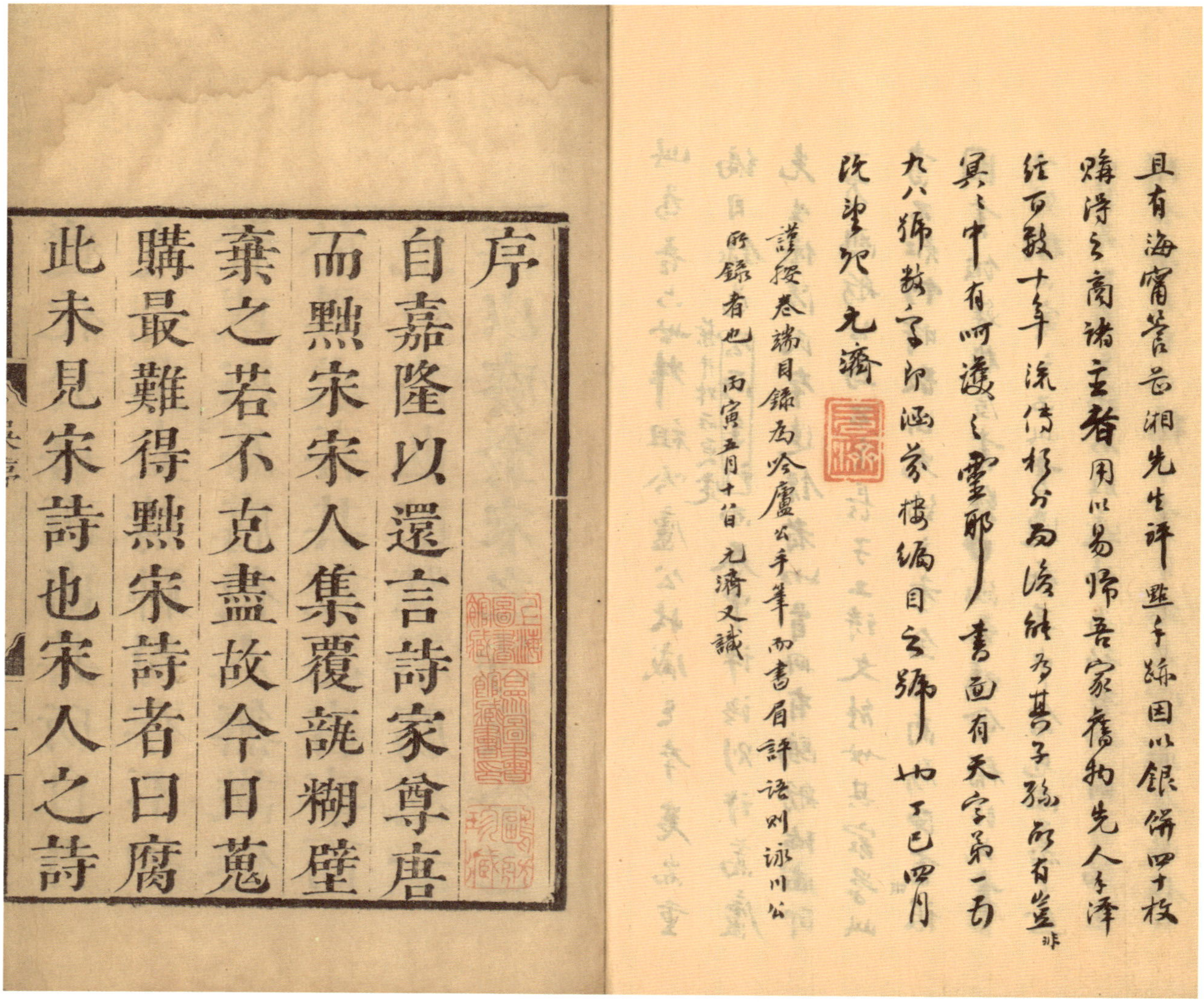

先人手澤，經百數十年，流傳於外，而復能爲其子孫所有，豈非冥冥中有呵護之靈耶！書面有『天字第一五九八號』數字，即涵芬樓編目之號也。丁巳四月既望記。元濟。

謹按：卷端目録爲吟盧公手筆，而書眉評語，則詠川公所録者也。丙寅五月十八日，元濟又識。

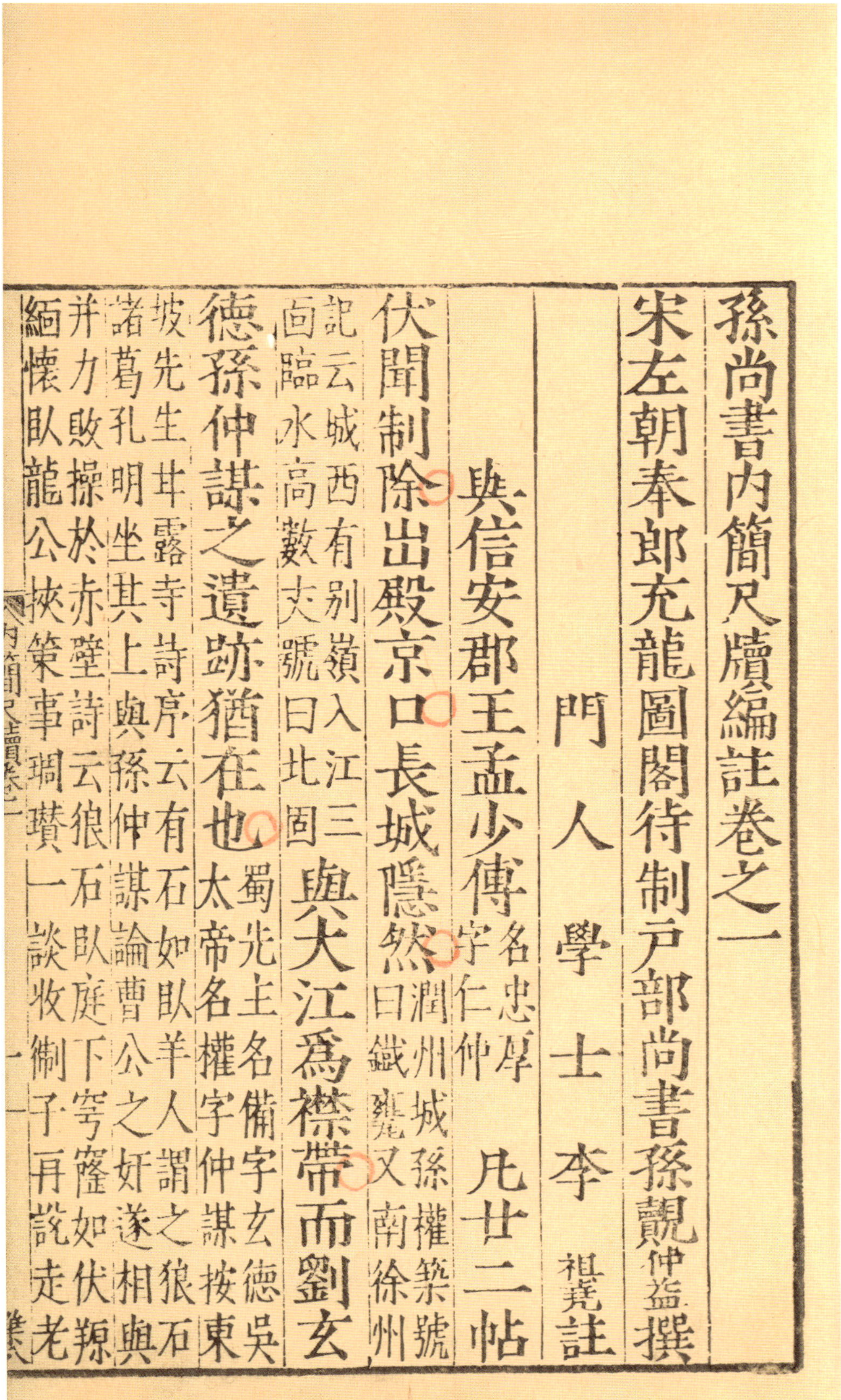
孫尚書內簡尺牘編註卷之一
宋左朝奉郎充龍圖閣待制戸部尚書孫覿仲益撰
門人學士李祖堯註
與信安郡王孟少傅 名忠厚字仁仲 凡廿二帖
伏聞制除出殿京口長城隱然 潤州城孫權築號曰鐵甕又南徐州記云城西有別嶺入江三面臨水高數丈號曰北固 與大江爲襟帶而劉玄德孫仲謀之遺跡猶在也 蜀先主名備字玄德吳太帝名權字仲謀按東坡先生甘露寺詩序云有石如臥羊人謂之狠石諸葛孔明坐其上與孫仲謀論曹公之奸遂相與并力敗操於赤壁詩云狠石臥庭下穹窿如伏羖緬懷臥龍公挾策事琱瓚一談收猘子再說走老

孫尚書内簡尺牘編注十卷

（宋）孫覿撰；（宋）李祖堯注 明嘉靖三十六年顧名儒刻本 綫善 T12638-43

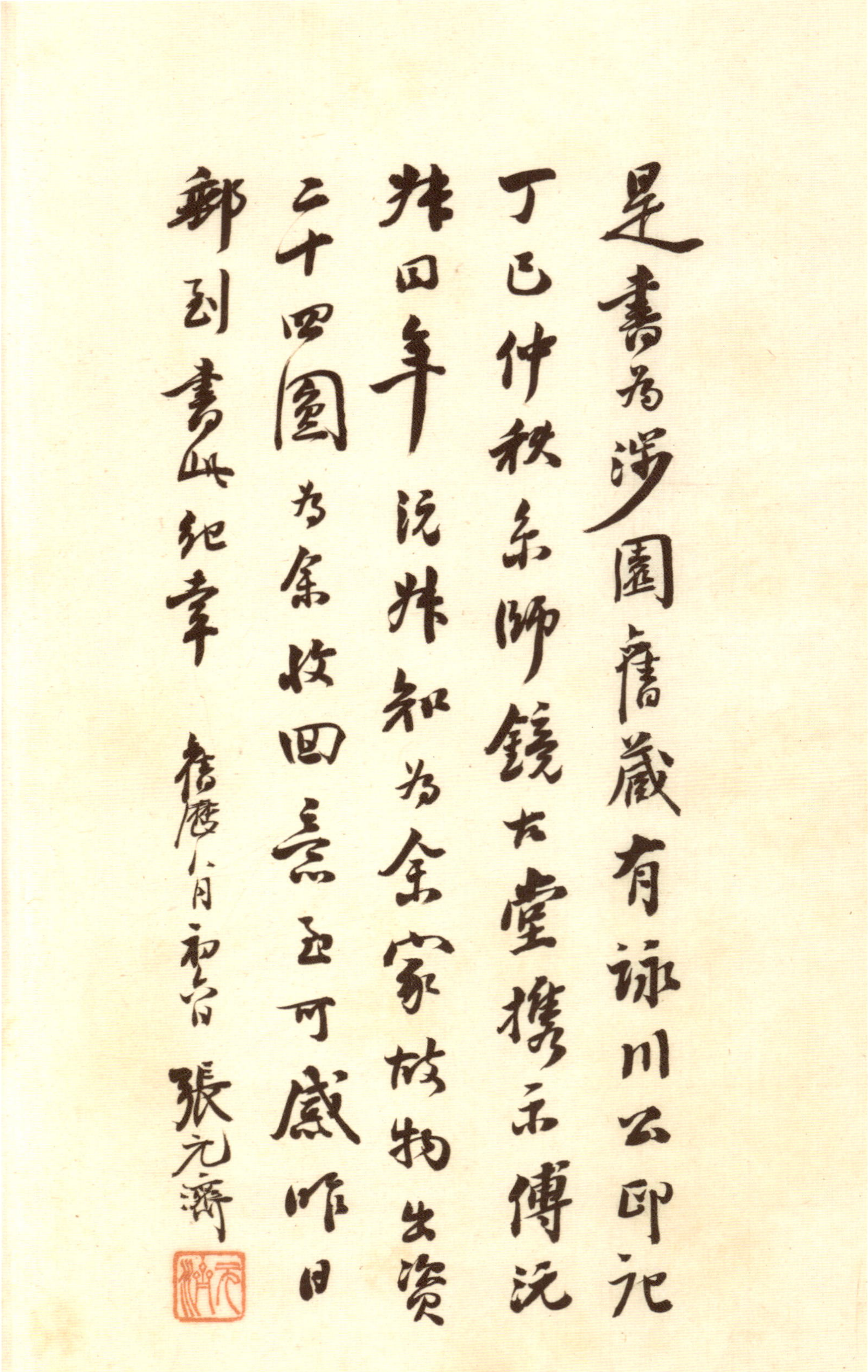
是書爲涉園舊藏有詠川公印記
丁巳仲秋京師鏡古堂携示傅沅
叔同年沅叔知爲余家故物出資
二十四圓爲余收回意至可感昨日
郵到書此紀幸
舊曆八月初六日 張元濟

是書爲涉園舊藏，有詠川公印記。丁巳仲秋，京師鏡古堂携示傅沅叔同年。沅叔知爲余家故物，出資二十四圓爲余收回，意至可感。昨日郵到，書此紀幸。舊曆八月初六日，張元濟。

太冲詩鈔十五卷

（清）陸以謙撰　清朱光暄十三古印齋抄本　

太沖

古今體詩

種葛篇

種葛滿中谷葛葉何萋萋纖條弱於羅

采及令節濯濯臨清池小婦當窓織雪落何霏霏古

成妙匹裁為君子衣何意蟋蟀鳴捐棄令我悲天運有

代謝人心有轉移終期薰風至開篋得所依

東門行

出東門暮来歸弱妻當户織稚子堂前嬉腰間

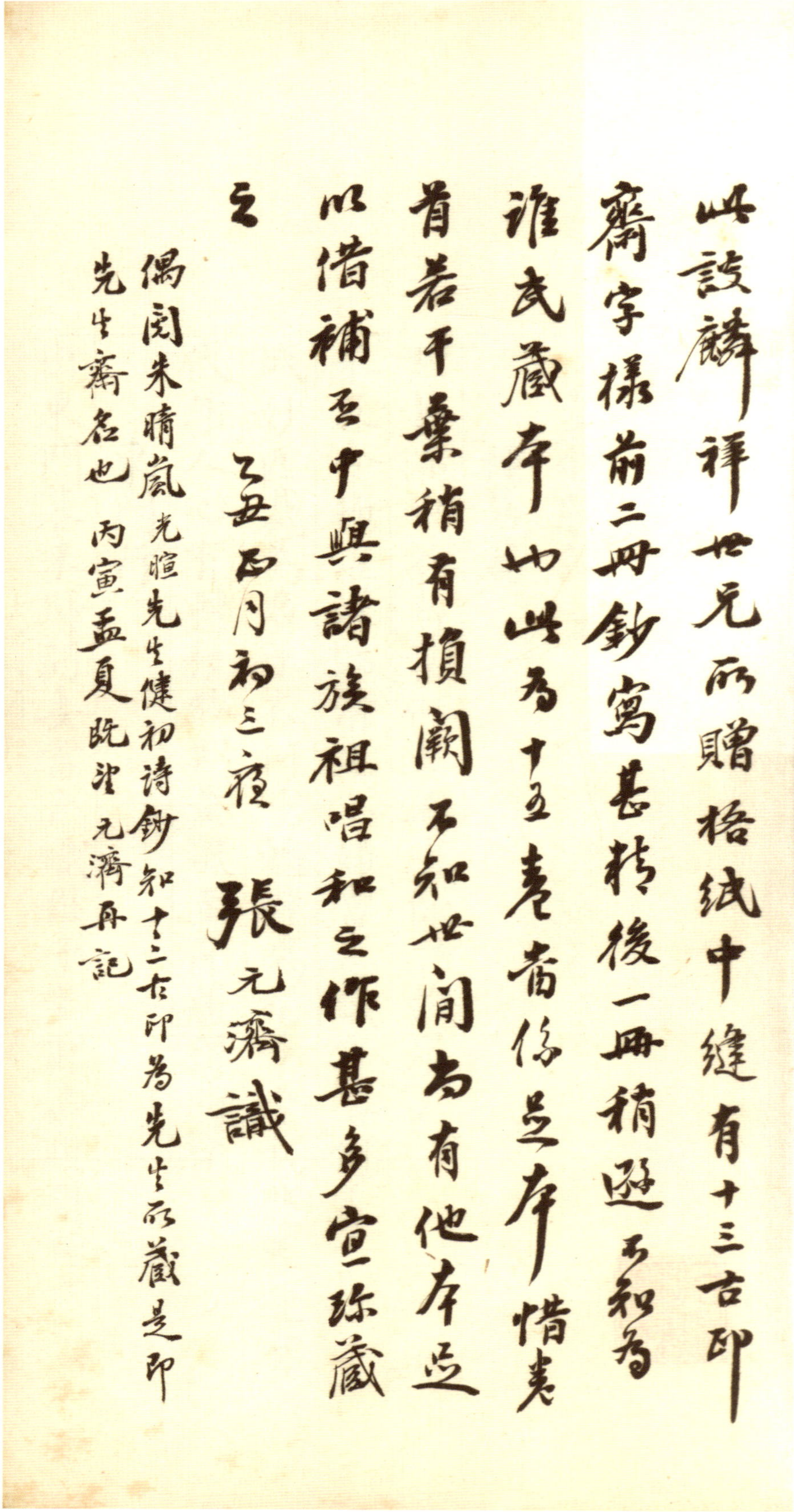
此談麟祥世兄所贈格紙中縫有十三古印齋字樣前二冊鈔寫甚精後一冊稍遜不知爲誰氏藏本也此爲十五卷當係足本惜卷首若干葉稍有損闕不知世間尚有他本足以借補否中與諸族祖唱和之作甚多宜珍藏之

乙丑正月初三夜 張元濟識

偶閲朱晴嵐光暄先生健初詩鈔知十三古印爲先生所藏是即先生齋名也 丙寅孟夏既望 元濟再記

此談麟祥世兄所贈。格紙中縫有『十三古印齋』字樣。前二冊鈔寫甚精，後一冊稍遜，不知爲誰氏藏本也。此爲十五卷，當係足本。惜卷首若干葉稍有損闕。不知世間尚有他本，足以借補否？中與諸族祖唱和之作甚多，宜珍藏之。乙丑正月初三夜，張元濟識。

偶閲朱晴嵐光暄先生《健初詩鈔》，知十三古印爲先生所藏，是即先生齋名也。丙寅孟夏既望，元濟再記。

唐人詩選不分卷

（清）許昂霄選；（清）張宗橚，張載華輯 清海鹽張宗橚手抄本 綫善 T12445-48

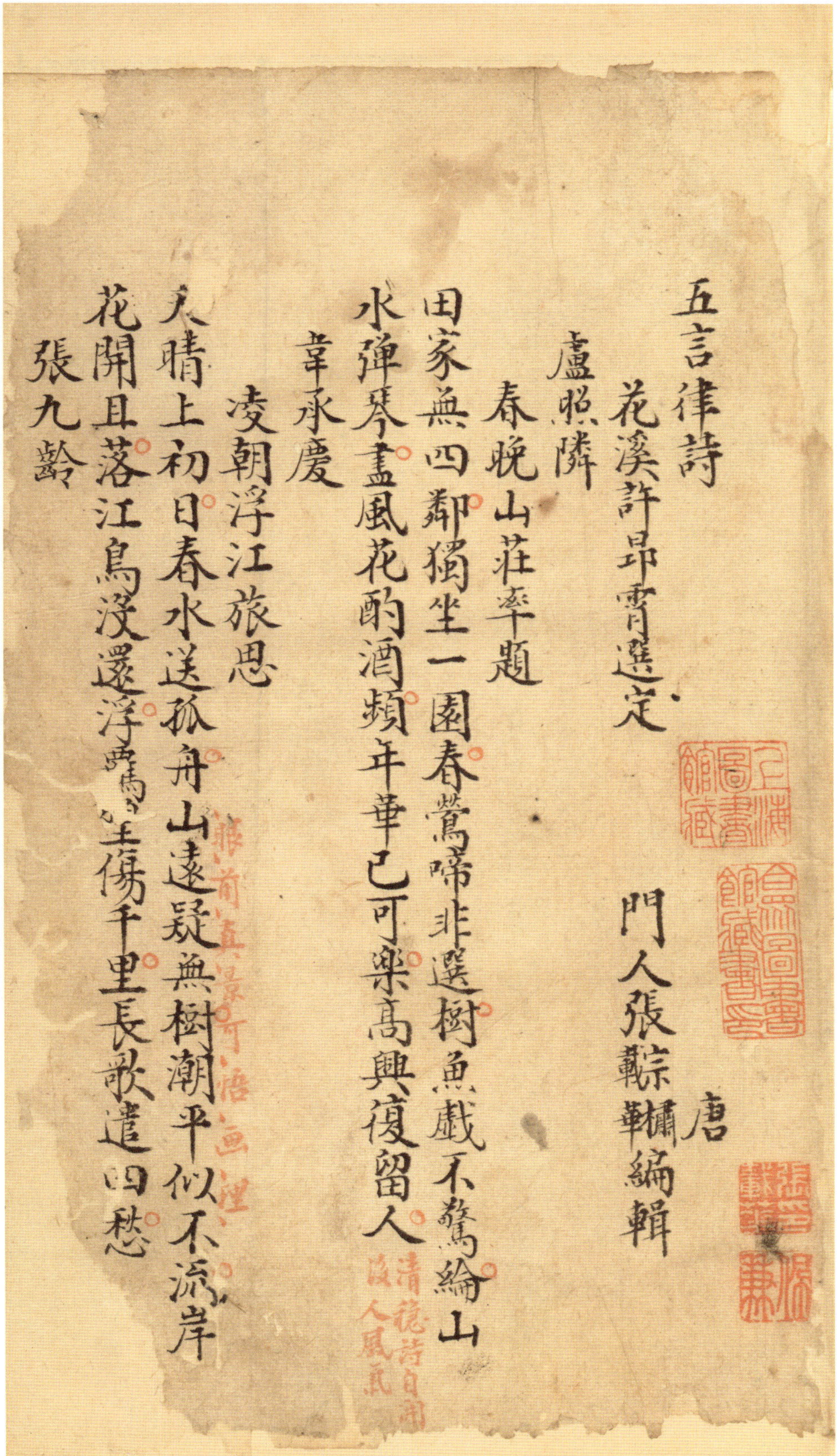

五言律詩

花溪許昂霄選定

門人張載華宗橚編輯

唐

盧照隣

春晚山莊率題

田家無四鄰獨坐一園春鶯啼非選樹魚戲不驚綸山水彈琴盡風花酌酒頻年華已可樂高興復留人

清穩詩自有後人風氣

韋承慶

凌朝浮江旅思

天晴上初日春水送孤舟山遠疑無樹潮平似不流岸花開且落江鳥沒還浮羈望傷千里長歌遣四愁

眼前真景可悟畫理

張九齡

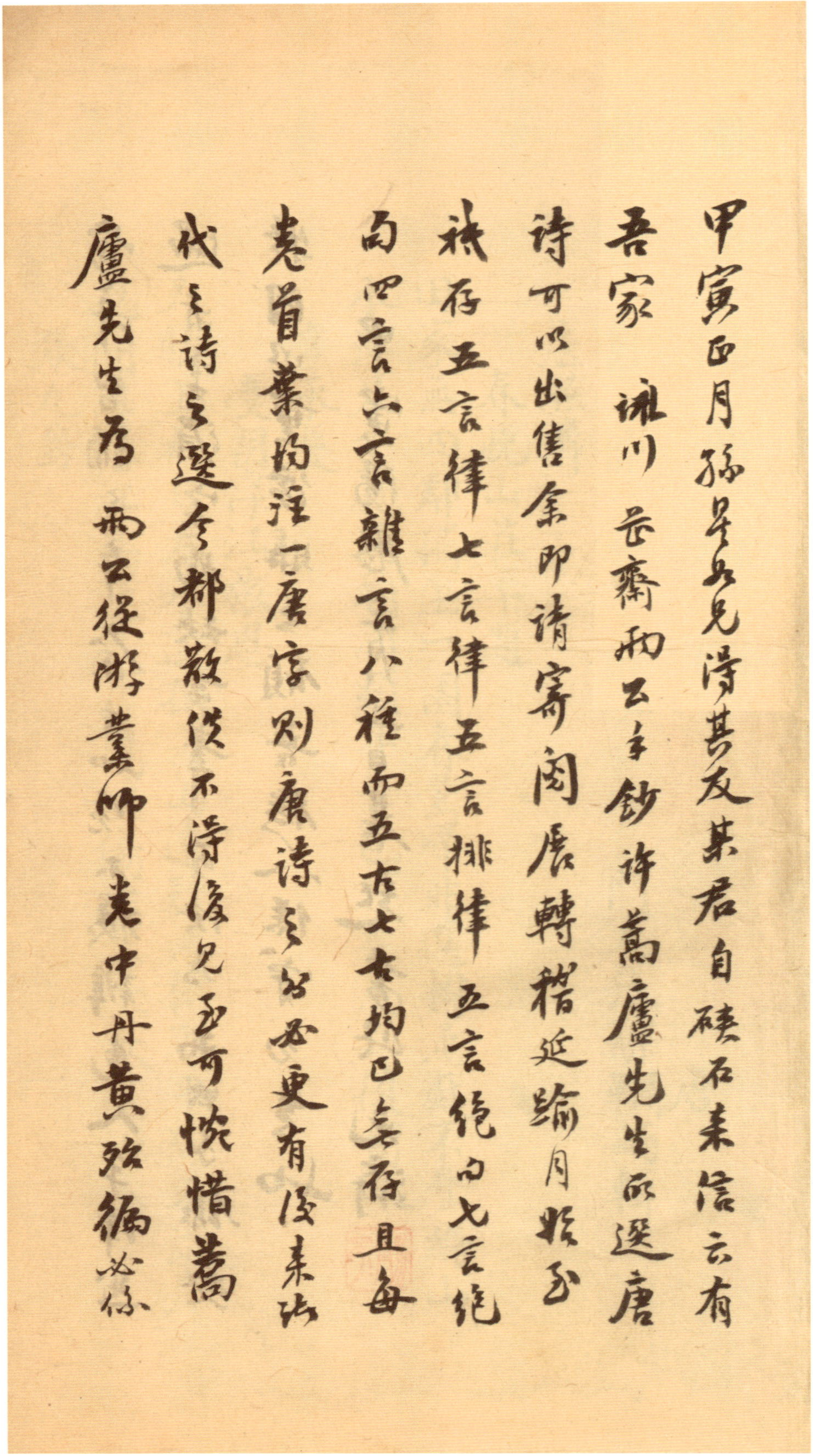

甲寅正月孫星如兄得其友某君自硤石來信云有
吾家詠川、芷齋兩公手鈔許蒿廬先生所選唐
詩可以出售余即請寄閱展轉稽延踰月始至
祇存五言律七言律五言排律五言絶句七言絶
句四言六言雜言八種而五古七古均已無存且每
卷首葉均注一唐字則唐詩之外必更有後來諸
代之詩之選今都散佚不得復見至可惋惜蒿
廬先生爲兩公從游業師卷中丹黄點纈必係

甲寅正月，孫星如兄得其友某君自硤石來信，云有吾家詠川、芷齋兩公手鈔許蒿廬先生所選《唐詩》，可以出售。余即請寄閱，展轉稽延，逾月始至。祇存五言律、七言律、五言排律、五言絶句、七言絶句、四言、六言、雜言八種，而五古、七古均已無存。且每卷首葉均注一『唐』字，則《唐詩》之外，必更有後來諸代之詩之選，今都散佚，不得復見，至可惋惜。蒿廬先生爲兩公從游業師，

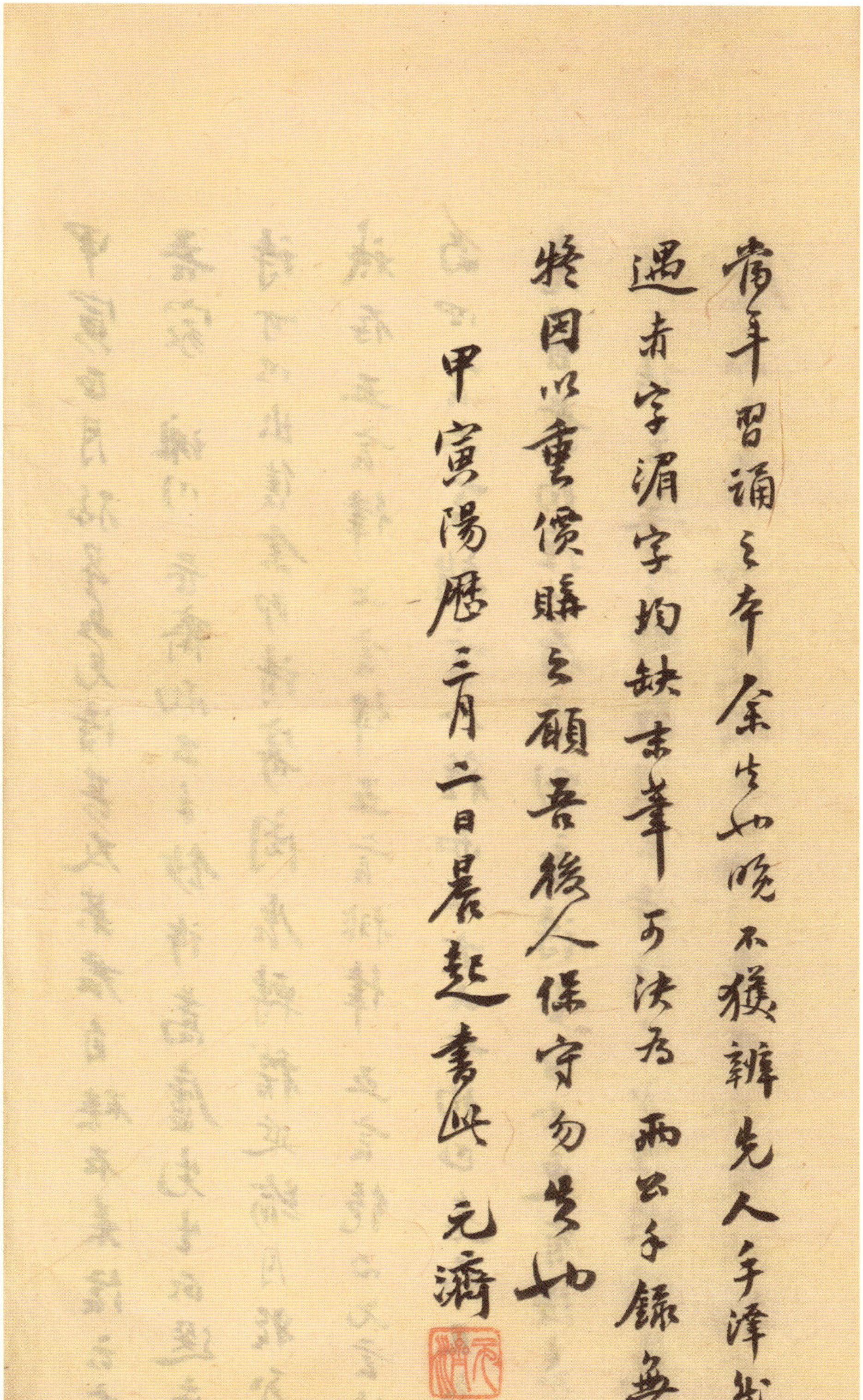
當年習誦之本余生也晚不獲辨先人手澤然
遇赤字湄字均缺末筆可決為兩公手錄無
疑因以重價購之願吾後人保守勿失也
甲寅陽曆三月二日晨起書此 元濟

卷中丹黃殆遍，必係當年習誦之本。余生也晚，不獲辨先人手澤。然遇『赤』字、『湄』字均缺末筆，可決爲兩公手録無疑。因以重價購之。願吾後人保守勿失也！甲寅陽曆三月二日晨起書此。元濟。

唐四家詩八卷 （清）汪立名輯 清康熙三十四年汪立名刻本 綫善 798431-34

雨全唐作雲汪云一作雨

王右丞詩集

四言詩

酬諸公見過 時官未出在輞川莊

嗟余未喪哀此孤生屏居藍田薄地躬耕歲晏輸
稅以奉粢盛晨往東皋草露未晞暮看烟火負擔
來歸我聞有客足掃荊扉簞食伊何副瓜抓棗仰
厠羣賢皤然一老媿無莞簟班荊席藁泛泛登陂
折彼荷花靜觀素鮪俯映白沙山鳥羣飛日隱輕
霞登車上馬倏忽雨散雀噪荒邨雞鳴空館還復
幽獨重欷累歎

王右丞詩集 卷上 一

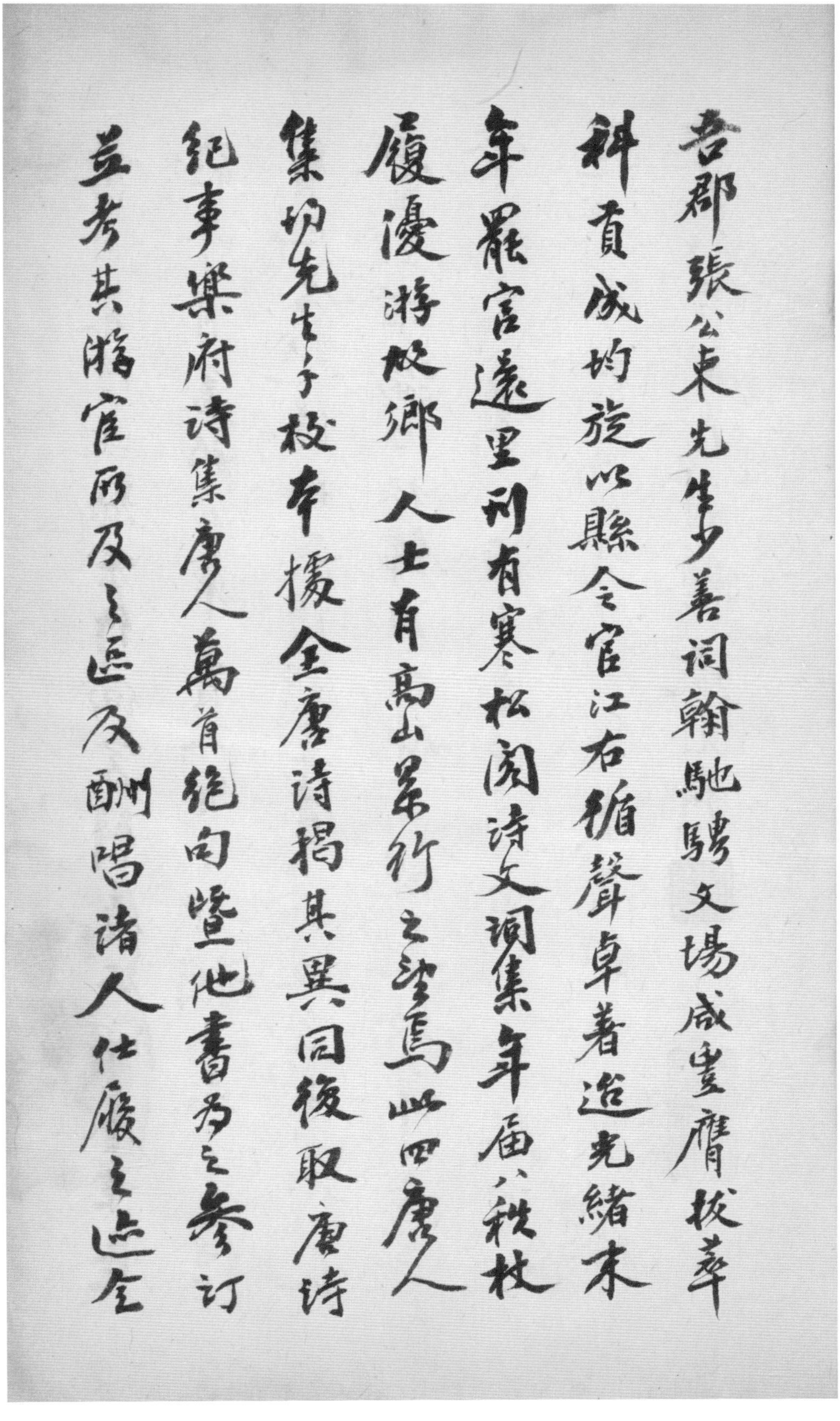

吾郡張公東先生少善詞翰馳騁文場咸豐膺拔萃科貢成均旋以縣令官江右循聲卓著迨光緒末年罷官還里刊有寒松閣詩文詞集年届八秩杖履優游故鄉人士有高山景行之望焉此四唐人集均先生手校本據全唐詩揭其異同復取唐詩紀事樂府詩集唐人萬首絶句暨他書爲之參訂並考其游宦所及之區及酬唱諸人仕履之迹全

吾郡張公東先生少善詞翰，馳騁文場。咸豐膺拔萃科貢成均，旋以縣令官江右，循聲卓著。迨光緒末年罷官還里，刊有《寒松閣詩文詞集》。年届八秩，杖履優游，故鄉人士有高山景行之望焉。此《四唐人集》均先生手校本，據《全唐詩》揭其異同，復取《唐詩紀事》《樂府詩集》《唐人萬首絶句》暨他書爲之參訂，並考其游宦所及之區及酬唱諸人仕履之跡。全書用朱、墨點勘，密行細字，

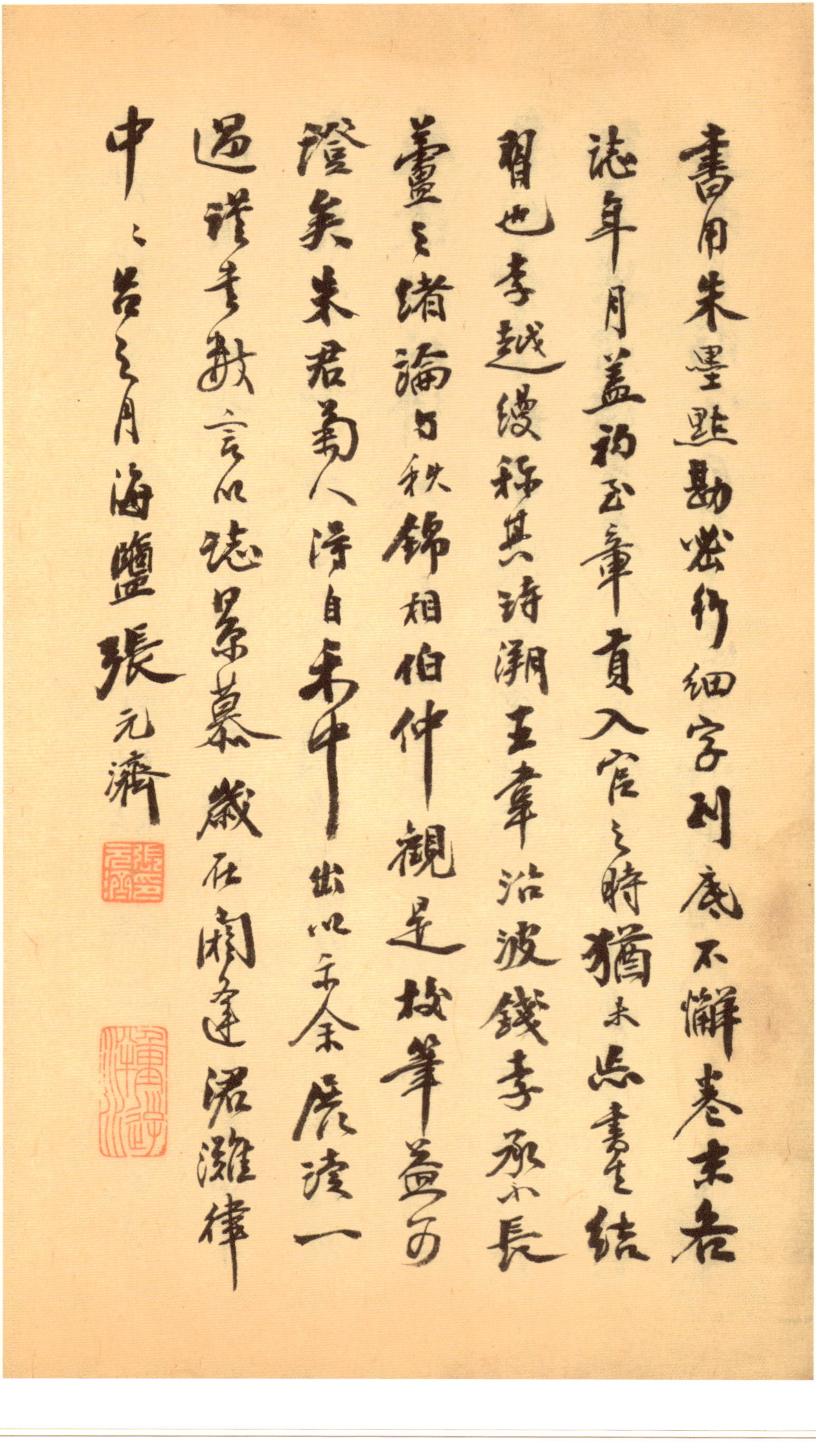

到底不懈。卷末各志年月，蓋初至章貢，入官之時猶未忘書生結習也。李越縵稱其詩『溯王、章，沿波錢、李，承小長蘆之緒論，與秋錦相伯仲』。觀是校筆，益可證矣。朱君菊人得自禾中，出以示余。展讀一過，謹書數言，以志景慕。歲在閼逢涒灘律中中呂之月，海鹽張元濟。

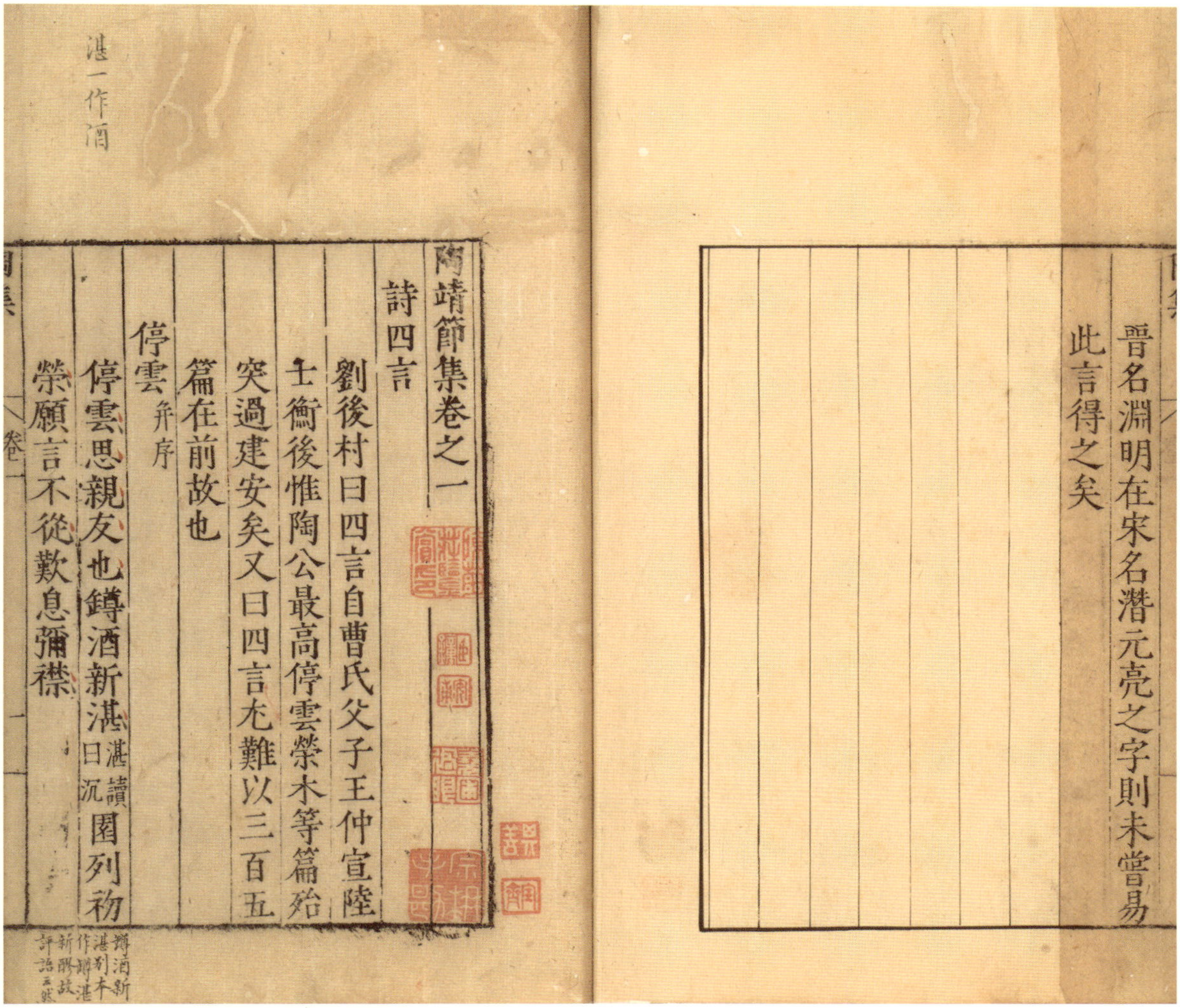
晉名淵明在宋名潛元亮之字則未嘗易
此言得之矣

湛一作酒

陶靖節集卷之一
詩四言
劉後村曰四言自曹氏父子王仲宣陸
士衡後惟陶公最高停雲榮木等篇殆
突過建安矣又曰四言尤難以三百五
篇在前故也
停雲 并序
停雲思親友也罇酒新湛 湛讀曰沉 園列初
榮願言不從歎息彌襟

陶靖節集十卷總論一卷（晉）陶潛撰；（宋）湯漢等箋注　明萬曆十五年休陽程氏刻本　綫善T13068-71

是書評點為余六卅世六卅祖思岳公手筆眉端紅藍筆各條與六世九卅祖芑齋公所輯初白菴詩評相合蓋據初白先生評本過錄也惟卷二三五六眉端墨筆各條則初白菴詩評俱不載然頗似先生手蹟卷六閑情賦評語不肖身及其踖之之確似先生暮年出獄後口吻卷端題詩明係思岳公手錄何以又有初白小印殊不可解按先生卒於雍正五年思岳公生康熙五十年先生歿時公已十八歲先生為余六世祖寒坪公題四時行樂圖見敬業堂續集漫興集下在康熙六十一年越二年又為題捫腹圖見思岳公鈔本敬業堂續集刻本不載是時先生詩名滿天下而公又從許蒿廬先生學詩思岳公藕村詞序謂舍厂公三十初度蒿廬師有詩又家刻晴雪雅詞東谷公序謂蒿廬館涉園十餘年按思岳公丑於舍厂公六歲是十六七歲時蒿廬必已設帳涉園矣「而公又從許」芑齋公稱蒿廬於先生名種評語手之不釋度公過錄是集評點時必在十六七歲余七世祖妣陳太淑人為宋齋先生之女先生與宋齋先生同里少同學往還唱和至老不輟敬業堂續集餘生集下丙午年兩有陳宋齋有新年試筆見寄詩即次去年中秋盍會之章韻再疊奉訓花朝偕韓奕家德尹赴陳宋齋看梅之招兩宵得宋齋見寄詩期於中秋踐廷益湖莊之約次韻奉答等詩以意度之必是公隨陳太淑人歸甯得見先生以過錄

之本呈閱先生獎掖後進為加印記且特增評語數則特後来芸齋公輯初白菴詩評不為采入不無可疑意者偶未之見歟卷末記陶詩畫冊一節為合厂公手筆餘皆行艸亦必二公所書特余獲見者少不能辨認矣江安傅沅叔同年今年春自京師南下過蘇州以銀幣二十圓為我得之先人手澤幸得珠還良朋雅誼至可感謝時國變後十二年癸亥穀雨節　元濟識

是書評點爲余六世六叔祖思岩公手筆，眉端紅藍筆各條，與六世九叔祖芷齋公所輯《初白庵詩評》相合。蓋據初白先生評本過録也。惟卷二、三、五、六眉端墨筆各條，則《初白庵詩評》俱不載。然頗似先生手跡。卷六《閑情賦》評語：『不肖身及其酷』云云，確似先生暮年出獄後口吻。卷端題詩，明係思岩公手録，何以又有初白小印，殊不可解。按先生卒於雍正五年，思岩公生康熙五十年，先生殁時，公已十八歲。先生爲余六世祖寒坪公題《四時行樂圖》（見《敬業堂續集·漫興集》下）在康熙六十一年，越二年，又爲題《捫腹圖》（見思岩公鈔本《敬業堂續集》，刻本不載）。是時先生詩名滿天下，而公又從許蒿廬先生學詩。（思岩公《藕村詞存》，謂含厂公三十初度，蒿廬師有詩；又家刻《晴雪雅詞》東谷公序，謂蒿廬館涉園十餘年。按思岩公亞於含厂公六歲，是十六七歲時，蒿廬必已設帳涉園矣。）芷齋公稱蒿廬於先生各種評語，手之不釋。度公過録是集評點時，必在十六七歲。余七世祖妣陳太淑人爲宋齋先生之女，先生與宋齋先生同里，少同學，往還唱和，至老不輟（《敬業堂續集·餘生集》下，丙午年尚有陳宋齋有《新年試筆見寄詩，即次去年中秋齒會二章韵再叠奉酬》《花朝偕韓奕家德尹赴陳宋齋看梅之招》《雨窗得宋齋見寄詩，期於中秋踐廷益湖莊之約，次韵奉答》等詩）。以意度之，必是公隨陳太淑人歸寧得見先生，以過録之本呈閲。先生奬掖後進，爲加印記，且特增評語數則，特後來芷齋公輯《初白庵詩評》不爲采入，不無可疑。意者偶未之見歟？卷末記《陶詩》畫册一節，爲含厂公手筆，餘皆行草，亦必二公所書。特余獲見者少，不能辨認矣。江安傅沅叔同年，今年春自京師南下，過蘇州以銀幣二十圓爲我得之。先人手澤，幸得珠還。良朋雅誼，至可感謝！時國變後十二年癸亥穀雨節，元濟識。

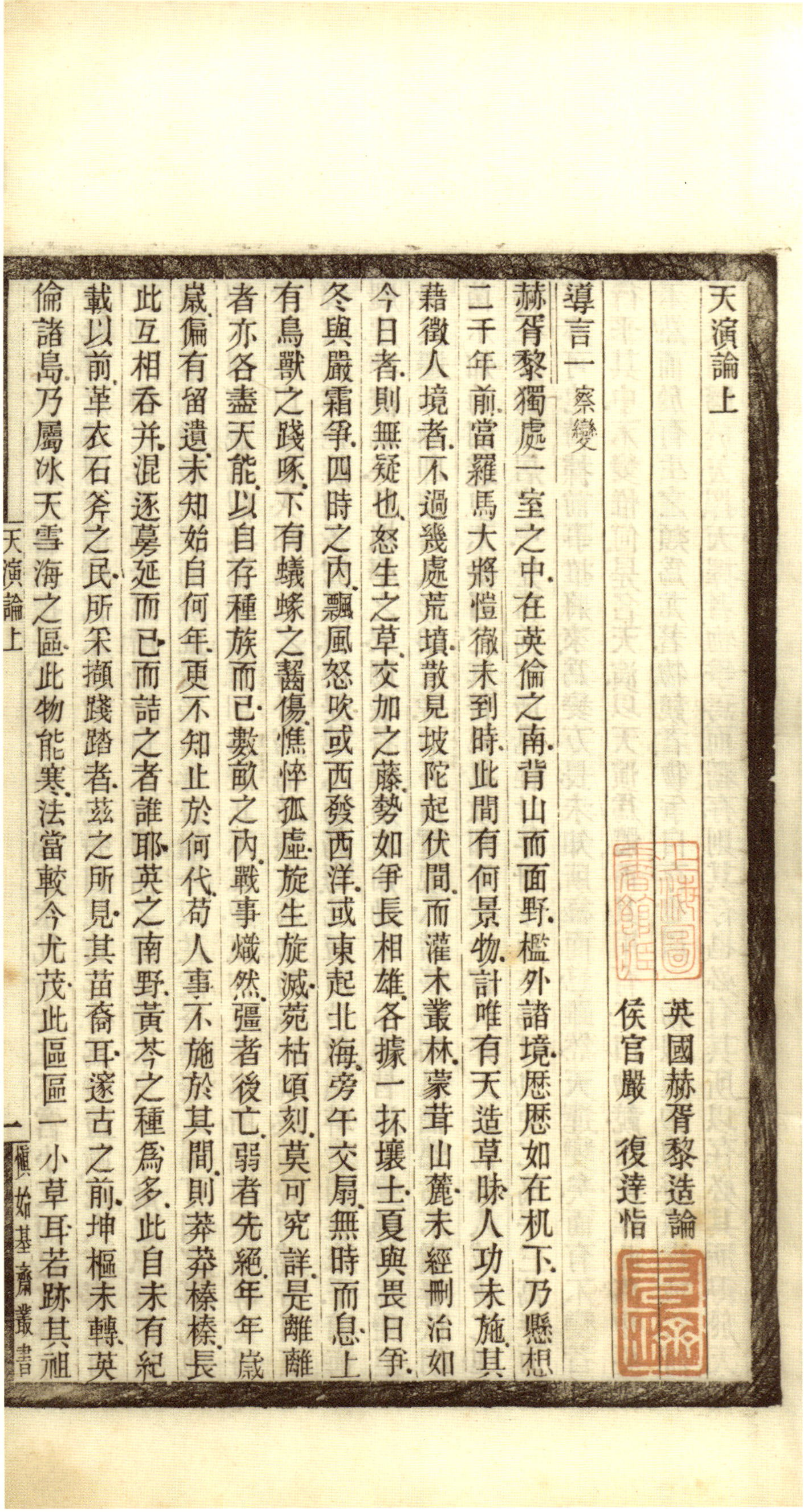

天演論上

英國赫胥黎造論

侯官嚴　復達恉

導言一 察變

赫胥黎獨處一室之中。在英倫之南。背山而面野。檻外諸境。歷歷如在机下。乃懸想二千年前。當羅馬大將愷徹未到時。此間有何景物。計唯有天造草昧。人功未施。其藉徵人境者。不過幾處荒墳。散見坡陀起伏間。而灌木叢林。蒙茸山麓。未經刪治如今日者。則無疑也。怒生之草。交加之藤。勢如爭長相雄。各據一抔壤土。夏與畏日爭。冬與嚴霜爭。四時之內。飄風怒吹。或西發西洋。或東起北海。旁午交扇。無時而息。上有鳥獸之踐啄。下有蟻蝝之齧傷。憔悴孤虛。旋生旋滅。菀枯頃刻。莫可究詳。是離離者亦各盡天能。以自存種族而已。數畝之內。戰事熾然。彊者後亡。弱者先絕。年年歲歲。偏有留遺。未知始自何年。更不知止於何代。苟人事不施於其間。則莽莽榛榛。長此互相吞并。混逐蔓延而已。而詰之者誰耶。英之南野。黃芩之種爲多。此自未有紀載以前。革衣石斧之民。所采擷踐踏者。茲之所見。其苗裔耳。邃古之前。坤樞未轉。英倫諸島。乃屬冰天雪海之區。此物能寒。法當較今尤茂。此區區一小草耳。若跡其祖

天演論上　一　慎始基齋叢書

天演論二卷

［英］赫胥黎撰；嚴復譯　清光緒二十四年沔陽盧氏刻《慎始基齋叢書》本　綫普長443191

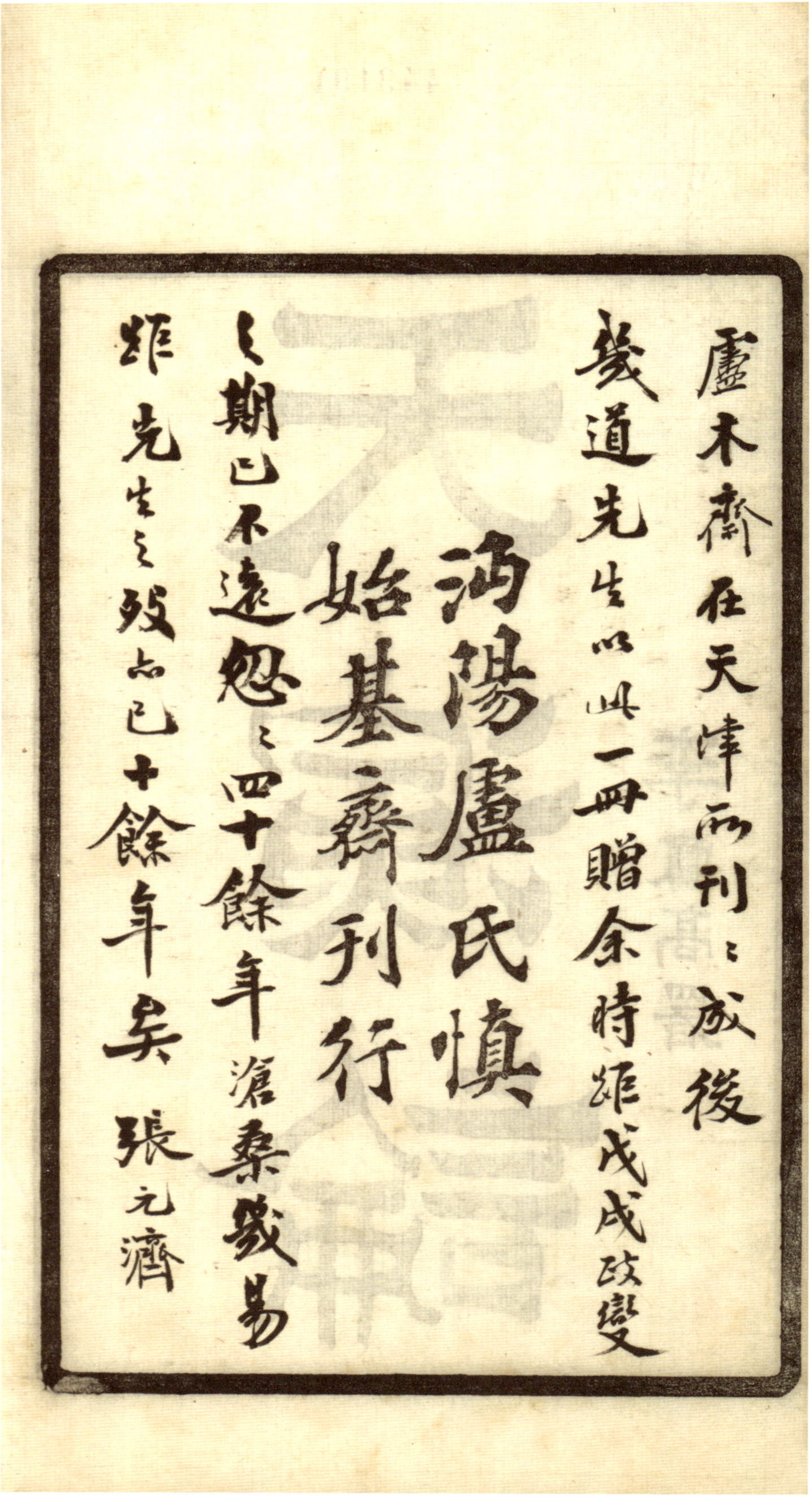

盧木齋在天津所刊〻成後
幾道先生以此一册贈余時距戊戌政變
沔陽盧氏慎
始基齋刊行
〻期已不遠忽〻四十餘年滄桑幾易
距先生之歿亦已十餘年矣 張元濟

盧木齋在天津所刊。刊成後，幾道先生以此一册贈余。時距戊戌政變之期已不遠。忽忽四十餘年，滄桑幾易，距先生之歿亦已十餘年矣。張元濟。

宛陵先生集六十卷拾遺一卷附録一卷

（宋）梅堯臣撰　明萬曆刻本　綫善 T06599-622

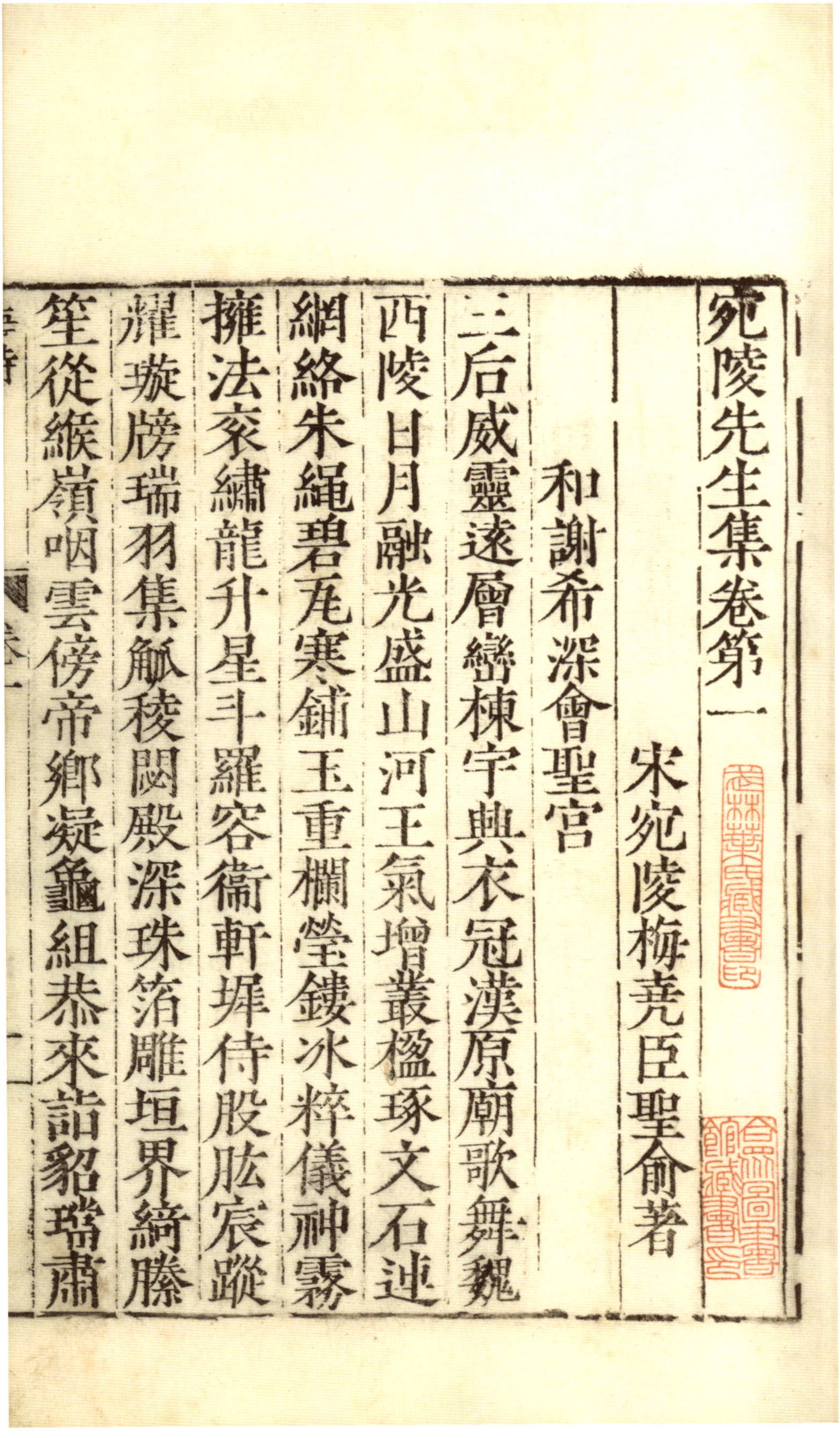

宛陵先生集卷第一

宋宛陵梅堯臣聖俞著

和謝希深會聖宮

三后威靈遠層巒棟宇興衣冠漢原廟歌舞魏西陵日月融光盛山河王氣增叢楹瑑文石迷網絡朱繩碧甃寒鋪玉重欄瑩鏤冰粹儀神霧擁法衮繡龍升星斗羅容衞軒墀侍股肱宸蹤耀璇牓瑞羽集觚稜閟殿深珠箔雕垣界綺縢笙從緱嶺咽雲傍帝鄉凝龜組恭來詣貂璫肅

是本與萬曆顔刊本行款全同然細辨並非
補刊實係翻板蓋亦必刊於明代至康熙丙
寅李文江學使始取交梅氏後裔重修者
耳枝鳳修補時尚有先都官詩集紀
略一篇又十九世裔孫旹曆蒐刻先都官遺集
目録又歷代修輯姓氏是本皆軼去矣
中華民國二十九年三月十四日
海鹽張元濟識

是本與萬曆顔刊本行款全同，然細辨並非補刊，實係翻板，蓋亦必刊於明代，至康熙丙寅李文江學使始取交梅氏後裔重修者耳。枝鳳修補時尚有《重修先都官詩集紀略》一篇。又十九世裔孫旹曆搜刻《先都官遺集目録》，又《歷代修輯姓氏》，是本皆軼去矣。

中華民國二十九年三月十四日，海鹽張元濟識。

王荊文公詩五十卷

（宋）王安石撰　民國十一年海鹽張氏影印元大德本　綫普長430502-13

王荊文公詩卷之一

鴈湖　李　壁　箋註

須溪　劉　辰翁　評點

古詩

元豐行示德逢 德逢姓楊與公隣曲○按王直方雜記德逢號湖陰先生丹陽陳輔淛西佳士也每歳清明過金陵上冢事畢則至蔣山過湖陰先生之居清談終日歳率以爲常元豐辛酉癸亥頻歳訪之不遇題一絶於門云北山松粉未飄花白下風輕麥脚斜身似舊時王謝燕一年一度到君家湖陰歸見其詩吟賞乆之曾稱於舒王聞之笑曰此正戲君爲尋常百姓耳湖陰亦大笑

四山翛翛映赤日田背坼如龜兆出 詩予尾翛翛此借用○退之詩或如龜坼兆 湖陰先生坐草室看踏溝車望秋實雷蟠電掣雲

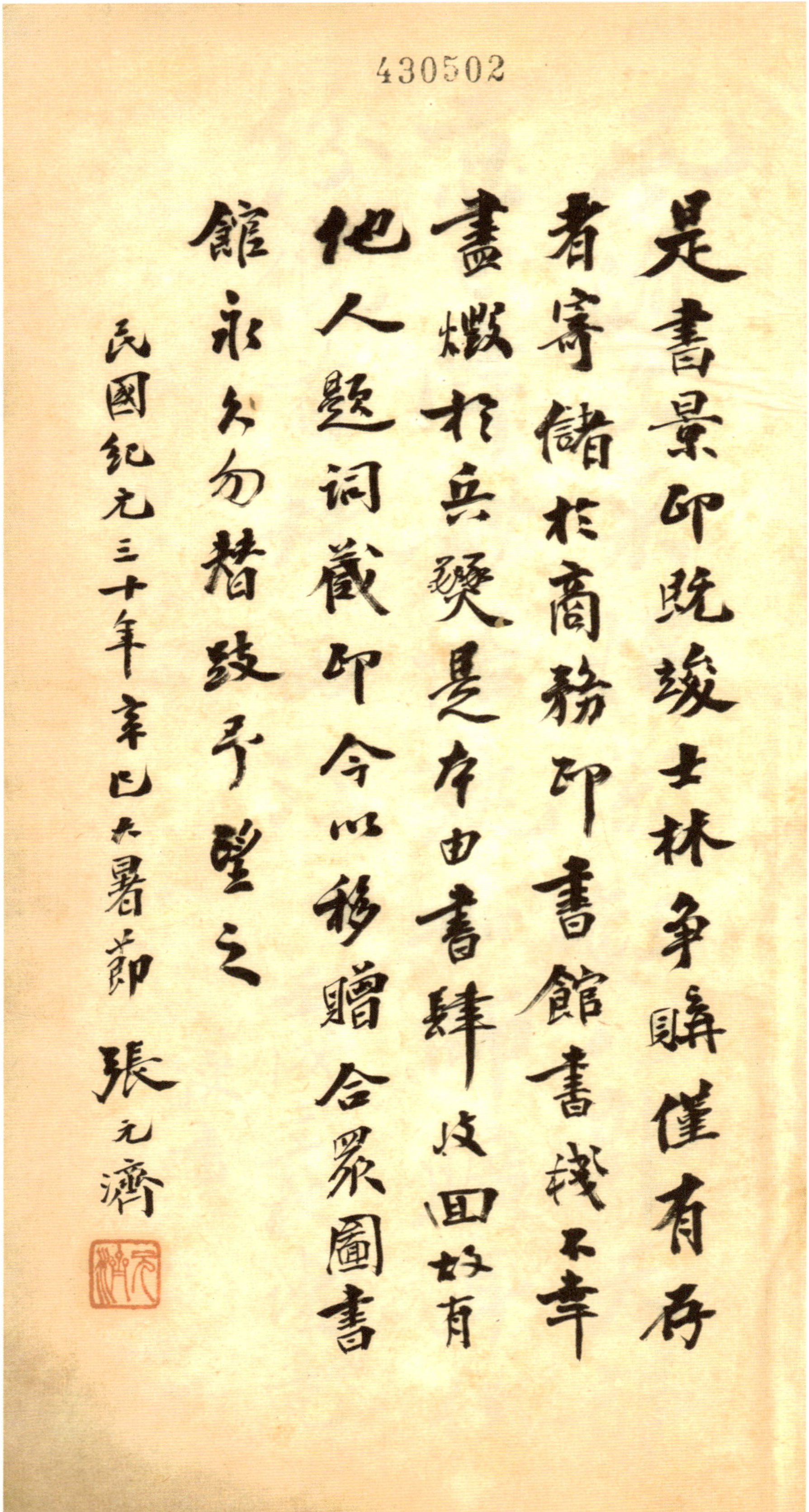
430502

是書景印既竣士林争購僅有存者寄儲於商務印書館書棧不幸盡燬於兵燹是本由書肆收回故有他人題詞藏印今以移贈合衆圖書館永久勿替跋予望之

民國紀元三十年辛巳大暑節　張元濟

是書景印既竣，士林争購。僅有存者，寄儲於商務印書館書棧，不幸盡燬於兵燹。是本由書肆收回，故有他人題詞藏印。今以移贈合衆圖書館，永久勿替。跋予望之！民國紀元三十年辛巳大暑節，張元濟。

王摩詰集二卷

（唐）王維撰　明嘉靖黃埻刻《十二家唐詩》本　綫善T12606-09

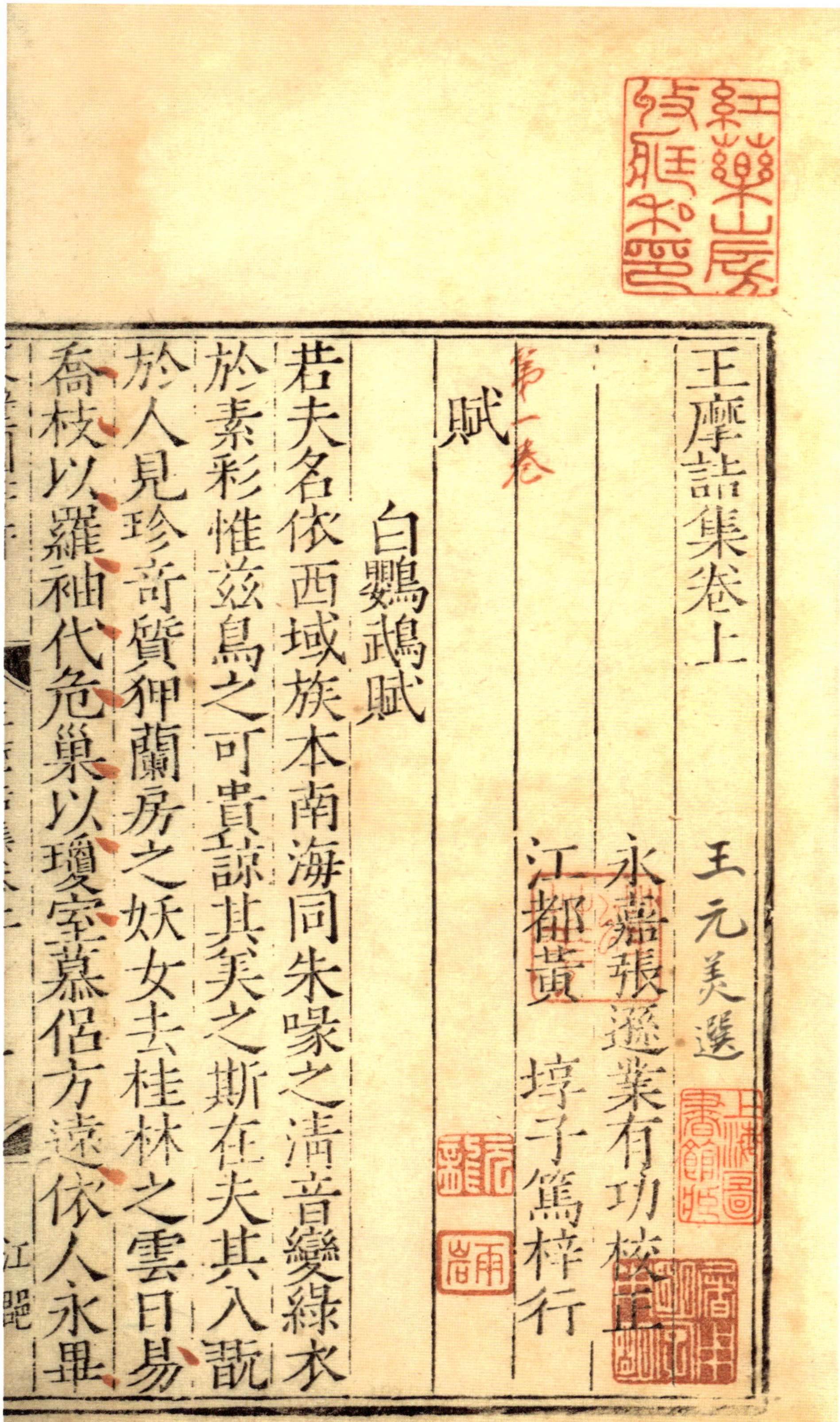
王摩詰集卷上　王元美選
永嘉張遜業有功校正
江都黃埻子篤梓行
賦　第一卷
白鸚鵡賦
若夫名依西域族本南海同朱喙之清音變綠衣
於素彩惟兹鳥之可貴諒其美之斯在夫其入覩
於人見珍奇質狎蘭房之妖女去桂林之雲日易
喬枝以羅袖代危巢以瓊室慕侶方遠依人永畢

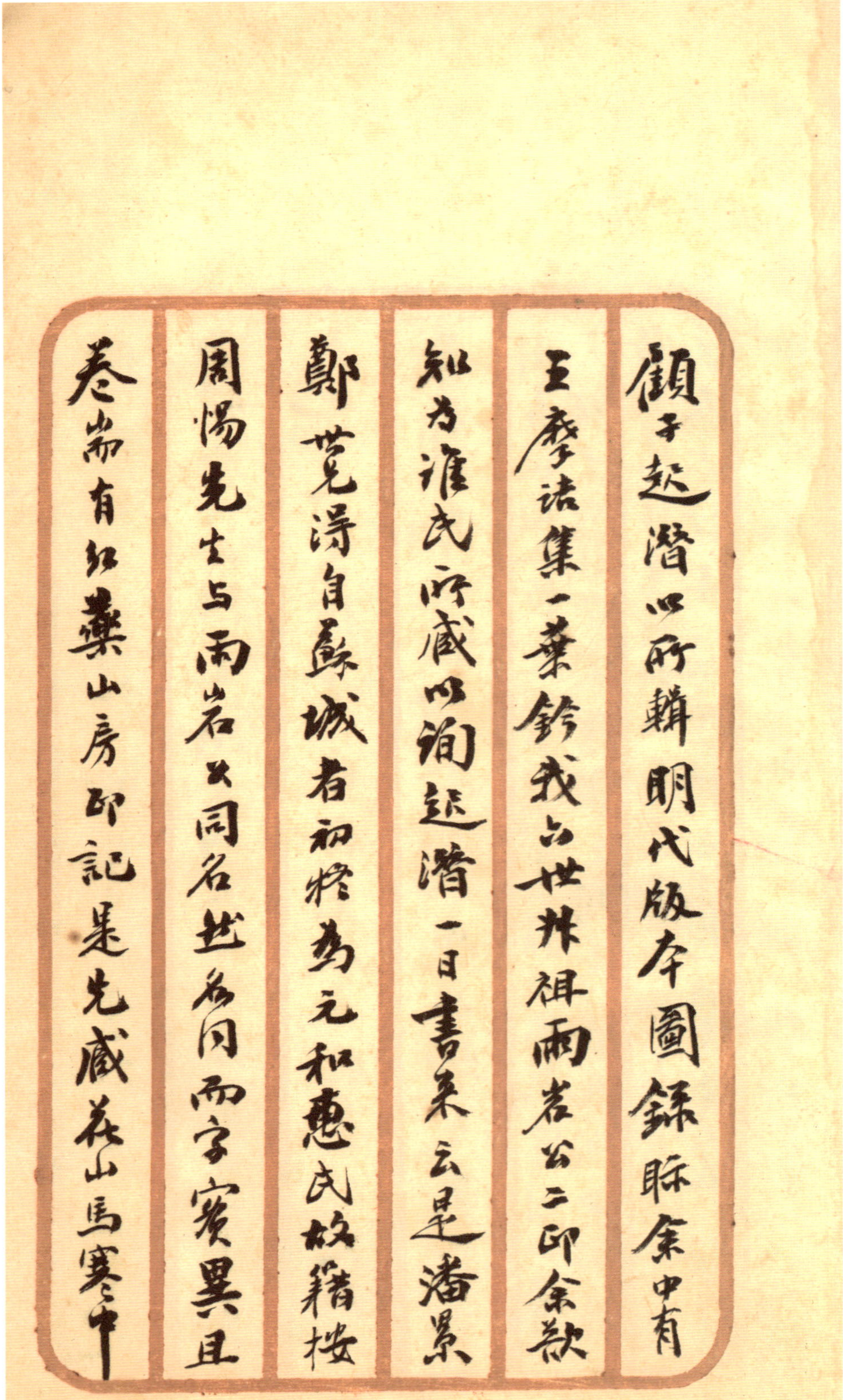

顧子起潛以所輯明代版本圖録眎余中有
王摩詰集一葉鈐我六世叔祖雨岩公二印余欲
知為誰氏所藏以詢起潛一日書來云是潘景
鄭兄得自蘇城者初疑為元和惠氏故籍按
周惕先生與雨岩同名然同而字實異且
卷端有紅藥山房印記是先藏花山馬寒中

顧子起潛以所輯《明代版本圖録》視余，中有《王摩詰集》一葉，鈐我六世叔祖雨岩公二印，余欲知爲誰氏所藏，以詢起潛。一日書來，云是潘景鄭世兄得自蘇城者，初疑爲元和惠氏故籍。按周惕先生與雨岩公同名，然名同而字實異。且卷端有『紅藥山房』印記，是先藏花山馬寒中家。花山距余邑僅二十餘里。馬氏書散，多爲余先人所得。余六世祖重鐫《王荆文公詩注》，其原本亦馬

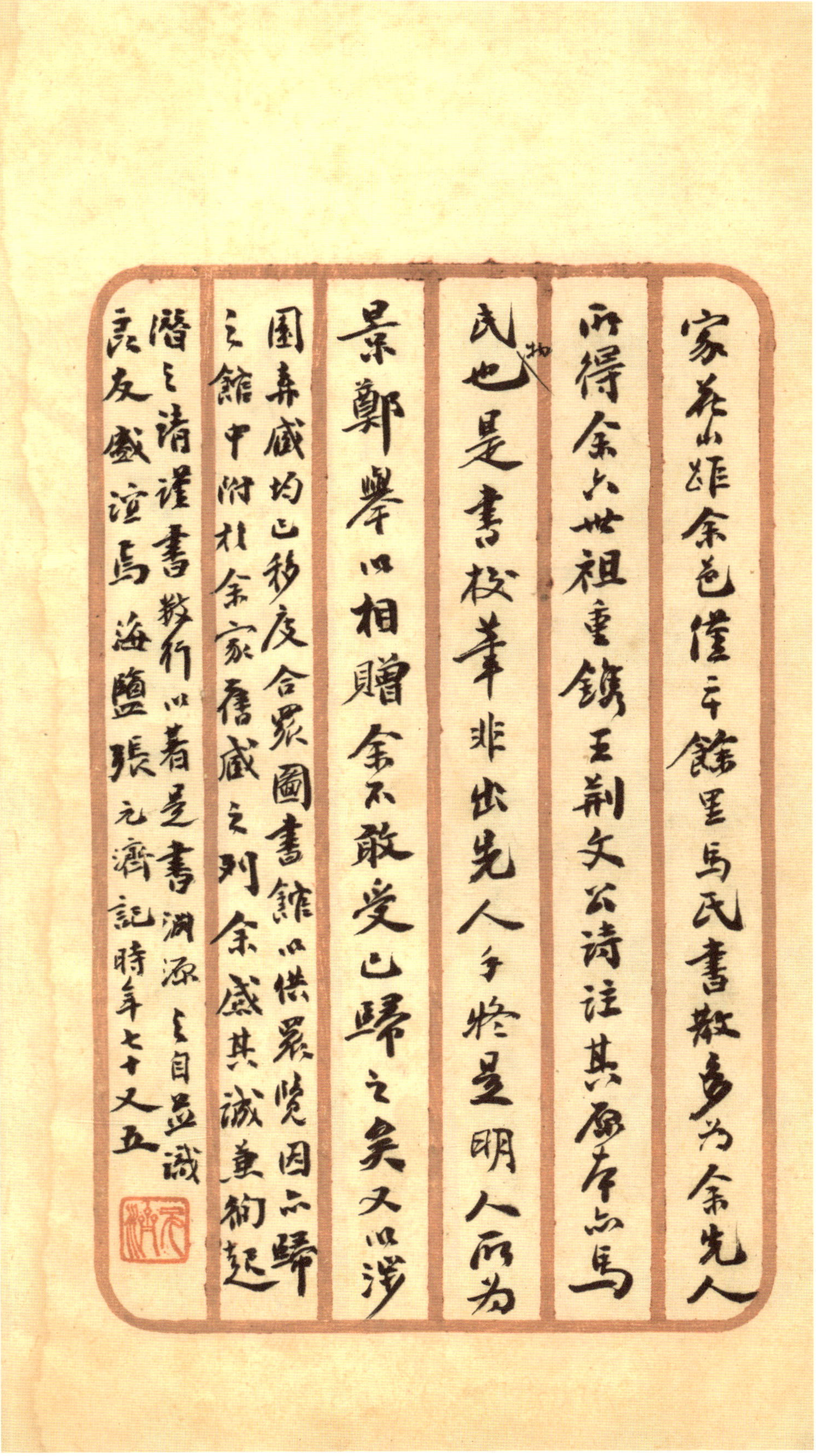
家藏雖余邑僅存[illegible]里馬氏書數多為余先人所得余六世祖重鐫王荊文公詩注其底本亦馬氏物也是書校筆非出先人手於是明人所為景鄭舉以相贈余不敢受已歸之矣又以涉園弆藏均已移度合衆圖書館以供衆覽因亦歸之館中附於余家舊藏之列余感其誠兼徇起潛之請謹書數行以著是書淵源之自並識良友盛誼焉海鹽張元濟記時年七十又五

氏物也。是書校筆，非出先人手，疑是明人所爲。景鄭舉以相贈，余不敢受，已歸之矣。又以涉園弆藏均已移度合衆圖書館，以供衆覽，因亦歸之館中，附於余家舊藏之列。余感其誠，兼徇起潛之請，謹書數行，以著是書淵源之自，並識良友盛誼焉。海鹽張元濟記，時年七十又五。

吾亦廬文稿不分卷

（清）崔應榴撰 拜經樓抄本 綫善T13058-60

此半葉原闕，據朱遜先抄本補録於此。丙寅夏月，元濟識。

此半葉原闕據朱遜先抄本補録於此丙寅夏月元濟識

吾亦廬文藁

海鹽崔應榴著

上紂翁族父論改脩宗譜書

吾家舊譜斷始逸齋述近略遠至為嚴謹爾年新脩宗譜遠及秦漢唐宋溯高陽而稽劉累撰諸河海後先理詐不然第所據震澤故譜蕪外不倫殊難依据世父留鷴老人雖嘗緒正然謬戾猶時有之及今不加刊脩恐貽來哲實譜系之學莫詳於唐宫有其書家自為牒凡同姓異族同族異望同望異房俱不得相混崔在當時清河博陵定著十房以清河論則有鄭州房有鄢陵房有南祖房有清河大房有清河小房有清河青州房雖同宗伯基以

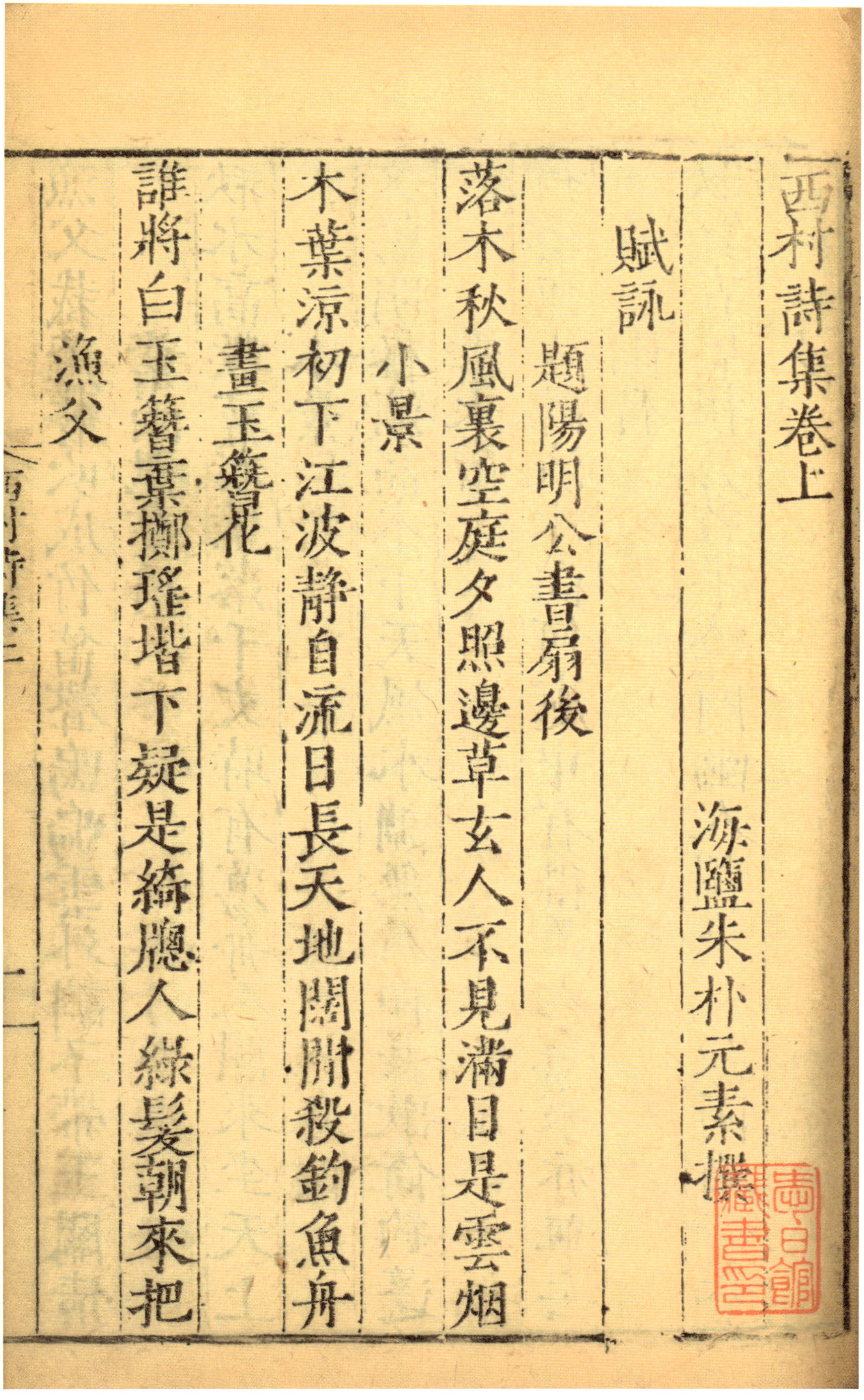

西村詩集卷上

海鹽朱朴元素撰

賦詠

題陽明公書扇後

落木秋風裏空庭夕照邊草玄人不見滿目是雲烟

小景

木葉涼初下江波靜自流日長天地闊閒殺釣魚舟

畫玉簪花

誰將白玉簪棄擲瑤堦下疑是綺牕人綠髮朝來把

漁父

西村詩集二卷補遺一卷

（明）朱朴撰　明嘉靖三十一年自刻萬曆二十九年朱彩續刻清乾隆三年重修本　綫善 T13182

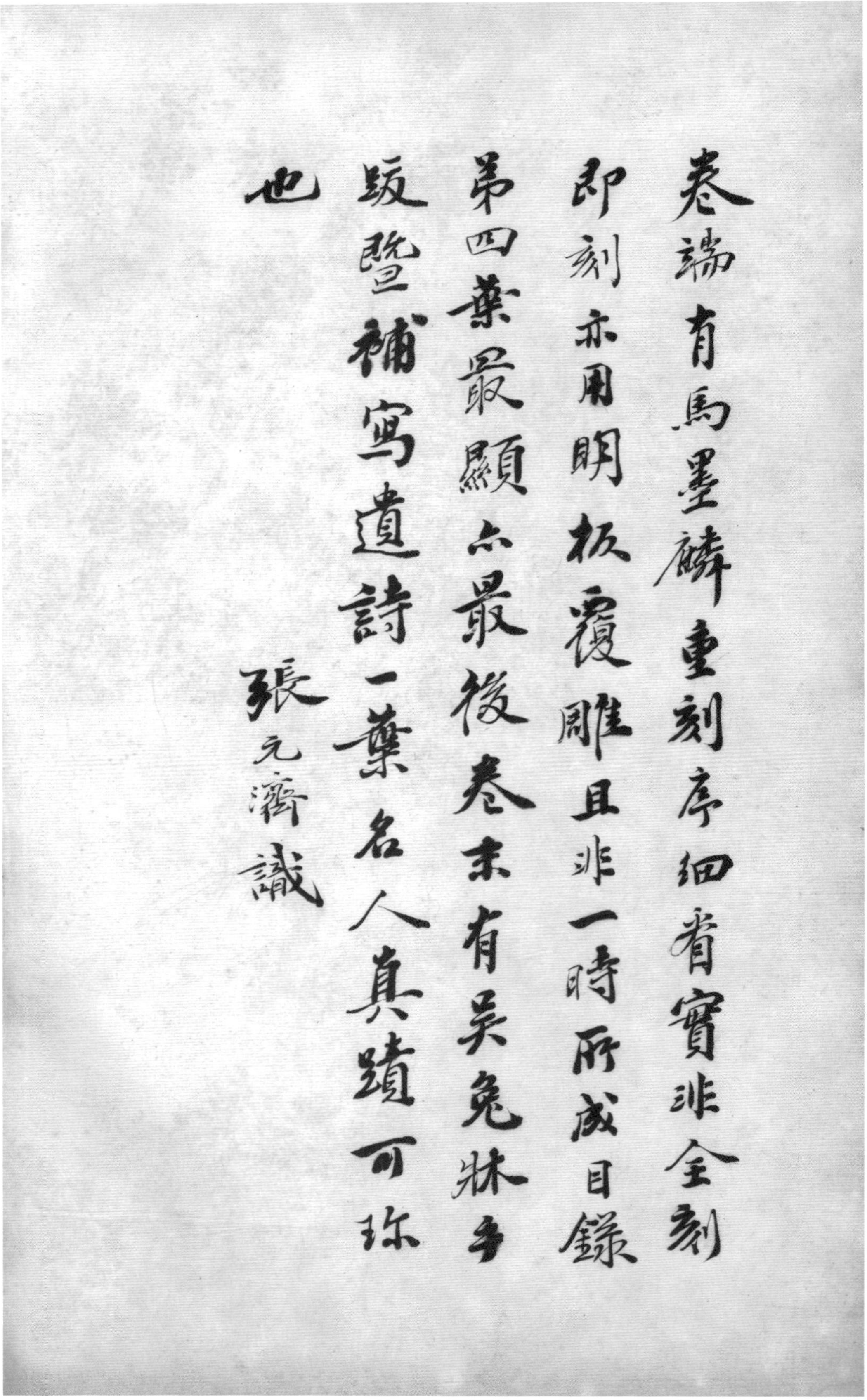

卷端有馬墨麟重刻序。細看實非全刻，即刻亦用明板覆雕，且非一時所成。目録第四葉最顯，亦最後。卷末有吴兔床手跋，暨補寫遺詩一葉。名人真跡，可珍也。張元濟識。

西臺奏議一卷黃門奏疏二卷　（清）楊雍建撰　清道光二十五年楊氏述鄭齋重刻本　

黃門奏疏卷上

兵科給事中臣楊雍建謹

題爲請愼起居以重
皇躬以慰羣望事臣惟
人君一身
天地
宗廟社稷之主百官萬民之所待命遐方異域之所式
瞻也其關係甚重則所以保惜愛護之者自不
宜暫輕

西臺奏議一卷黃門奏疏二卷　清道光二十五年楊氏述鄭齋重刻本

欽定四庫全書提要

以齋先生海鹽縣志亦列其名或原籍歟　元濟

楊黃門奏疏

國朝楊雍建撰雍建字自西一字以齋海甯
人順治乙未進士官至兵部侍郎此編乃
其官給事中時所上奏疏故以黃門爲名
前有康熙元年胡兆龍序謂雍建壬寅假
歸梓其前後疏章三十餘篇又自序云歷
吏禮兵刑四垣章凡三十餘上今卷內實
五十一篇末四篇稱西臺奏議蓋康熙十

黃門奏疏　提要

以齋先生《海鹽縣志》亦列其名，或原籍歟。元濟。

郎亭廉泉録不分卷

（清）汪鳴鑾撰　清光緒十一至十二年手稿本　T44206

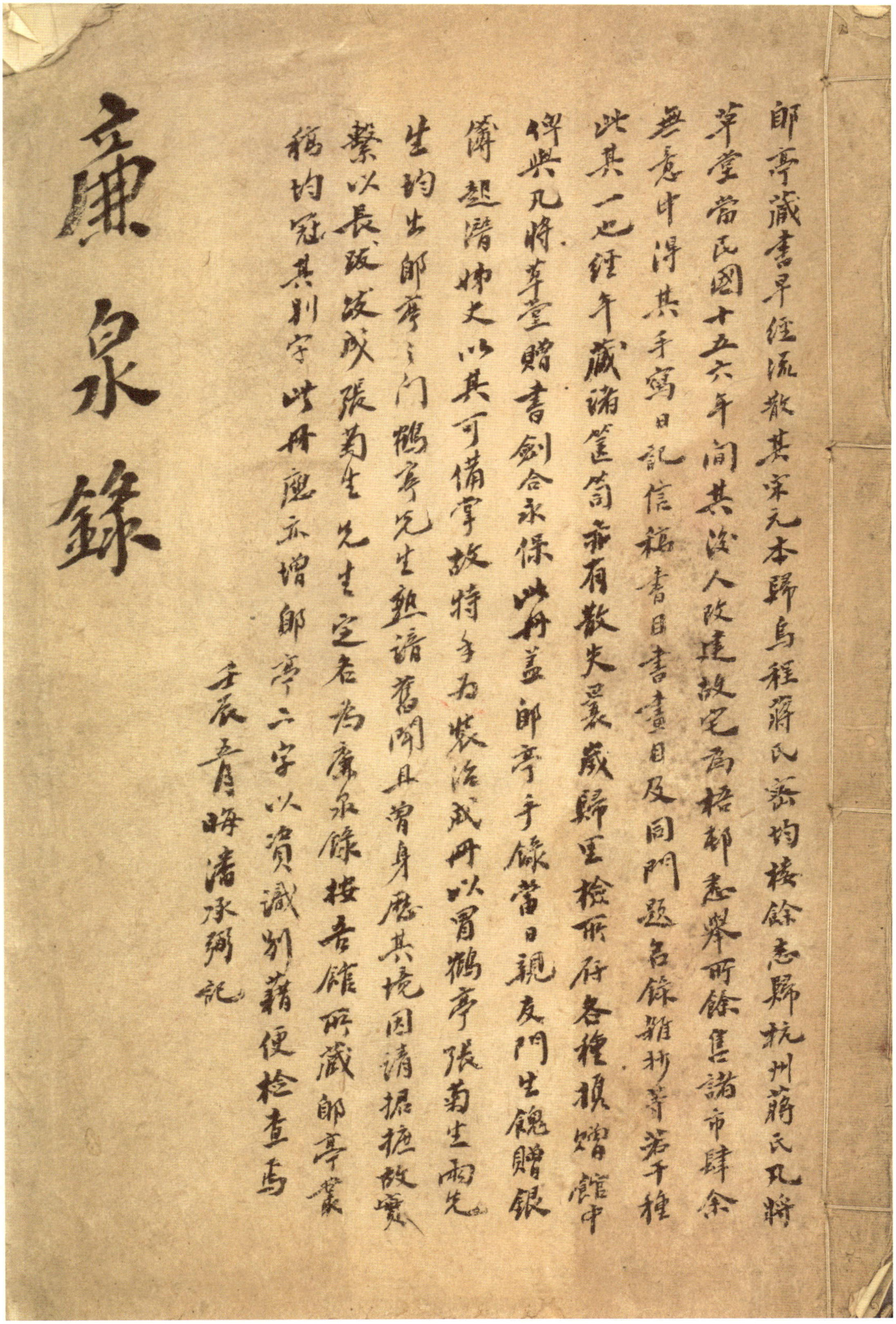

郎亭藏書早經流散其宋元本歸烏程蔣氏密均樓餘悉歸杭州蔣氏凡將草堂當民國十五六年間其後人改建故宅爲梧都悉舉所餘售諸市肆余無意中得其手寫日記信稿書目書畫目及同門題名錄雜抄等若干種此其一也經年藏諸篋笥亦有散失曩歲歸里檢所存各種損贈館中俾與凡將草堂贈書劍合永保此册蓋郎亭手錄當日親友門生餽贈銀儀趙潛坤丈以其可備掌故特手爲裝治成册以冒鶴亭張菊生兩先生均出郎亭之門鶴亭先生熟諳舊聞且曾身歷其境因請据摭故實繫以長跋跋成張菊生先生定名爲廉泉錄按吾館所藏郎亭叢稿均冠其別字此册應亦增郎亭二字以資識別藉便檢查焉

壬辰五月晦潘承弼記

廉泉錄

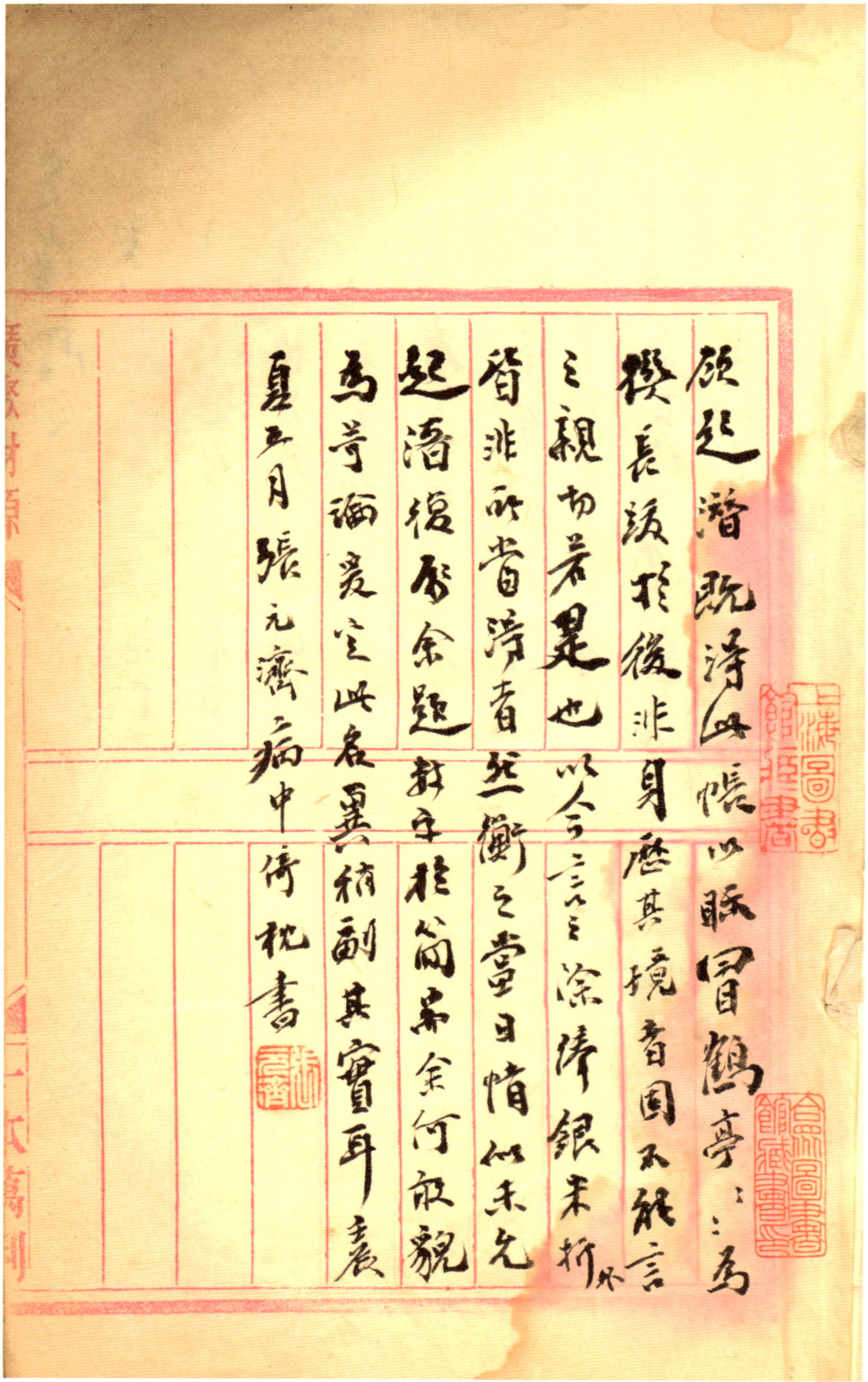

顧起潛既得此帳，以視冒鶴亭。鶴亭爲撰長跋於後。非身歷其境者，固不能言之親切若是也，以今言之，除俸銀米折外，皆非所當得者。然衡之當日，情似未允。起潛復屬余題數字於簡端，余何敢貌爲苛論。爰定此名，冀稍副其實耳。壬辰夏五月，張元濟病中倚枕書。

校史隨筆不分卷

張元濟撰 民國二十八年排印本 綫普長465030-31

校史隨筆

史記

三家舊注

史記舊注，今存者三家，曰集解，宋中郎外兵曹參軍聞喜裴駰撰；曰索隱，唐朝散大夫國子博士弘文館學士河內司馬貞撰；曰正義，唐諸王侍讀宣義郎守右清道率府長史張守節撰。其始皆別自單行。隋書經籍志、舊唐書經籍志、新唐書藝文志，集解均八十卷。新唐志索隱三十卷，正義三十卷，兩書自序所述卷數同。宋史藝文志裴駰等集注，已改爲一百三十卷。集注當卽集解，故王鳴盛十七史商榷謂以一篇爲一卷，疑始於宋。毛晉得宋刻索隱，覆刻行世，猶是三十卷之舊。獨正義三十卷，原本不可得見矣。

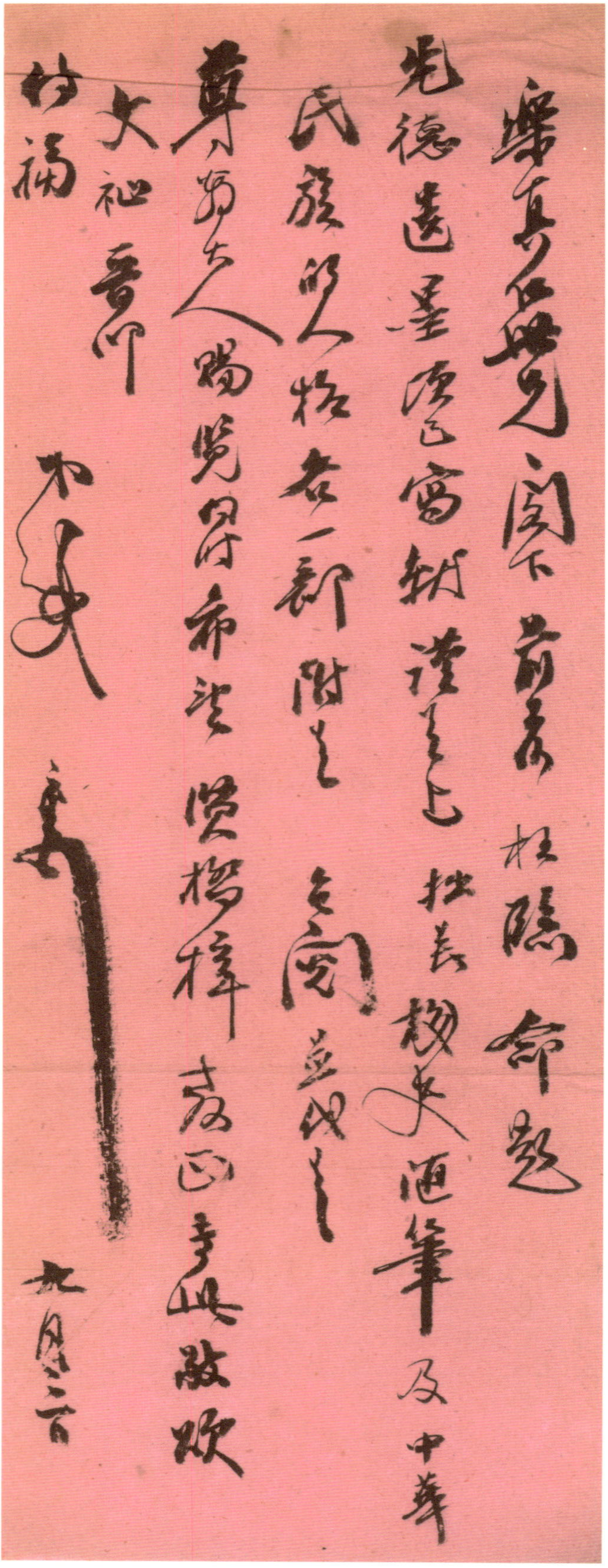

樂真仁世兄閣下：前荷枉臨，命題先德遺墨。頃已寫就，謹呈上。拙著《校史隨筆》及《中華民族的人格》各一部附呈台閱，並代呈尊翁大人賜覽，同時希望賢橋梓教正。專此。敬頌文祉，晉叩侍福。弟張元濟頓首。九月三日。

新書十卷

（漢）賈誼撰　清乾隆盧氏刻《抱經堂叢書》本　綫善783766-67

新書卷第一
漢長沙傅賈誼撰

賈長沙集
新書卷之第一 凡十篇
過秦上 過秦下 宗首 數寧 藩傷
藩彊 大都 等齊 服疑 益壤

新書卷第一

梁 太傅 賈 誼 撰

過秦上 事勢

秦孝公據崤函之固擁雍州之地君臣固守以窺周室有席卷天下包舉宇內囊括四海之意并吞八荒之心當是時也（潭本無也字）商君佐之內立法度務耕織脩守戰之具（潭本從史記作備）外連衡而鬬諸侯於是秦人拱手而取西河之外孝公既沒惠文武昭襄（案襄字衍下云始皇奮六世之餘烈張晏數孝公惠文王武王昭王併後孝王莊襄王爲六世史記陳涉世家不誤而始皇本紀則作惠王武王潭本亦同）蒙故業因遺策南取漢中西舉

新書　卷一　一　抱經堂校定本

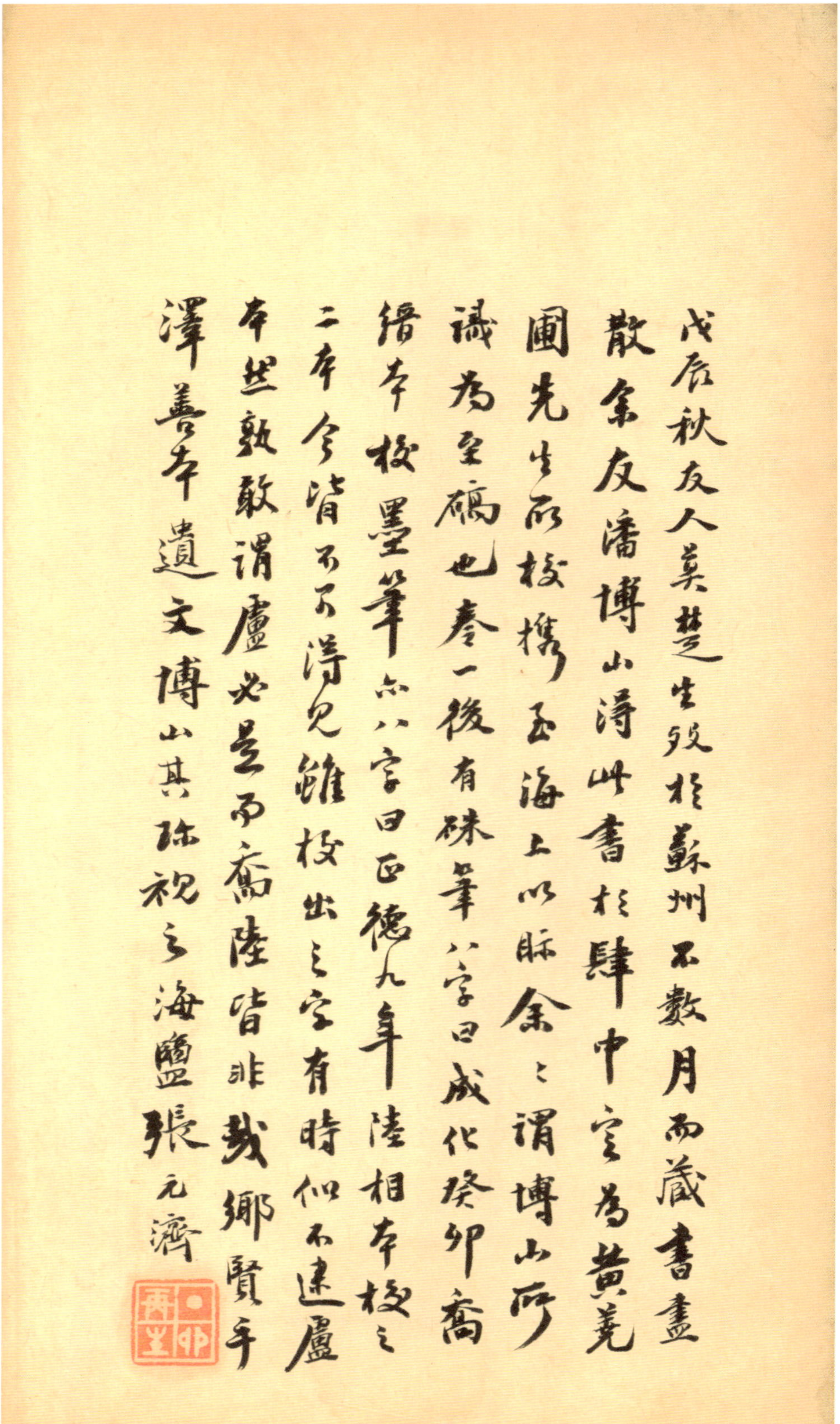
戊辰秋友人莫楚生歿於蘇州不數月而藏書盡散余友潘博山得此書於肆中定為黄蕘圃先生所校携至海上以眎余余謂博山所識為至確也卷一後有硃筆八字曰成化癸卯喬縉本校墨筆亦八字曰正德九年陸相本校之二本今皆不可得見雖校出之字有時似不逮盧本然孰敢謂盧必是而喬陸皆非哉鄉賢手澤善本遺文博山其珍視之海鹽張元濟

戊辰秋，友人莫楚生歿於蘇州，不數月而藏書盡散。余友潘博山得此書於肆中，定爲黄蕘圃先生所校。携至海上以視余。余謂博山所識爲至确也。卷一後有硃筆八字曰：『成化癸卯喬縉本校』，墨筆亦八字曰：『正德九年陸相本校』之二本，今皆不可得見。雖校出之字，有時似不逮盧本，然孰敢謂盧必是，而喬、陸皆非哉？鄉賢手澤，善本遺文，博山其珍視之！海鹽張元濟。

胥溪朱氏文會堂詩鈔八卷

（清）朱美鏐輯 海鹽張氏涉園抄本 綫善 T11990-93

胥溪朱氏文會堂詩鈔卷一

尚胥里派第二十世孫美鏐謹纂

竹軒公小傳

公諱瀚字文海號竹軒勉軒公八世孫伯仲三人分三支兄菊軒公諱溥明正統乙丑禮部采知府楊瓚言學校始設附學生吾族之博青衿者實自公始弟愛蘭公詳本傳公少穎沈氏勤生不匱志未竟而歿子若孫抗志承業科第弈世皆公之蔭也詩一首存勵南公集中

秋日感懷和天章弟元韻

幽襟瀟洒索愁何壯士空懷擊筑歌金井風寒桐葉滿碧溪霜老荻花多三更夢醒聽鴻雁十載身閒隱薜蘿指顧琴臺滄海上知音依舊許經過

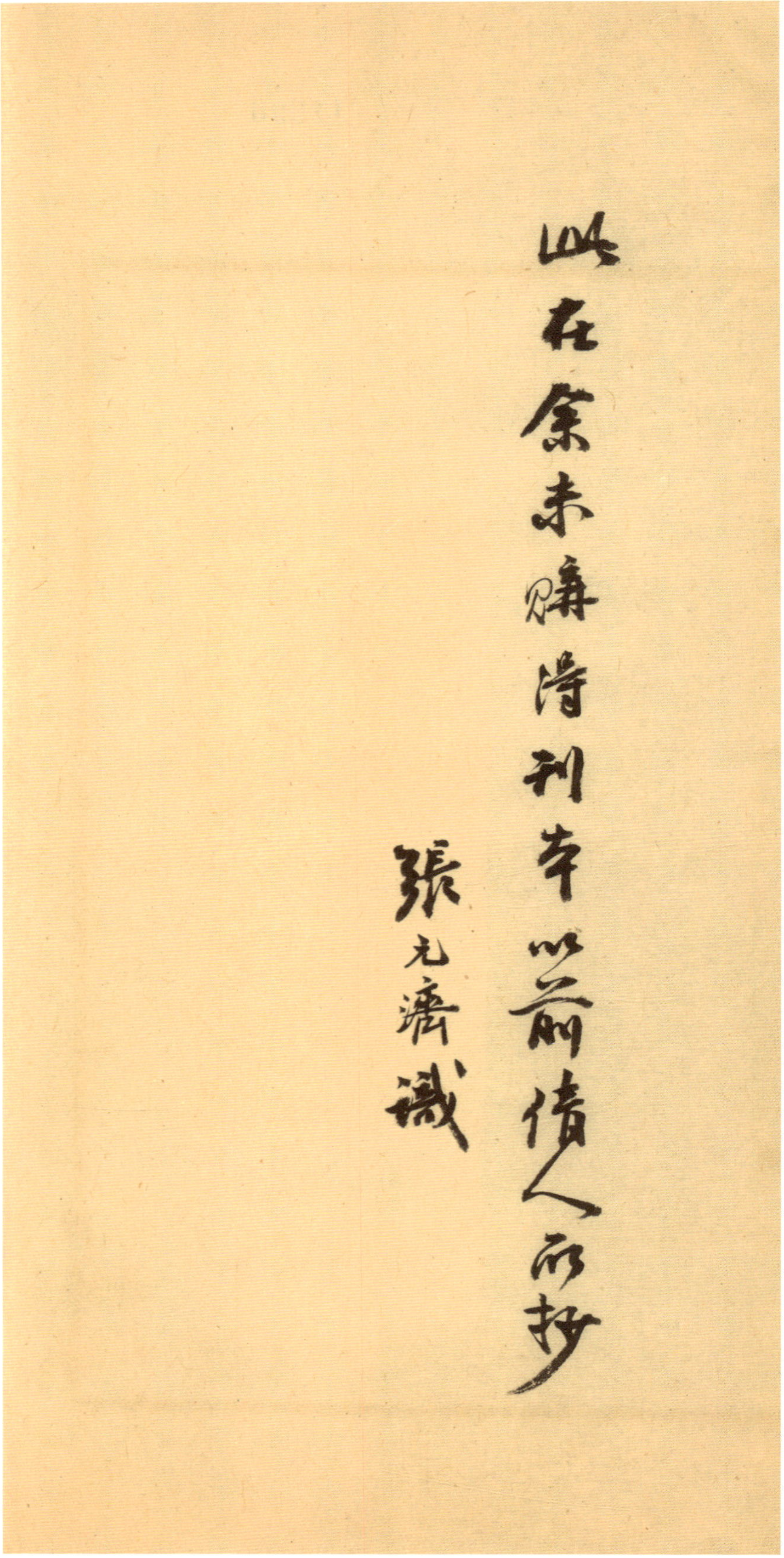
此在余未購得刊本以前倩人所抄
張元濟識

此在余未購得刊本以前倩人所抄。張元濟識。【書於扉頁】

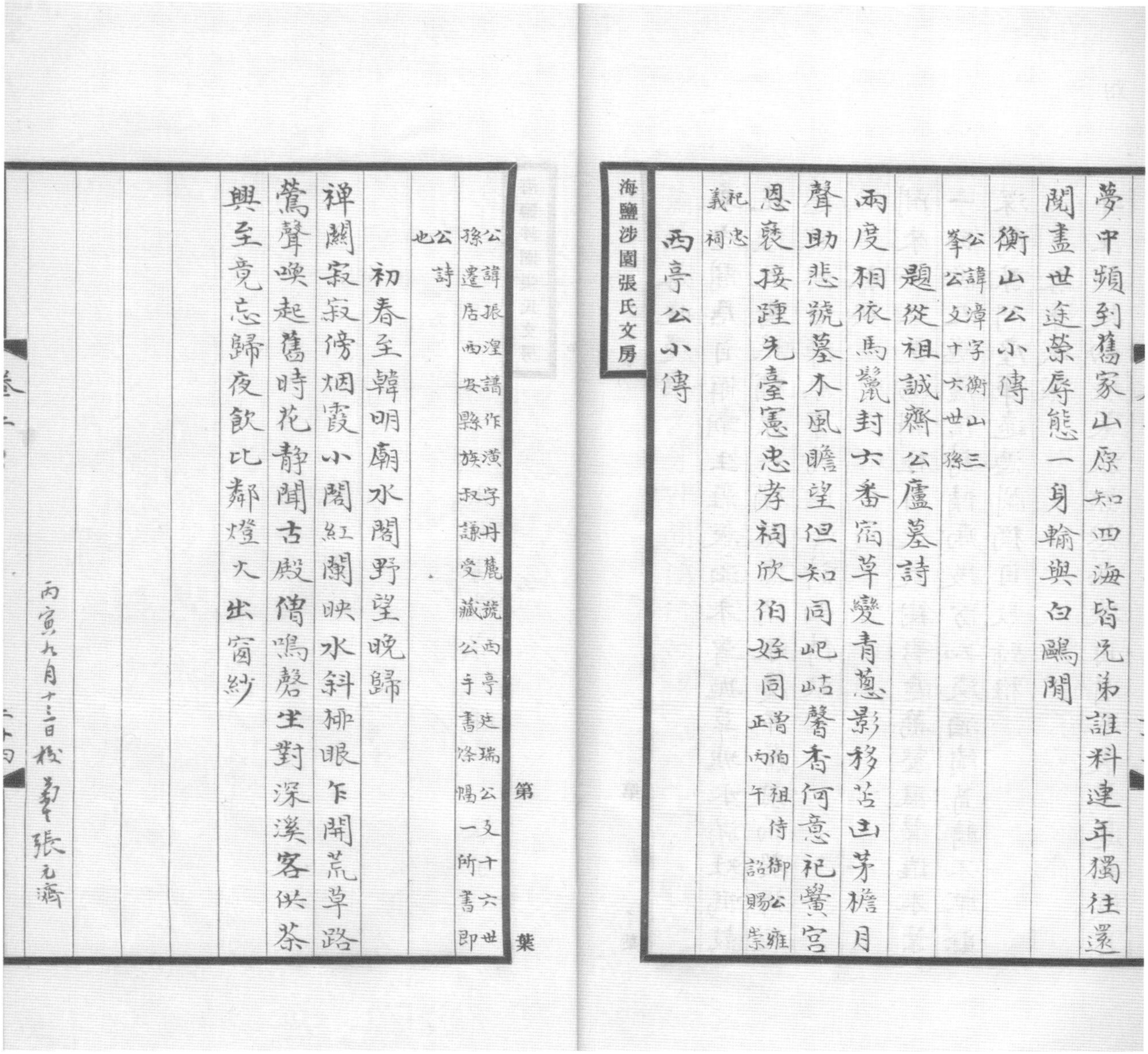
夢中頻到舊家山原知四海皆兄弟誰料連年獨往還
閱盡世途榮辱態一身輸與白鷗閒
衡山公小傳
公諱漳字衡山三峯公文十六世孫
題從祖誠齋公廬墓詩
兩度相依馬鬣封六番宿草變青蔥影移苫凷茅檐月
聲助悲號墓木風瞻望但知同屺岵馨香何意祀黌宮
恩襃接踵先臺憲忠孝祠欣伯姪同曾伯祖侍御公雍正丙午詔賜崇祀忠義祠
西亭公小傳
海鹽涉園張氏文房

第　葉
公諱湟譜作潢字丹麓號西亭廷瑞公文十六世孫遷居西安縣族叔謙受藏公手書條幅一所書即公詩也
初春至韓明廟水閣野望晚歸
禪關寂寂傍烟霞小閣紅闌映水斜柳眼乍開荒草路
鶯聲喚起舊時花靜聞古殿僧鳴磬坐對深溪客供茶
興至竟忘歸夜飲比鄰燈火出窗紗
丙寅九月十三日校菊生張元濟

丙寅九月十三日校。菊生張元濟。【書於第一册書末】

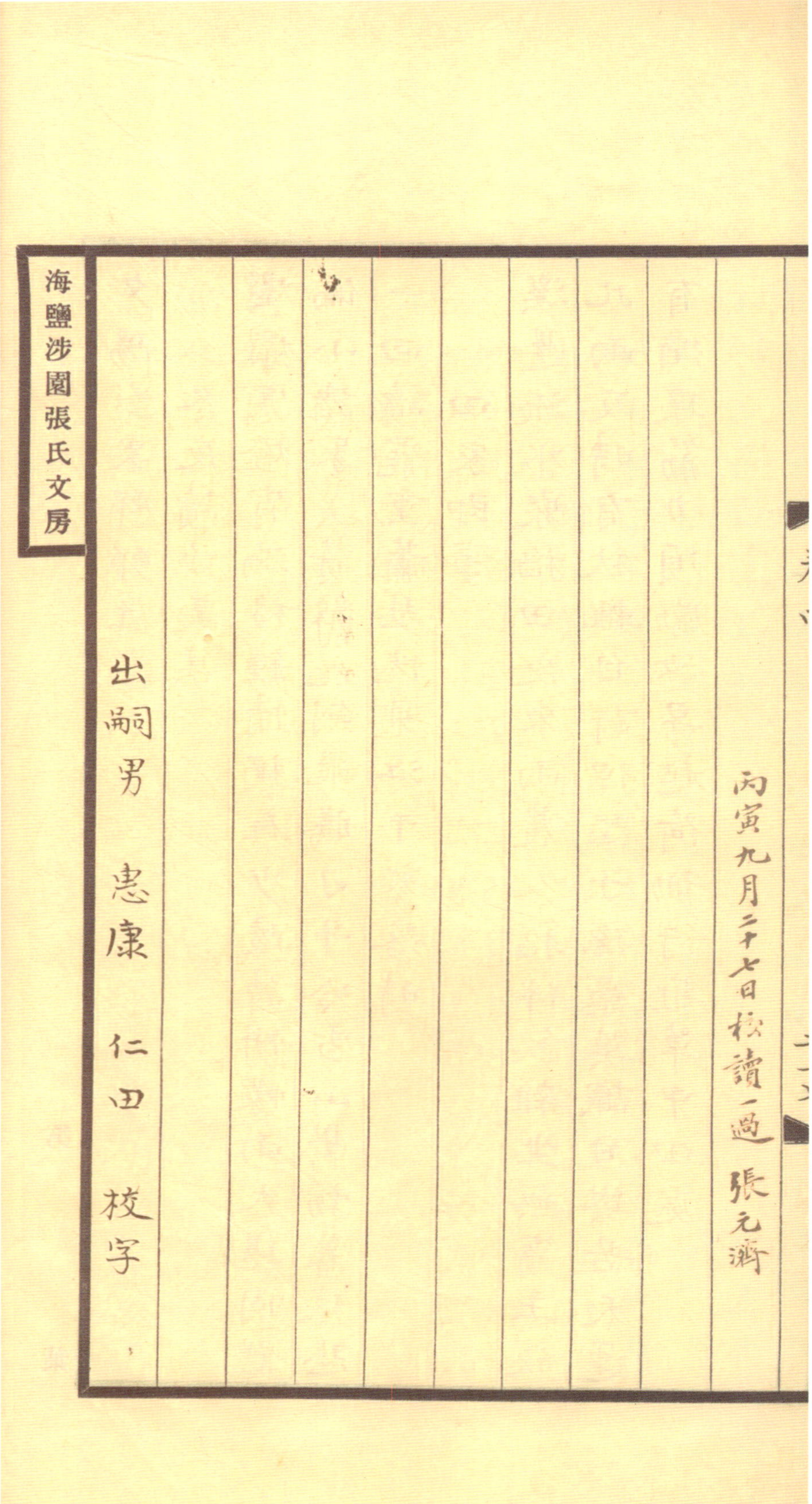
丙寅九月二十七日校讀一過　張元濟

出嗣男　惠康　仁田　校字

海鹽涉園張氏文房

丙寅九月二十七日校讀一過。張元濟。【書於第二冊書末】

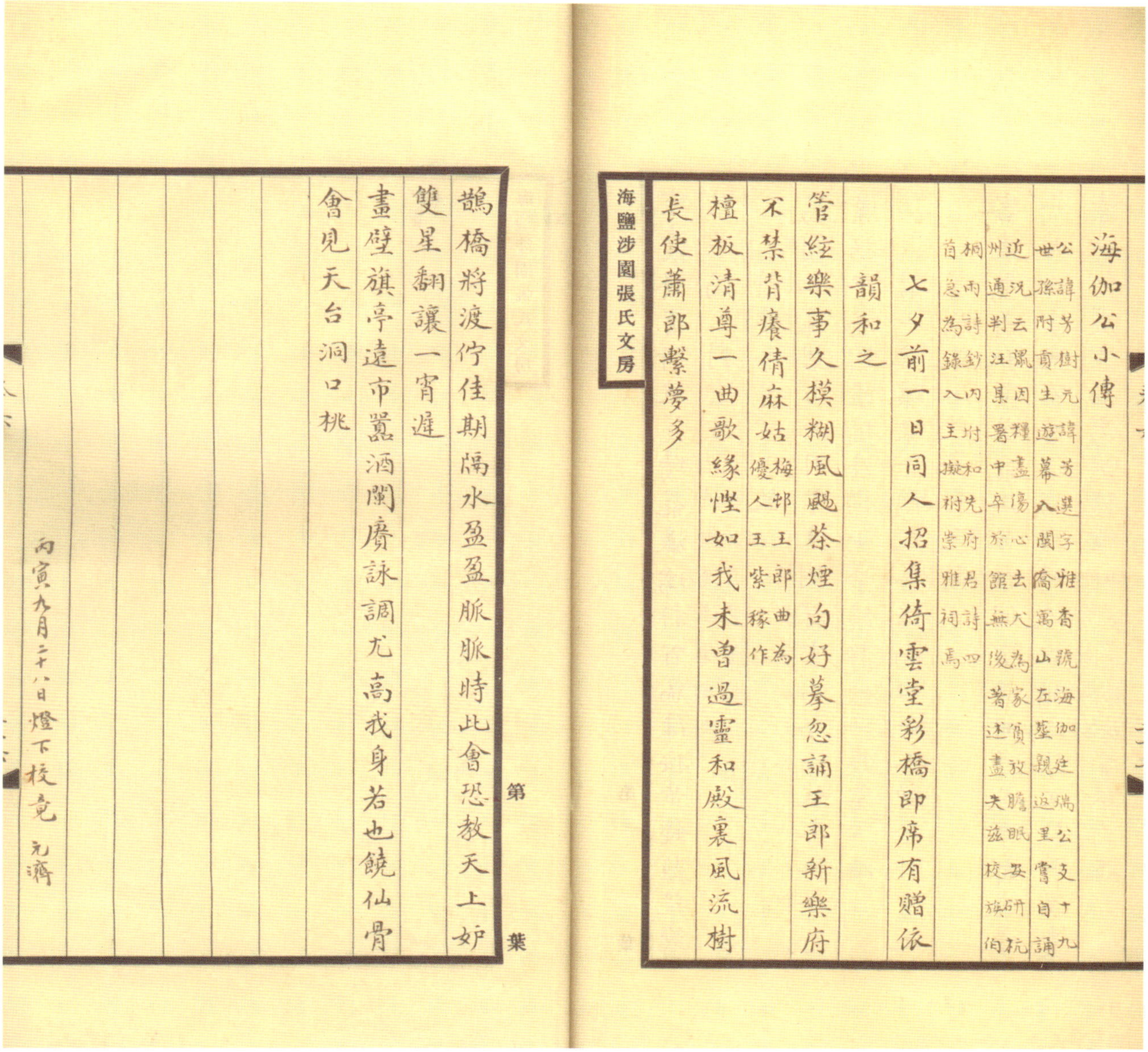
海伽公小傳

公諱芳樹元諱芳選字雅香號海伽廷瑞公支十九世孫附貢生遊幕入閩僑寓山左墊親返里嘗自誦近況云鼠因糧盡傷心去犬為家貧放膽眠客研杭州通判汪集署中卒於館無後著述盡失兹校族伯桐雨詩鈔內附和先府君詩四首急為錄入主擬祔崇雅祠焉

七夕前一日同人招集倚雲堂彩橋即席有贈依韻和之

管絃樂事久模糊風颭茶煙的好摹忽誦王郎新樂府不禁背癢倩麻姑梅邨王郎曲為優人王紫稼作

檀板清尊一曲歌緣慳如我未曾過靈和殿裏風流樹長使蕭郎繫夢多

海鹽涉園張氏文房

鵲橋將渡佇佳期隔水盈盈脈脈時此會恐教天上妒雙星翻讓一宵遲

畫壁旗亭遠市囂酒闌賡詠調尤高我身若也饒仙骨會見天台洞口桃

丙寅九月二十八日燈下校竟　元濟

第　葉

丙寅九月二十八日燈下校竟。元濟。【書於第三册書末】

予莫為之前雖美弗彰莫為之後雖盛弗傳也我家自明迄今科名相繼即以十世祖龍沙公支下徵之十三世祖迦陵公登順治戊子鄉榜後至泰脩第二十一世一門之聲華鵲起九世之科第蟬聯非有是集人但豔其簪組之清華而未稔其縹緗之繁富歎其箕裘之緜遠而未知其根柢之盤深昔南華寓言風之積也不厚則負大翼也無力水之積也不厚則負大舟也無力物理固然矧世族之錫光篤慶也哉泰脩奉檄南征假旋脩墓適念珊叔自滇奉諱回里賢遜楊愔叨竹屋銅盤之寵異地誇蒙叚述鑾花花鳥之新聞暇示斯編命跋

海鹽涉園張氏文房

數語集中如侍御白岳公閣學虹舫公一則邊陲平寇銅鼓闌闠一則鎖院衡才冰壺皎皎九京可作竹素如證乎寸心萬里雖遥棠陰尚留乎遺澤果能校其魚豕壽諸棗梨帶以贈滇南諸君子李桃新蔭皆飲水而知源觴詠餘閒覺鳴琴之有譜是則泰脩所尤深欣幸者也道光庚戌七月下浣泰脩謹跋

丙寅九月二十九日燈下校畢 張元濟

第 葉

丙寅九月二十九日燈下校畢。張元濟。【書於第四册書末】

徐蘋村全稿十三種三十一卷

（清）徐倬撰 清康熙四十七年刻本 綫善 T12610-19

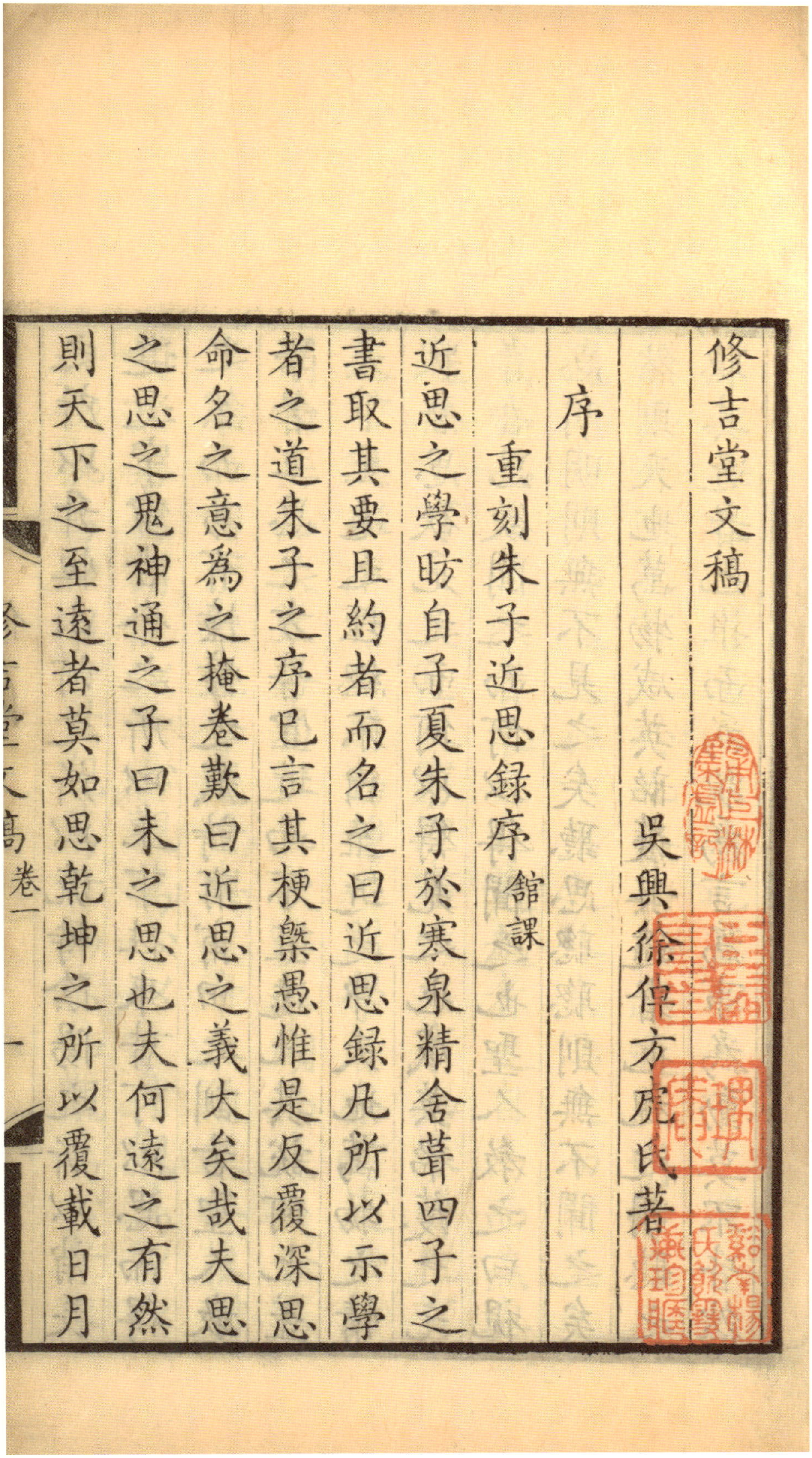

修吉堂文稿

吳興徐倬方虎氏著

序

重刻朱子近思録序 館課

近思之學昉自子夏朱子於寒泉精舍萃四子之書取其要且約者而名之曰近思録凡所以示學者之道朱子之序已言其梗槩愚惟是反覆深思命名之意爲之掩卷歎曰近思之義大矣哉夫思之思之鬼神通之子曰未之思也夫何遠之有然則天下之至遠者莫如思乾坤之所以覆載日月

修吉堂文稿 卷一 一

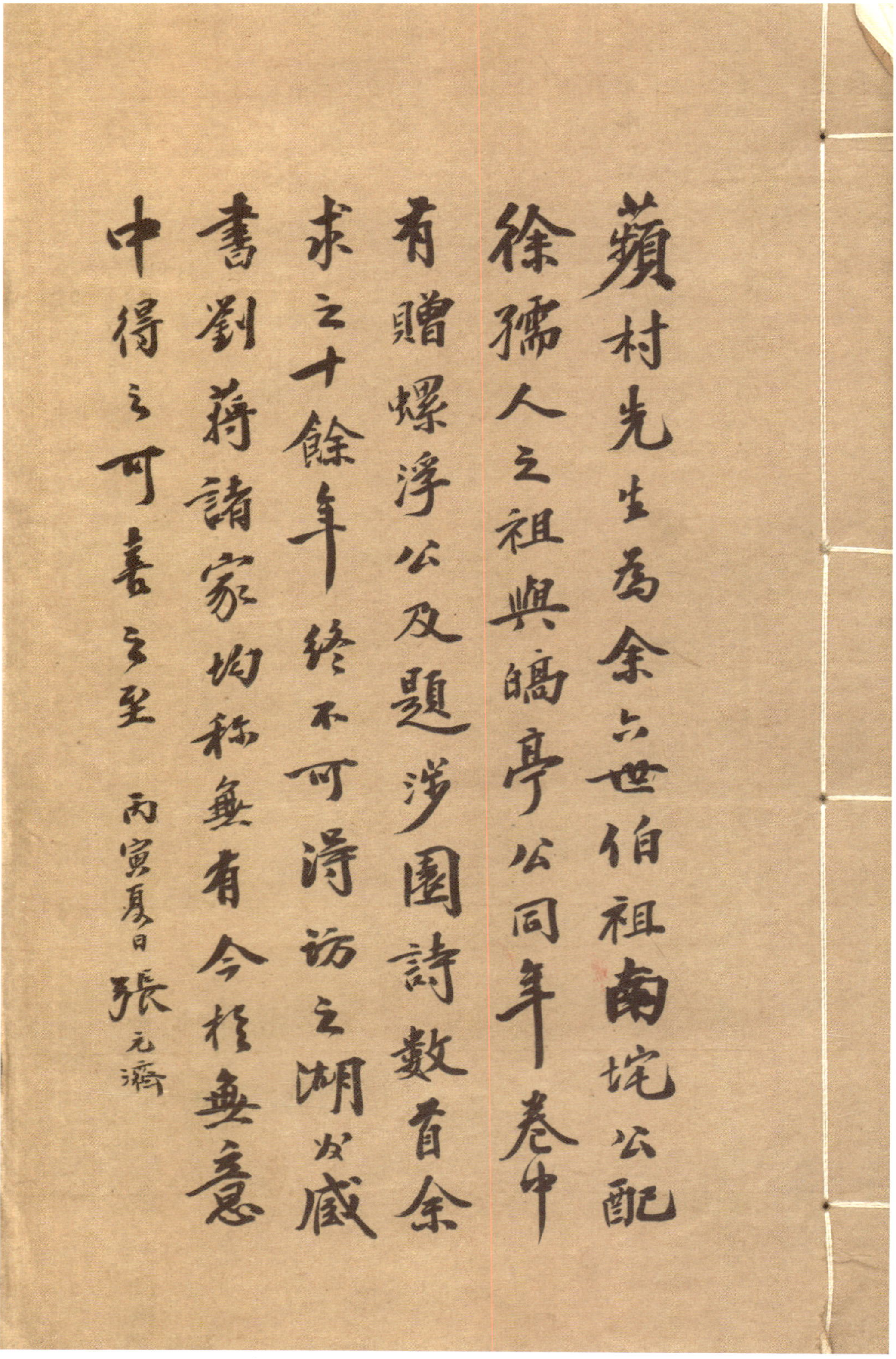
蘋村先生為余六世伯祖南垞公配
徐孺人之祖與皜亭公同年卷中
有贈螺浮公及題涉園詩數首余
求之十餘年終不可得訪之湖州藏
書劉蔣諸家均稱無有今於無意
中得之可喜之至
丙寅夏日張元濟

蘋村先生爲余六世伯祖南垞公配徐孺人之祖，與皜亭公同年。卷中有贈螺浮公及題涉園詩數首。余求之十餘年，終不可得。訪之湖州藏書劉、蔣諸家，均稱無有。今於無意中得之，可喜之至！丙寅夏日，張元濟。

續澉水志九卷

（明）董穀纂修 清抄本

續澉水志卷之一地理紀

鎮人董穀修纂

陳鯉

徐蘭校正

徐濱

陳九職

吳起元

韓世積對閱

沿革

按舊誌晉光熙初有毛人三集洲上葢泛於風也居民貿易遂

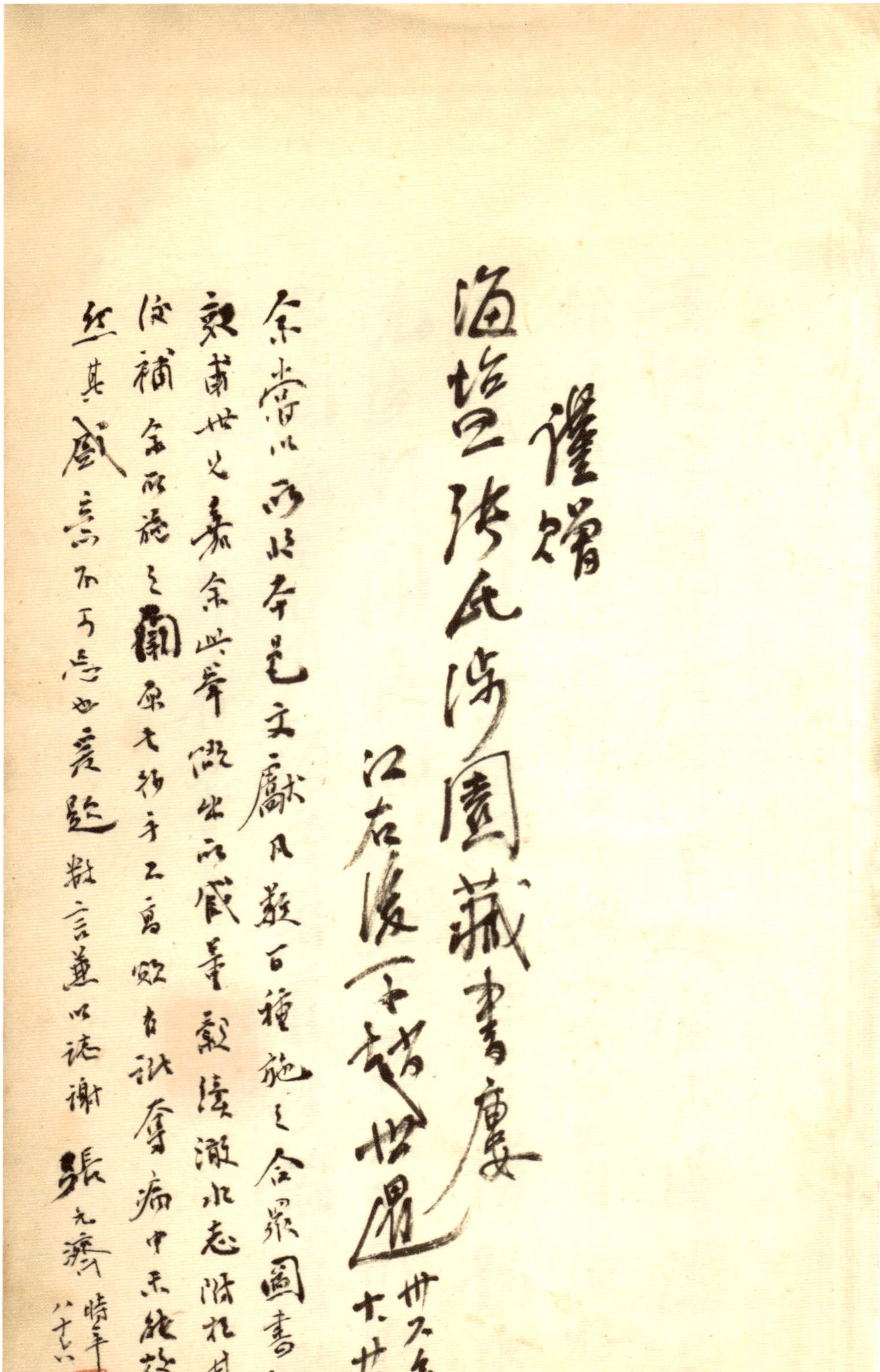

謹贈
海鹽張氏涉園藏書處
江右後學[illegible]世還
卅六年十、廿四

余嘗以所收本邑文獻凡數百種施之合衆圖書館敦甫世兄嘉余此舉慨出所藏董穀續澉水志附於其後補余所施之闕原書抄手不高頗有訛奪病中未能校正然其盛意不可忘也爰題數言兼以志謝　張元濟　時年八十六

余嘗以所收本邑文獻凡數百種施之合衆圖書館。敦甫世兄嘉余此舉，慨出所藏董穀《續澉水志》附於其後，補余所施之闕。原書抄手不高，頗有訛奪，病中未能校正，然其盛意不可忘也！爰題數言，兼以志謝。張元濟。時年八十六。

楊大年先生武夷新集卷之一

邗關　靜庵子李　繍訂刻
武林　龔五韺華茂甫　仝校
會稽　馮肇杞幼將甫

詩

奉和御製社日詩

仙掌凌空沆瀣秋大田多稼似雲浮天邊霽景芙蓉闕江上殘芳杜若洲東觀羣儒宣宴樂南荆遺俗重

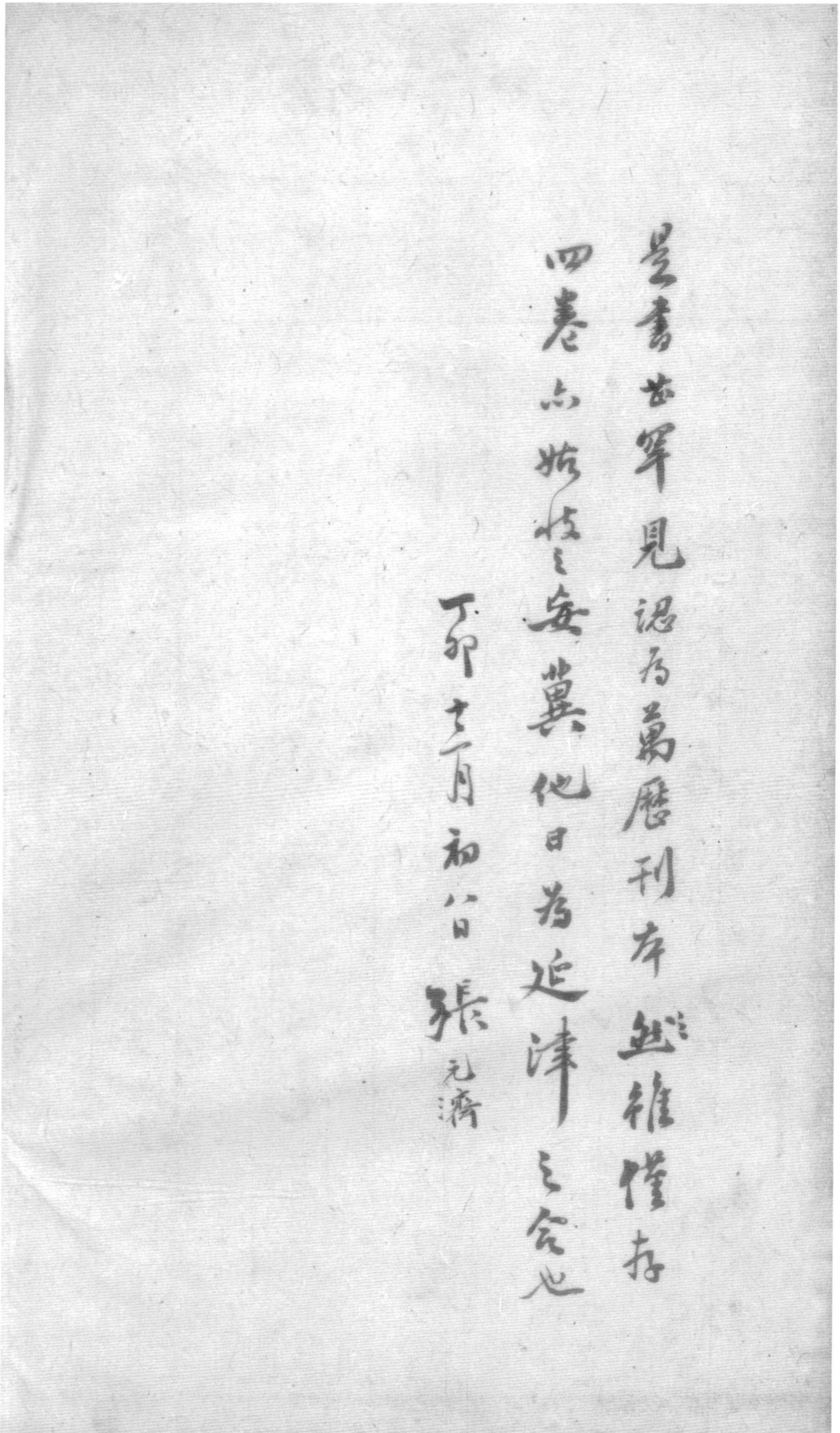
是書甚罕見認爲萬曆刊本雖僅存四卷亦姑收之妄冀他日爲延津之合也
丁卯十二月初八日張元濟

是書甚罕見。認爲萬曆刊本。雖僅存四卷，亦姑收之，妄冀他日爲延津之合也。丁卯十二月初八日，張元濟。

夷白齋稿三十五卷外集一卷
（元）陳基撰　明抄本　綫善T07673-74

夷白齋稿卷之一

臨海　陳基　著

金華　戴良　編

賦

別知賦送王子克

紛吾好兹良友兮慮無遠之不求匪夫人之不衆兮緊（羌）惟（獨）愛子之好修迪仁義以為途兮挾忠信以為輈朝縱鞚于齊魯之郊兮夕沿洄于洙泗之流登泰華以望八荒兮薄青冥而上游扶（抉）雲漢而分天章兮將

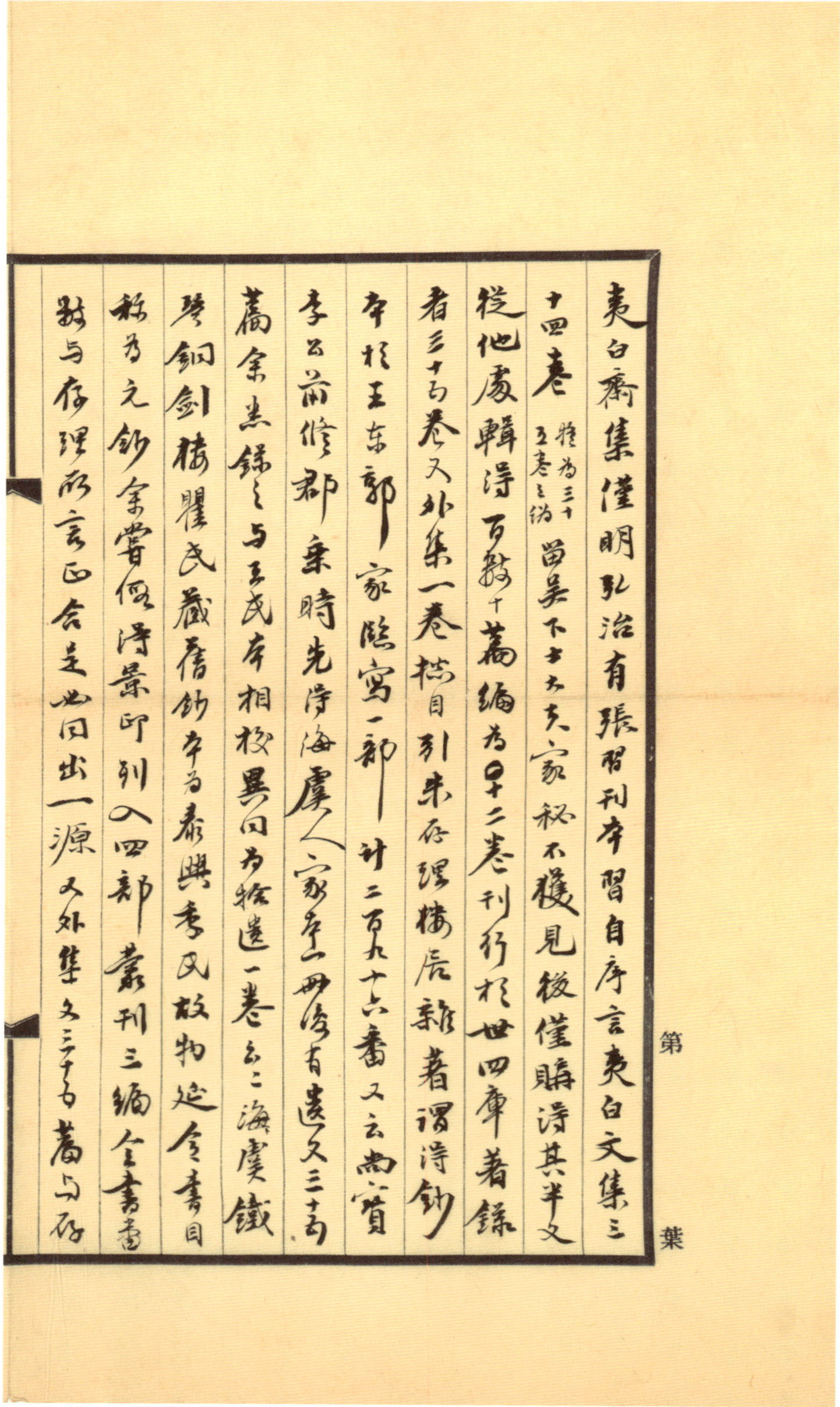
夷白齋集僅明弘治有張習刊本習自序言夷白文集三
十四卷疑為三十五卷之偽留吳下士大夫家秘不獲見後僅購得其半又
從他處輯得百數十篇編為十二卷刊行於世四庫著錄
者三十五卷又外集一卷總目引朱存理樓居雜著謂得鈔
本於王東郭家臨寫一部計二百九十六番又云尚寶
李公前修郡乘時先得海虞人家本一冊後又三十五
篇余悉錄之與王氏本相校異同為拾遺一卷云云海虞鐵
琴銅劍樓瞿氏藏舊鈔本為泰興季氏故物延令書目
稱為元鈔余嘗假得景印列入四部叢刊三編今書當
猶與存理所言正合是也同出一源又外集文三十五篇與存
第 葉

《夷白齋集》僅明弘治有張習刊本。習自序言：『《夷白文集》三十四卷（疑爲三十五卷之僞），留吴下士大夫家，秘不獲見。後僅購得其半，又從他處輯得百數十篇，編爲十二卷，刊行於世。』《四庫》著録者三十五卷，又《外集》一卷。《總目》引朱存理《樓居雜著》，謂：『得鈔本於王東郭家，臨寫一部，計二百九十六番。』又云：『尚寶李公前修郡乘時，先得海虞人家本一册，後有遺文三十五篇，余悉録之。與王氏本相校異同，爲拾遺一卷』云云。海虞鐵琴銅劍樓瞿氏藏舊鈔本爲泰興季氏故物，《延令書目》

稱爲元鈔。余嘗假得景印，列入《四部叢刊三編》。全書番數與存理所言正合，是必同出一源。又《外集》文三十五篇，與存理所輯《拾遺》亦同，但尚有古今體詩一百十七首，存理跋概未之及，故《四庫總目》疑爲後人有所更定。然何以全書番數與遺文篇數又皆相合？王東郭本今不可得見，祇可疑以傳疑矣。是本舊藏汲古閣毛氏，嗣轉入於愛日精廬，見張氏藏書志，取季本對勘，編次全合，而文字則頗多歧異。其所從出必爲一別本。錢遵王所藏從葉林宗家稿本摹寫，見《讀書敏求記》。或疑此從錢本傳録。然既云

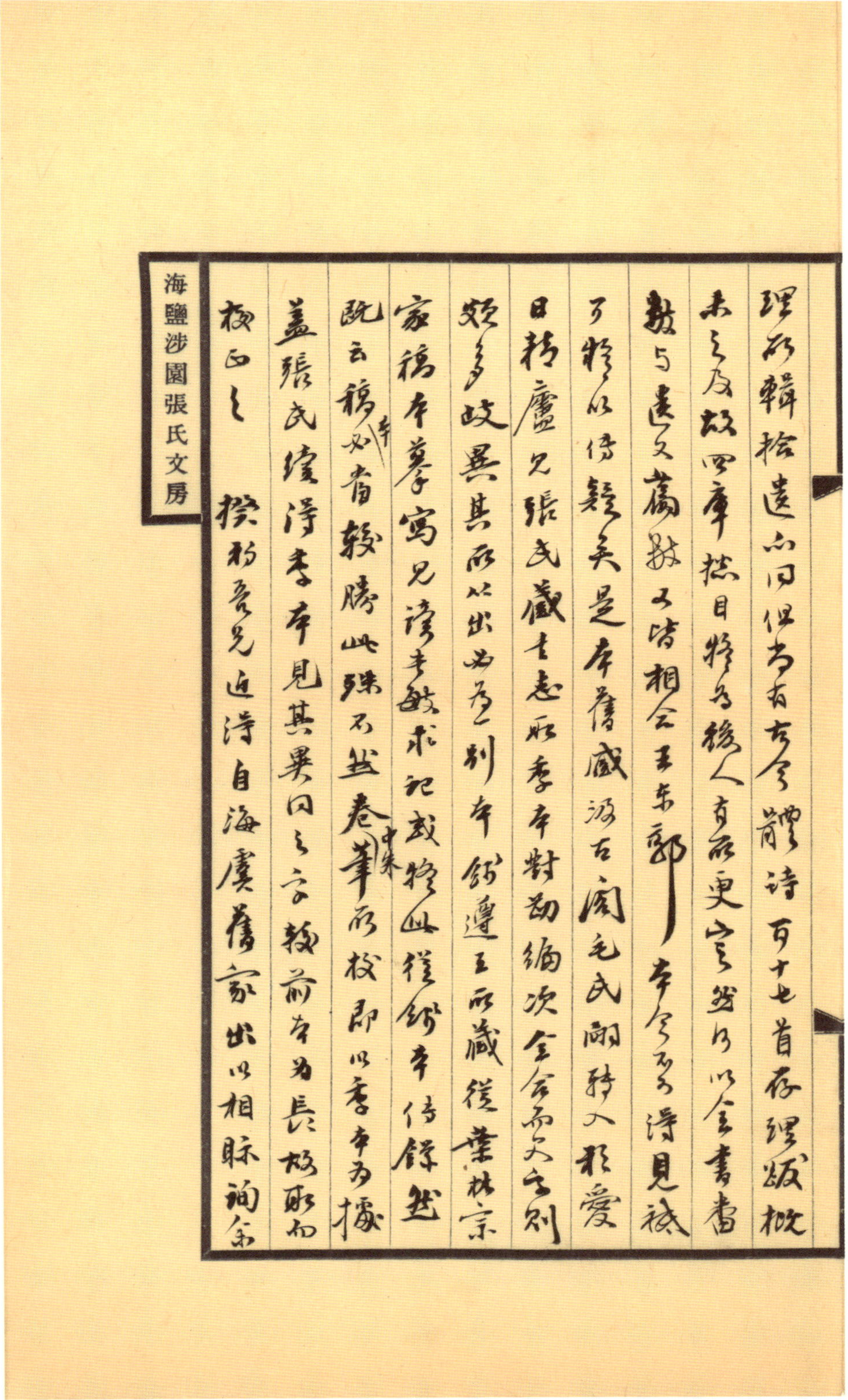

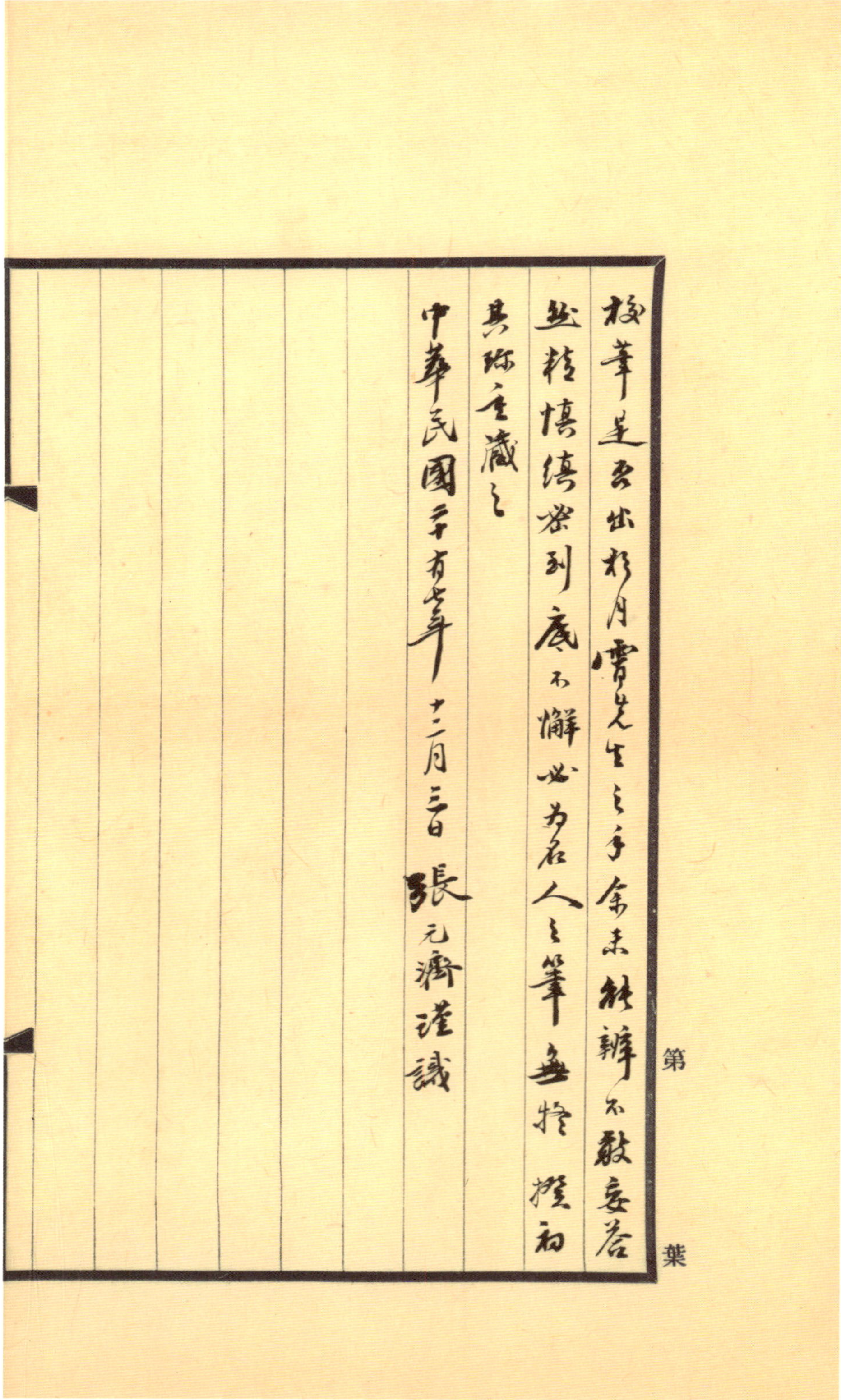
校筆是否出於月霄先生之手余未能辨不敢妄答
然精慎縝密到底不懈必為名人之筆無疑　揆初
其珍重藏之
中華民國廿有七年十二月三日　張元濟謹識
第　葉

稿本，必當較勝。此殊不然。卷中硃筆所校，即以季本爲據，蓋張氏續得季本，見其異同之字較前本爲長，故取而校正之。揆初吾兄近得自海虞舊家，出以相視，詢余校筆是否出於月霄先生之手。余未能辨，不敢妄答，然精慎縝密，到底不懈，必爲名人之筆無疑。揆初其珍重藏之。中華民國二十有七年十二月三日，張元濟謹識。

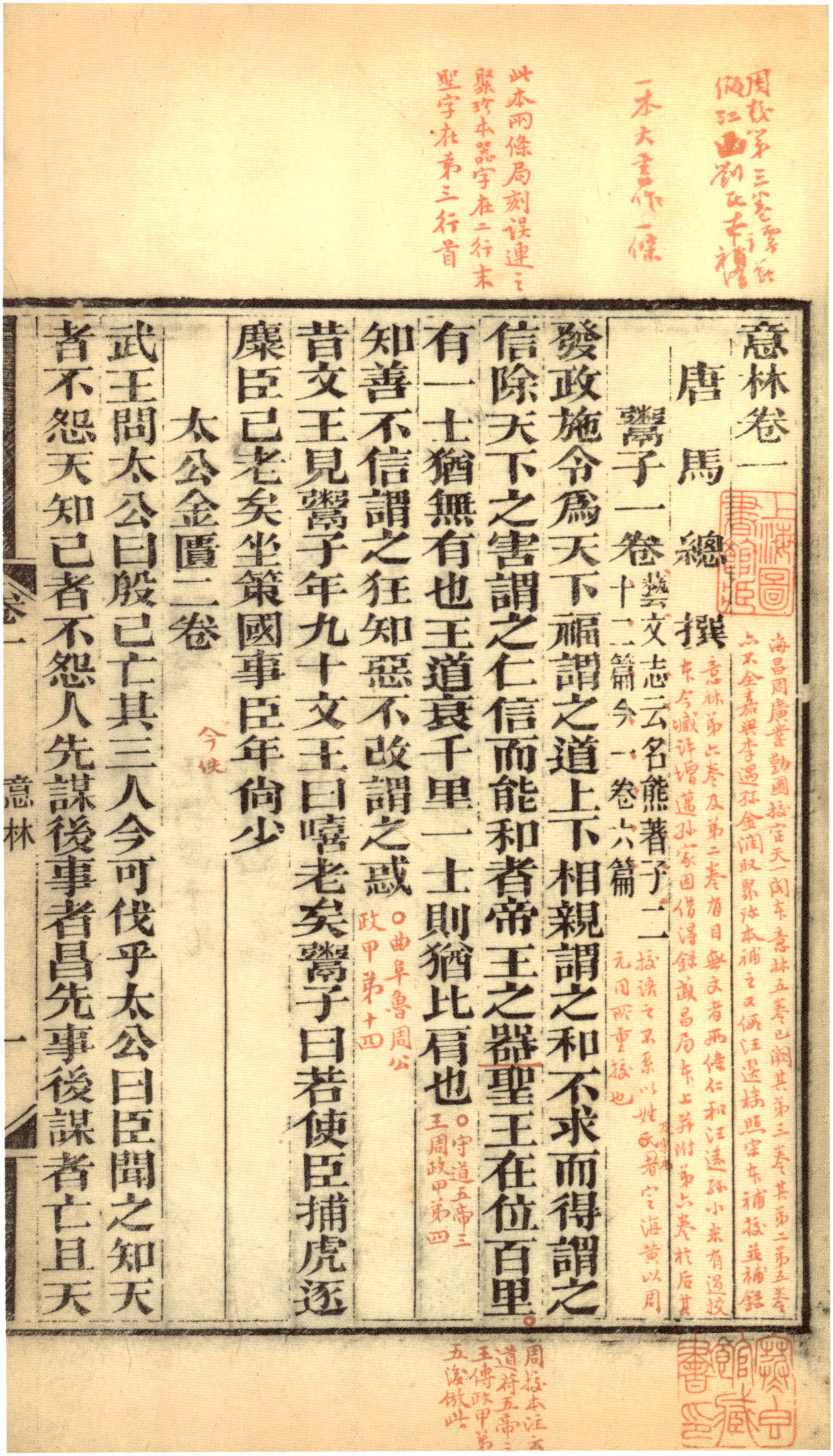
意林卷一

唐 馬總 撰

鬻子一卷 藝文志云名熊著子二十二篇今一卷六篇

發政施令爲天下福謂之道上下相親謂之和不求而得謂之信除天下之害謂之仁信而能和者帝王之器聖王在位百里有一士猶無有也王道衰千里一士則猶比肩也

知善不信謂之狂知惡不改謂之惑

昔文王見鬻子年九十文王曰嘻老矣鬻子曰若使臣捕虎逐麋臣已老矣坐策國事臣年尚少

太公金匱二卷

武王問太公曰殷已亡其三人今可伐乎太公曰臣聞之知天者不怨天知己者不怨人先謀後事者昌先事後謀者亡且天

意林五卷補一卷

（唐）馬總撰　清光緒三年湖北崇文書局刻本（補一卷配清抄本）　綫善 T439498–501

民國五年五月，友人以舊書數種見示，中有《意林》一部，爲譚仲修先生校本。徐仲可同年謂先生晚年病腕，卷中書勢倚縱者，爲先生手跡。其字體工整者不知爲何人所校。翌日以示吾友陳叔通。甫閱數葉，即言爲其令叔謌士先生遺墨，因語余，仁和許邁孫擬刊是書，倩先生爲之校訂，今家中尚藏有稿本，又常與仲修先生從事本省書局，平日以校勘之事相切劘，故録副以就正於先生。先生又以己所見者增補於上也。余惟古書散佚，固當亟爲刊布，然校勘不精，則盡失古人之意，雖刊布亦奚足貴。是書經兩先生手校，參互考訂，無一字之苟且。朱墨爛然，望而知爲珍秘之本。叔通無意得見其先世手澤，尤爲欣幸，並出其所藏稿本，以相印證。余因購而歸之，以作兩美之合焉。周氏校注本近劉聚卿已刊入《聚學軒叢書》中，《涉聞梓舊》則依宋本補刊第六卷。涵芬樓均有其書，疑此校必有出兩書外者，暇時當再從叔通借校也。海鹽張元濟。

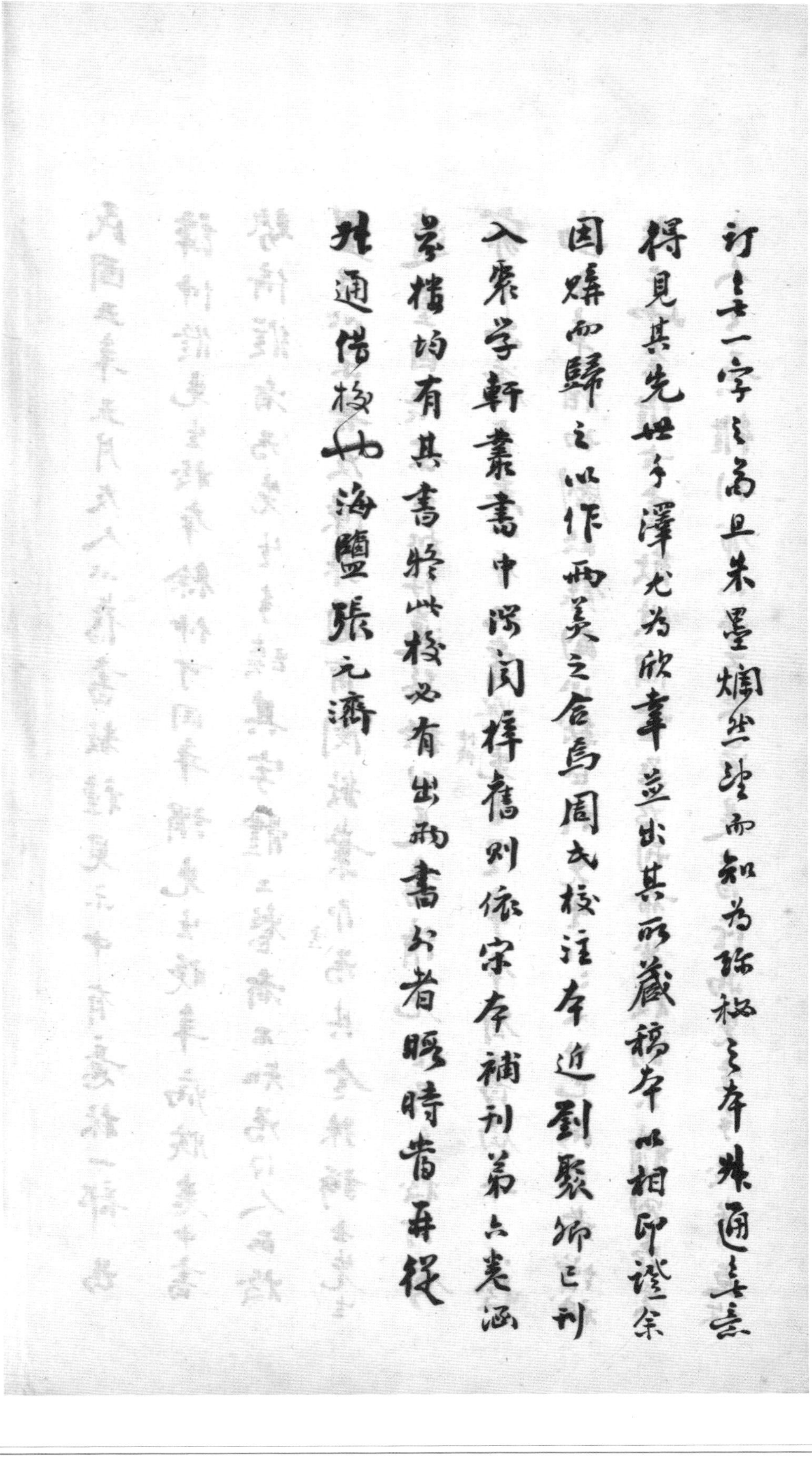
訂之一字之苟且朱墨爛然望而知為珍秘之本叔通無意得見其先世手澤尤為欣幸並出其所藏稿本以相印證余因購而歸之以作兩美之合焉周氏校注本近劉聚卿已刊入聚學軒叢書中涉聞梓舊則依宋本補刊第六卷涵芬樓均有其書疑此校必有出兩書外者暇時當再從叔通借校也海鹽張元濟

游燕草一卷

（清）沈曾懋撰 海鹽張氏涉園抄本 线善 T12137

游燕草

武原沈曾懋敏齋著

錫山道中

淪漪一水淨湖瀆翠嶺晴嵐曉色分乍見高梧飄岸葉尚稀征鴈到江皐溪邊犢過人橫蕩煙際漁歸艇入雲汲得甘泉吾已足夢回猶誦煑茶文

舟泊京口逢張布顏偕至濟寧

聞君西上大江還何意颿飛京口間遠道不期逢舊雨離情幾月話鄉關銀螯對酒青山側香甑炊粳碧水灣夜就舩窗隨枕簟一鞭更好共追攀

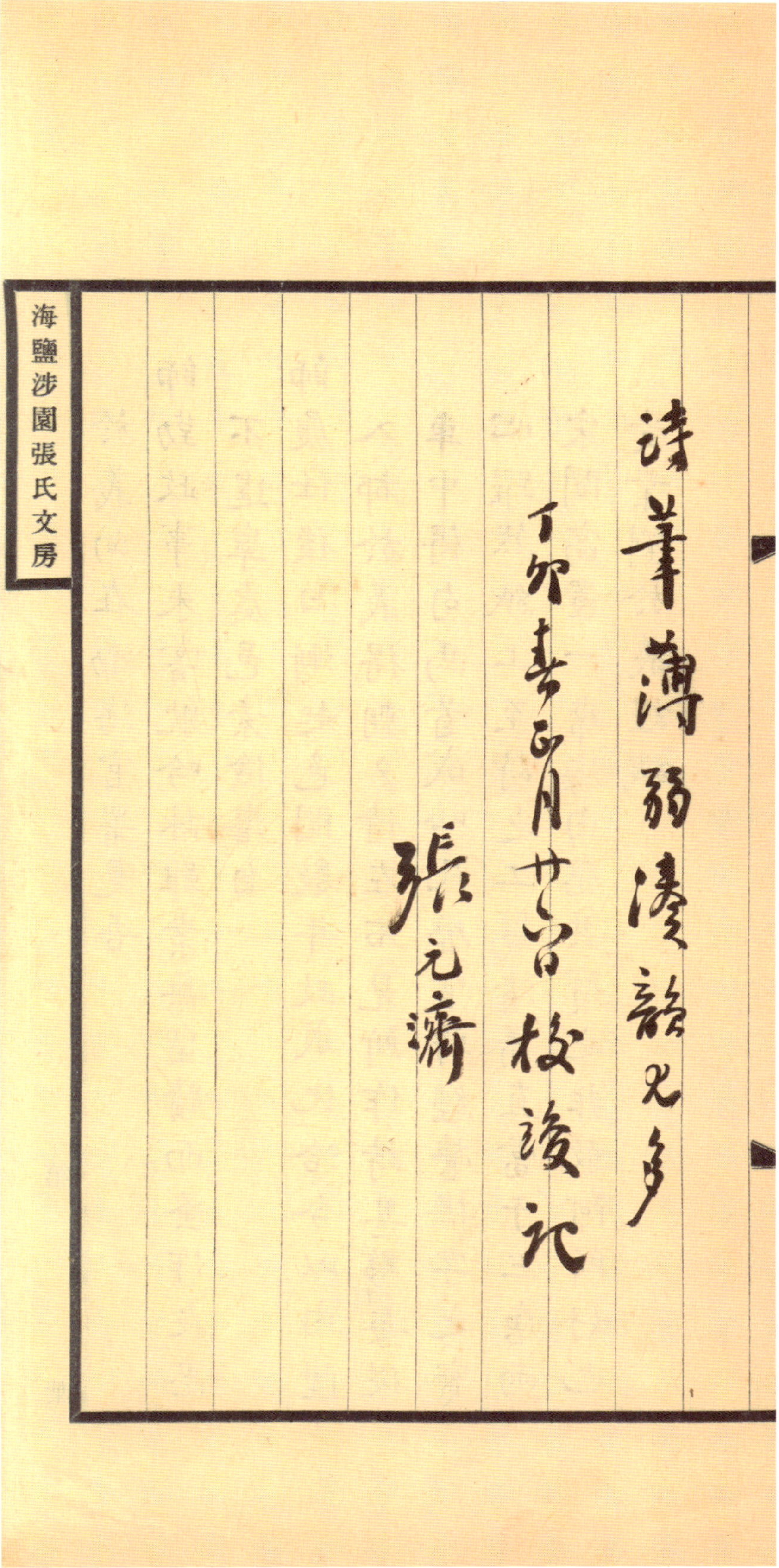
海鹽涉園張氏文房

詩筆薄弱湊韻尤多

丁卯春正月廿六日校竣記

張元濟

詩筆薄弱，湊韻尤多。丁卯春正月廿六日校竣記。張元濟。

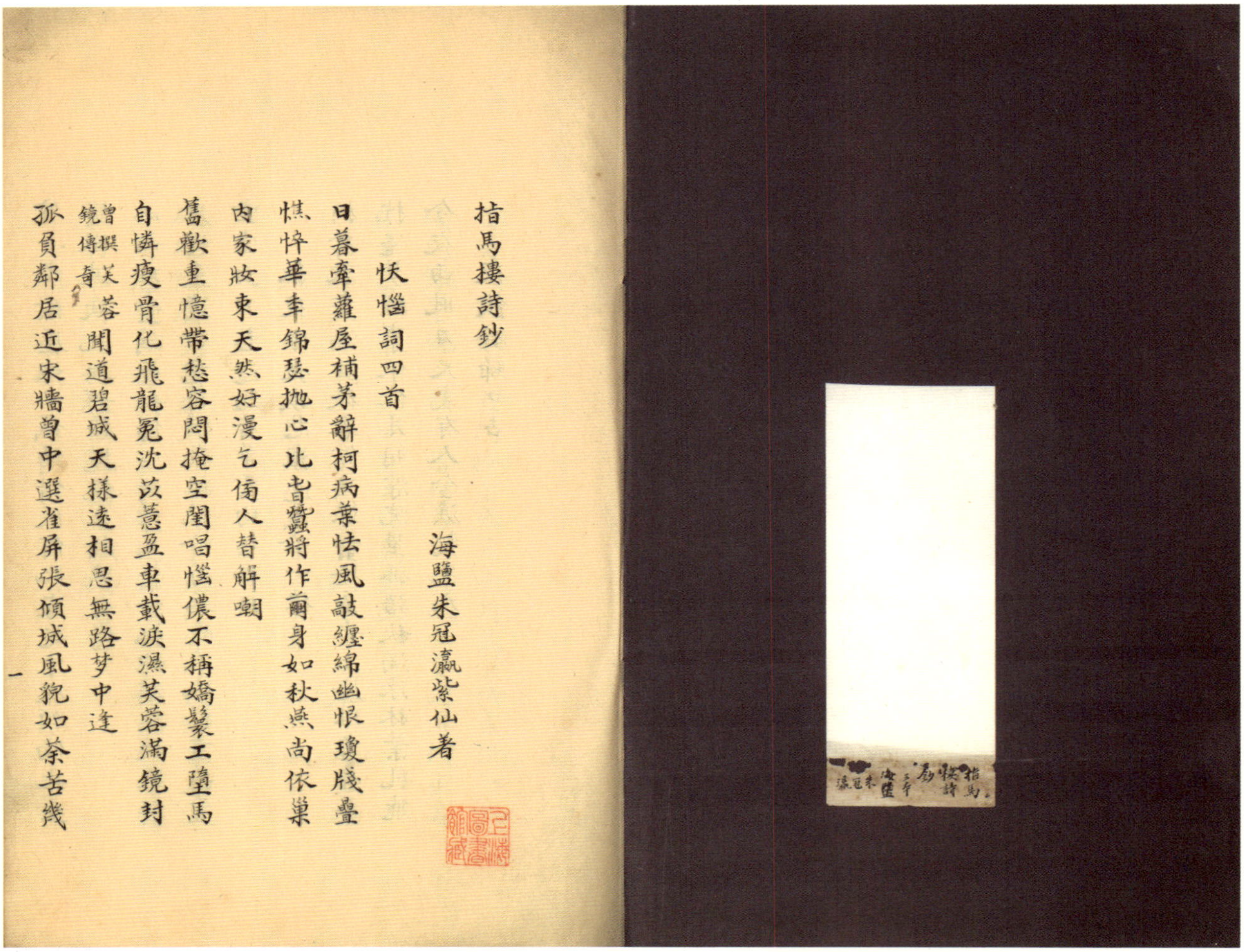
指馬樓詩鈔
海鹽朱冠瀛紫仙著
忺惱詞四首
日暮牽蘿屋補茅辭柯病葉怯風敲纏綿幽恨瓊牋疊
憔悴華年錦瑟拋心比昔蠶將作繭身如秋燕尚依巢
內家妝束天然好漫乞傍人替解嘲
舊歡重憶帶愁容悶掩空閨唱惱儂不稱嬌鬟工墮馬
自憐瘦骨化飛龍冤沈苡薏盈車載淚濕芙蓉滿鏡封
曾撰芙蓉鏡傳奇 聞道碧城天樣遠相思無路夢中逢
孤負鄰居近宋牆曾中選雀屏張傾城風貌如荼苦餞

指馬樓詩鈔三卷

（清）朱冠瀛撰；張元濟手校

抄本 綫善T11999-2001

凡硃筆加圈者均見別一部。元濟。

指馬樓詩鈔

海鹽朱冠瀛紫仙着

擬古

涼風吹颯颯秋蟲鳴唧唧思君路迢迢令我心惻惻對鏡忽自傷終日涕沾臆欲知別後苦但看此顏色

怨歌行

鴻雁已北來客子鄉愁起淒涼一杯酒此意重千里悅君君不知一別長已矣已矣勿復言君又流連此相向各無語令人憔悴死高山險難越寒潭鑒無底何以見君心山石聳而峙何以表妾心潭水清如泚

凡硃筆加圈者均見別一部　元濟

朱西邨詩藁全集

鹽官朱朴元素撰　玄孫婿范希仁選

五言古風

寄許雲村絨　已刻

朝望南山雲暮望南山雲雲山朝暮望一望一思

君

題蘿壁山房

朱西邨詩稿全集八卷詩餘一卷

（明）朱朴撰　明抄本　綫善T13220-23

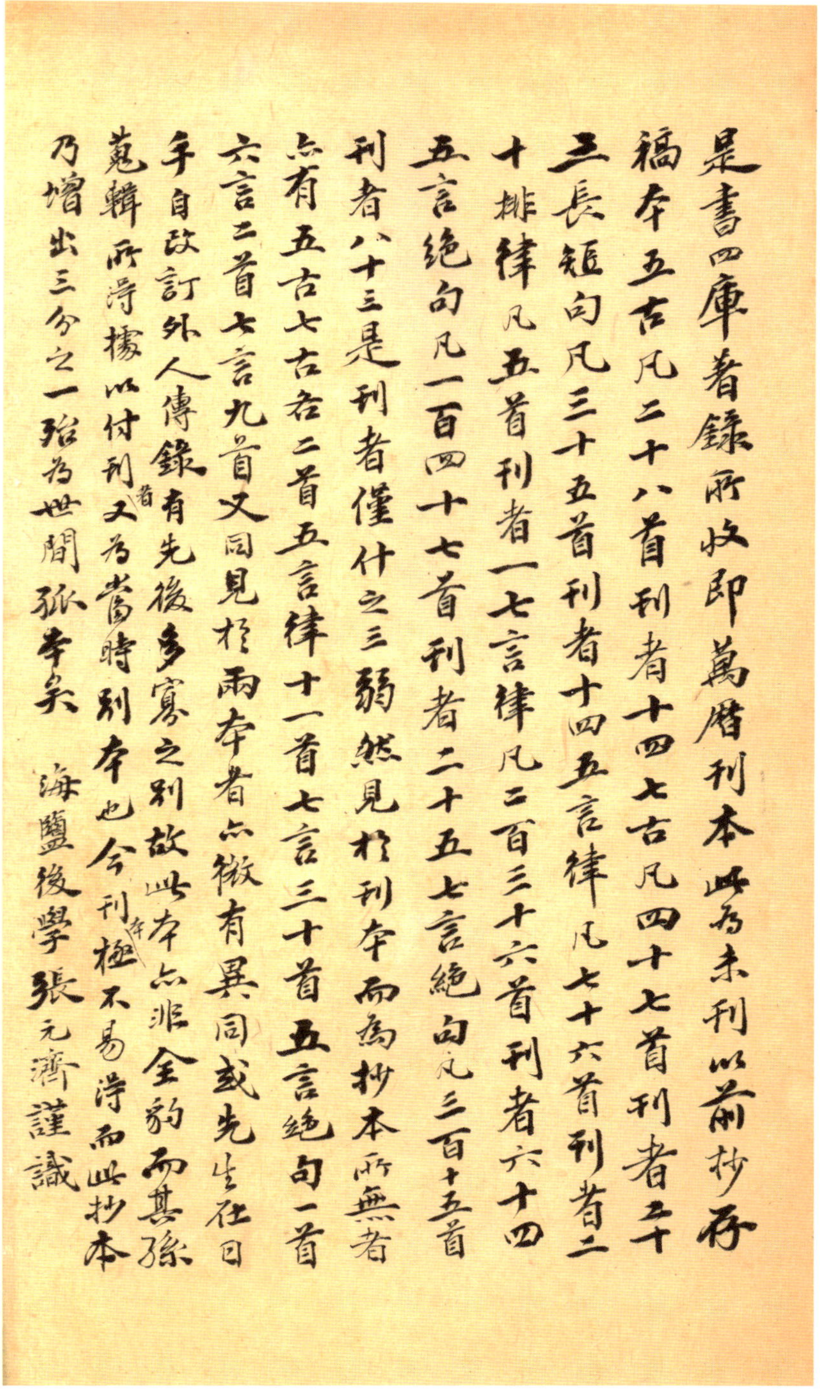

是書《四庫》著録，所收即萬曆刊本。此爲未刊以前抄存稿本。五古凡二十八首，刊者十四；七古凡四十七首，刊者二十三；長短句凡三十五首，刊者十四；五言律凡七十六首，刊者二十；排律凡五首，刊者一；七言律凡二百三十六首，刊者六十四；五言絶句凡一百四十七首，刊者二十五；七言絶句凡三百十五首，刊者八十三。是刊者僅什之三弱。然見於刊本而爲抄本所無者，亦有五古、七古各二首，五言律十一首，七言三十首，五言絶句一首，六言二首，七言九首，又同見於兩本者，亦微有異同。或先生在日，手自改訂，外人傳録，有先後多寡之别。故此本亦非全豹，而其孫搜輯所得，據以付刊者，又爲當時别本也。今刊本極不易得，而此抄本乃增出三分之一，殆爲世間孤本矣！海鹽後學張元濟謹識。

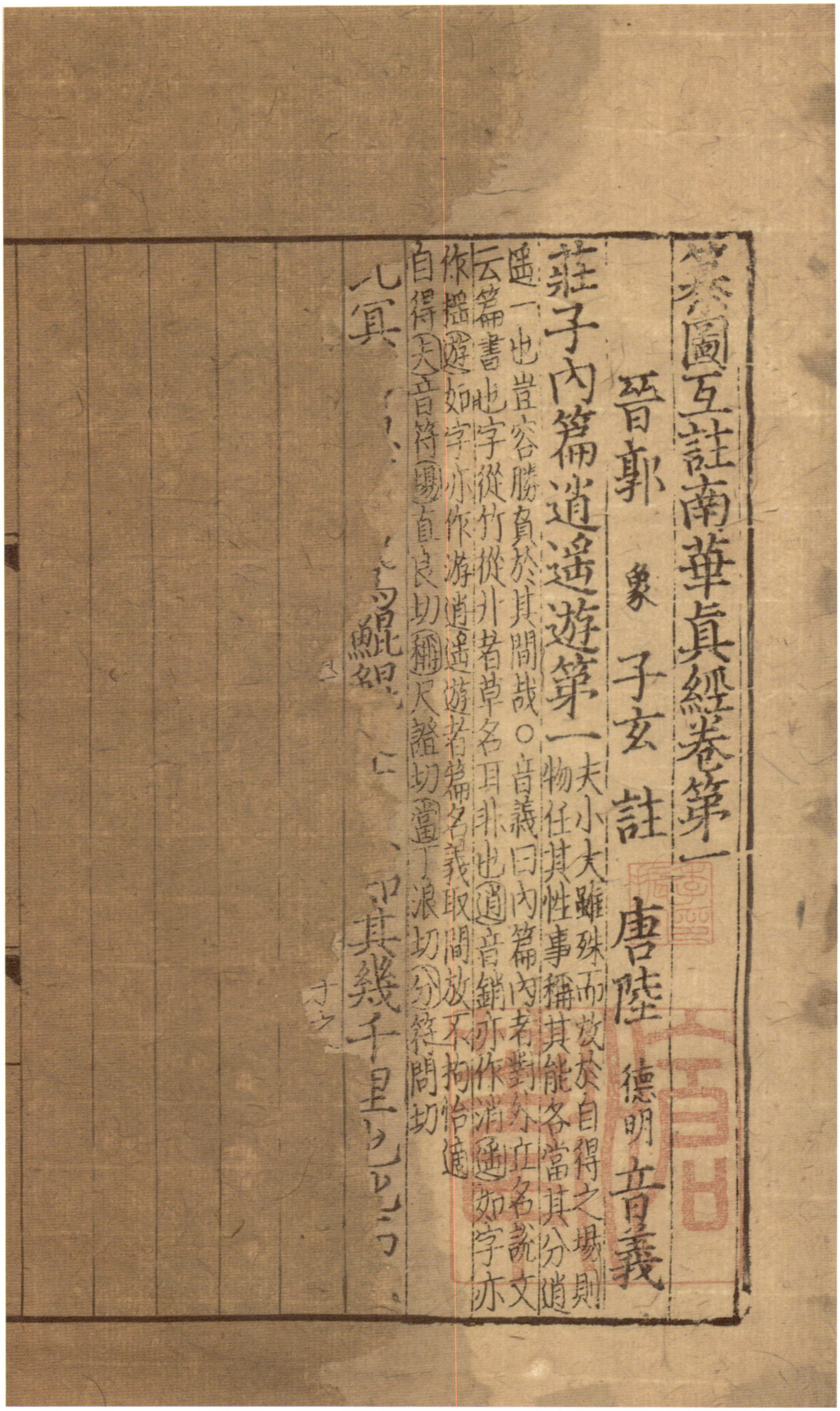

纂圖互註南華眞經卷第一

晉郭象子玄註　唐陸德明音義

莊子內篇逍遥遊第一　夫小大雖殊而放於自得之場則物任其性事稱其能各當其分逍遥一也豈容勝負於其間哉○音義曰內篇內者對外立名說文云篇書也字從竹從艸者草名耳非也逍音銷亦作消遥如字亦作搖遊如字亦作游逍遥遊者篇名義取閒放不拘怡適自得（夫）音符（場）直良切（稱）尺證切（當）丁浪切（分）符問切

北冥……鯤……其幾千里也

纂圖互注南華真經十卷（存卷一至七、九至十）

（晉）郭象注；（唐）陸德明音義　元刻明修本　线善T12551–55

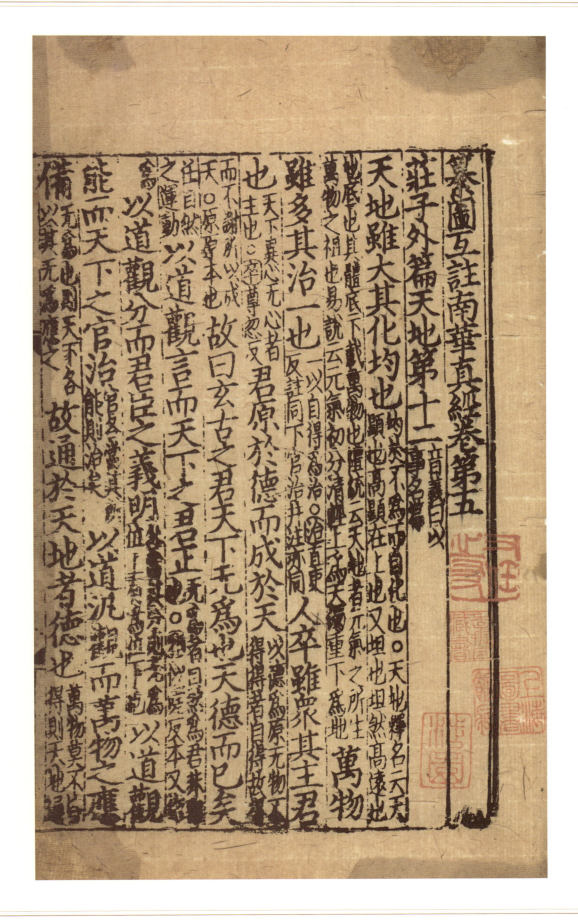

纂圖互註南華真經卷第五

莊子外篇天地第十二 音義曰以事名篇

天地雖大其化均也 均於不為而自化也。○天地釋名云天顯也高顯在上也又坦也坦然高遠也地底也其體底下載萬物也渾沌云天地者元氣之所生萬物之祖也易說云元氣初分清輕上為天濁重下為地 萬物雖多其治一也 一以自得為治。○治直吏反注同下皆治并注亦同 人卒雖眾其主君也 天下異心無心者主也。○卒尊忽反 君原於德而成於天 以德為原無物不得得者自得故得而不謝所以成天。○原本也 故曰玄古之君天下無為也天德而已矣 任自然之運動 以道觀言而天下之君正 無為者自然為君非邪也。○觀[illegible]反本又[illegible]為 以道觀分而君臣之義明 [illegible]各當其分則無為位上有為位下也 以道觀能而天下之官治 官各當其能則治矣 以道汎觀而萬物之應備 無為也則天下各以其無為應之 故通於天地者德也 萬物莫不皆得則天地通

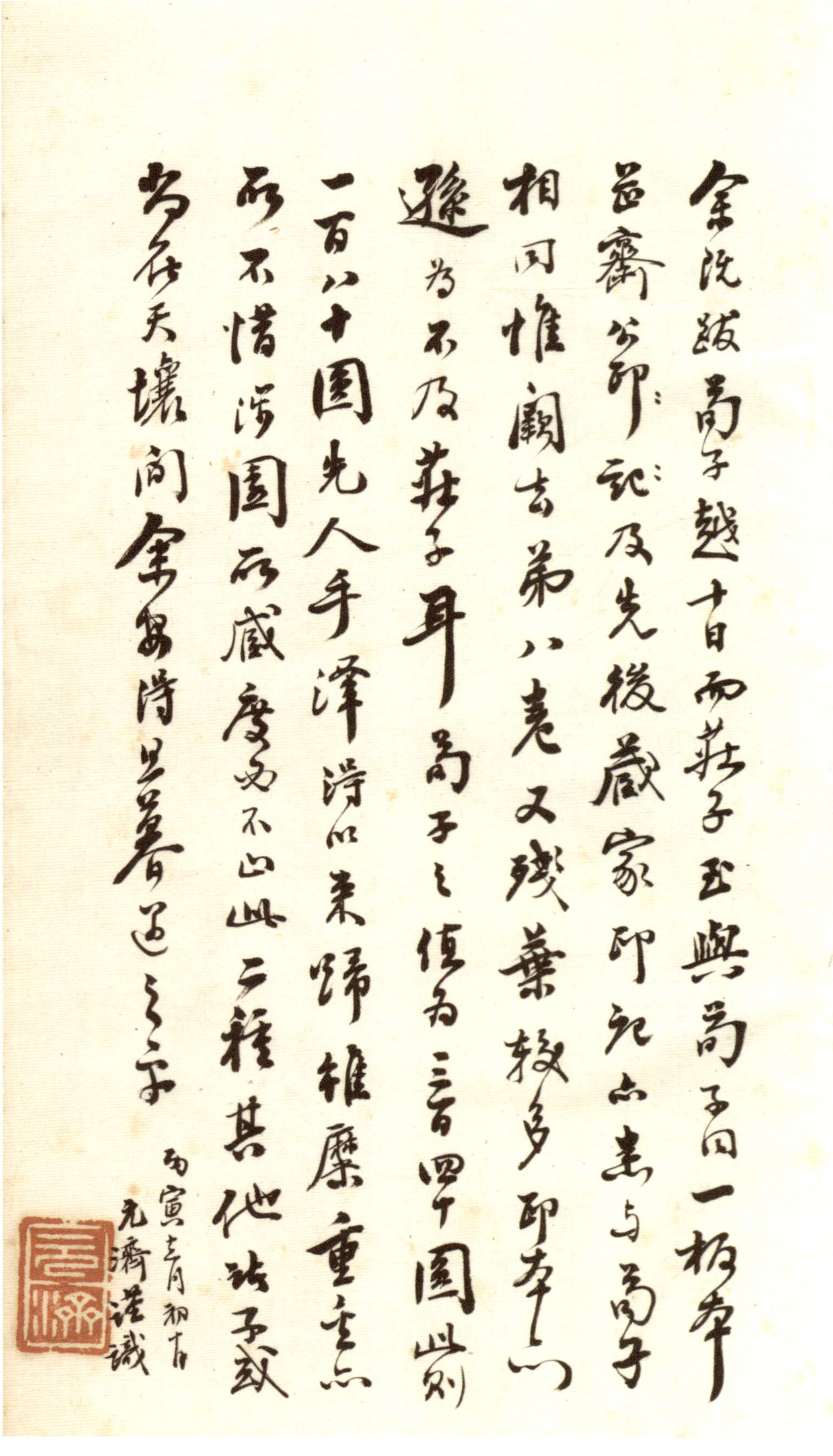

余既跋《荀子》，越十日而《莊子》至。與《荀子》同一板本，芷齋公及先後藏家印記，亦悉與《荀子》相同；惟闕去第八卷，又殘葉較多，印本亦遜，爲不及《莊子》耳。《荀子》之值爲三百四十圓，此則一百八十圓。先人手澤，得以來歸，雖糜重金，亦所不惜。涉園所藏，度必不止此二種。其他諸子，或尚在天壤間，余安得旦暮遇之乎！丙寅十二月初十日，元濟謹識。

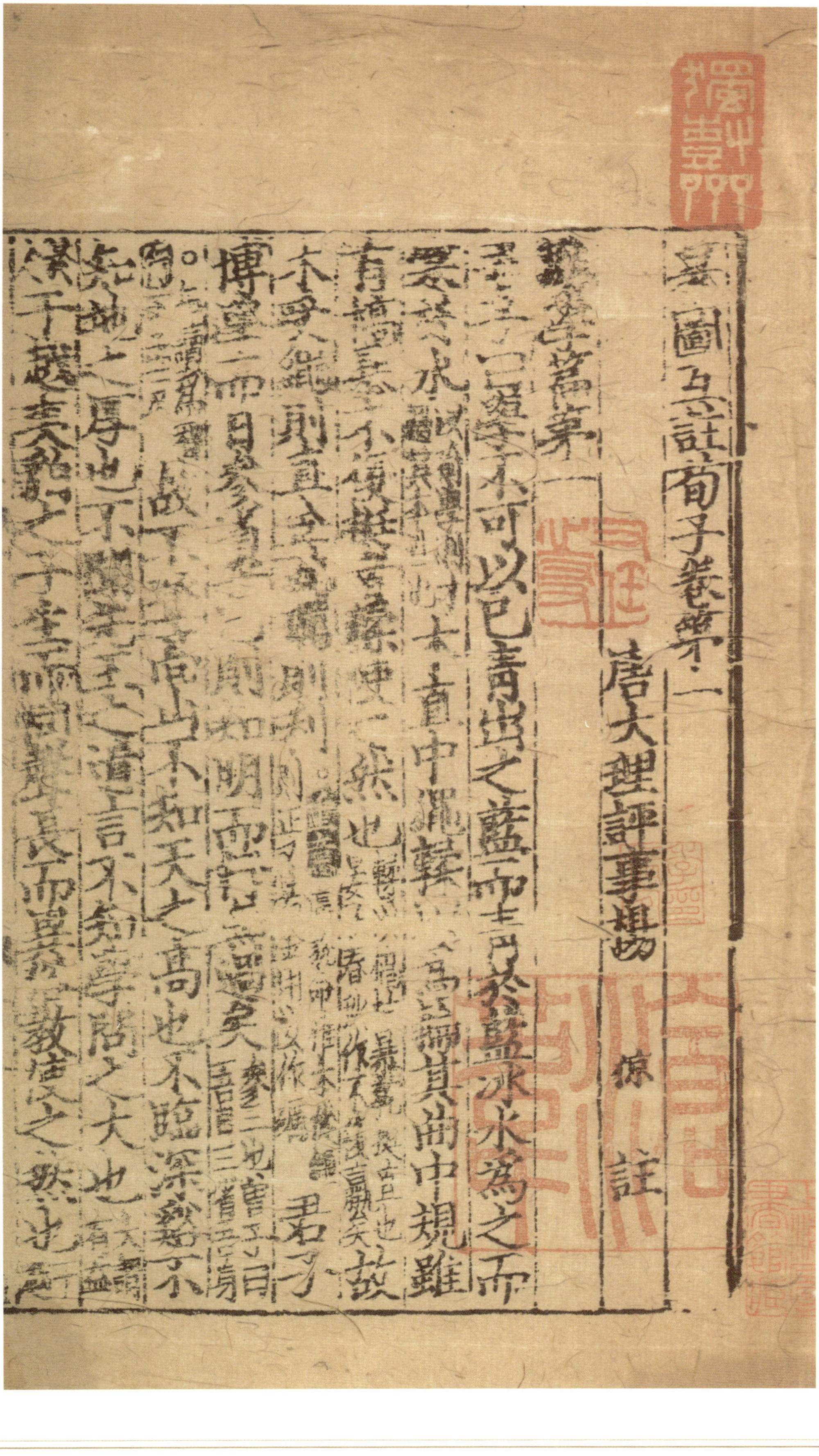
纂圖互註荀子卷第一
唐大理評事楊倞註
勸學篇第一
君子曰學不可以已青出之藍而青於藍冰水為之而
寒於水……木直中繩輮以為輪其曲中規雖
有槁暴不復挺者輮使之然也……故
木受繩則直金就礪則利……君子
博學而日參省乎己則知明而行無過矣……
故不登高山不知天之高也不臨深谿不
知地之厚也不聞先王之遺言不知學問之大也……
干越夷貉之子生而同聲長而異俗教使之然也……

纂圖互注荀子二十卷

（唐）楊倞注　宋刻元修本　线善 T12556-61

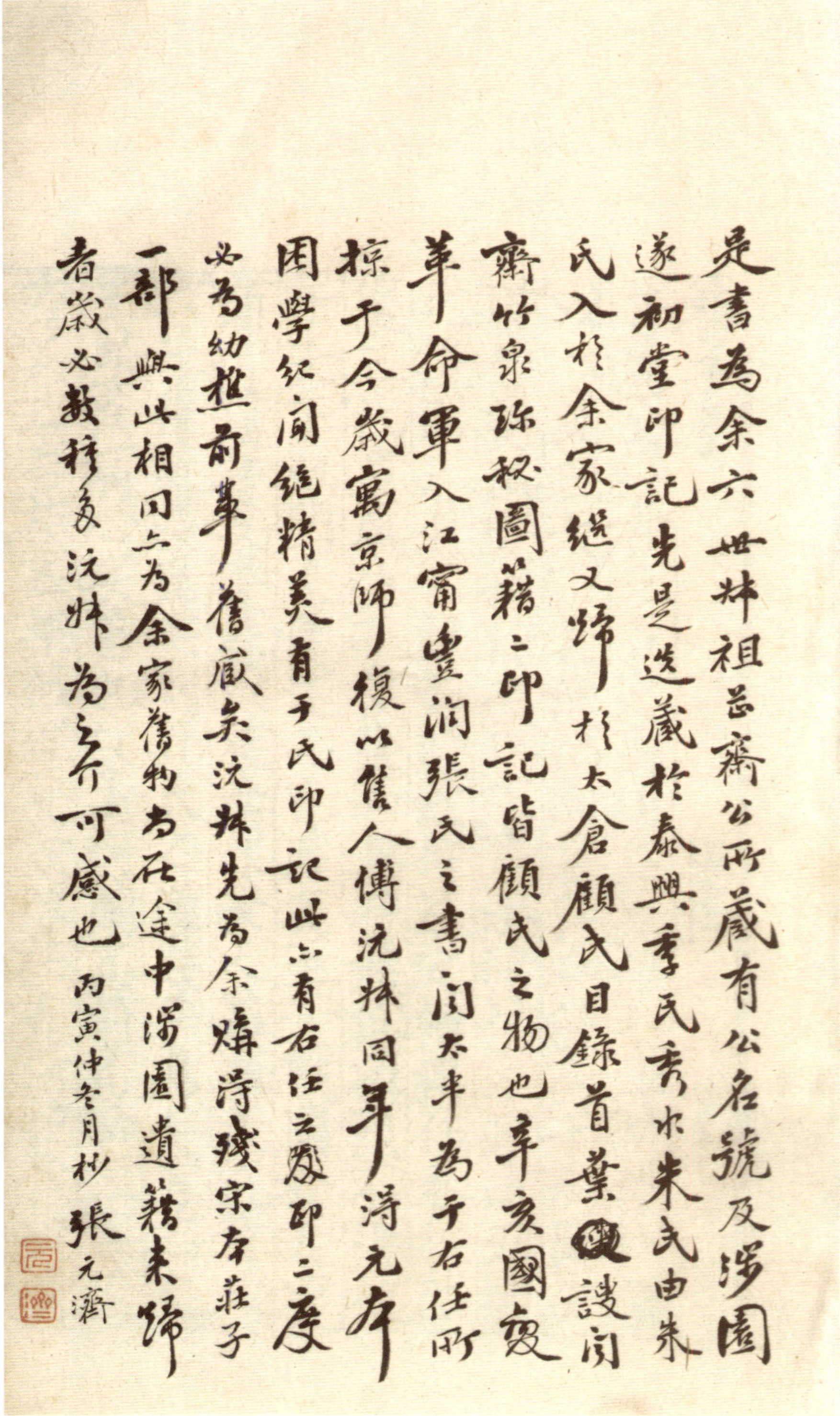

是書爲余六世叔祖芷齋公所藏，有公名號及『涉園』『遂初堂』印記，先是迭藏於泰興季氏、秀水朱氏，由朱氏入於余家，繼又歸於太倉顧氏。目録首葉，『謏聞齋』『竹泉珍秘圖籍』二印記，皆顧氏之物也。辛亥國變，革命軍入江寧，豐潤張氏之書，聞太半爲于右任所掠。于今歲寓京師，復以售人。傅沅叔同年得元本《困學紀聞》，絶精美，有于氏印記。此亦有右任之印二，度必爲幼樵前輩舊藏矣。沅叔先爲余購得殘宋本《莊子》一部，與此相同，亦爲余家舊物，尚在途中。涉園遺籍來歸者，歲必數種，多沅叔爲之介，可感也！丙寅仲冬月抄，張元濟。